KB021794

경영컨설턴트 세계 제1인자의 성공을 위한 노하우

# 21세기 인간경영

마쓰모토 쥰
후나이 유끼오 공저
이 희 광 편역

서음미디어

## ♥ 머 리 말

　인생에 성공하느냐, 실패하느냐의 차이는 어데서 생기는 것일까? 일본의 마쓰시타 전산의 마쓰시타 고노스케(松下幸之助)회장과 오토바이로 유명한 혼다기연공업 창업자 혼다 소오이치로오(本田宗一郎)라고 하면 누구나 알고 있는 세계적인 경영자들인데 그분들은 초등학교 정도의 학력밖에 없으며, 더구나 초등학교 때의 성적도 발군이라 할 수 없고 마쓰시타 회장은 중상(中上) 정도이고, 혼다의 소오이치로오 회장은 하(下)에 가까운 편이었다.

　이들에게 공통되는 점은 열등감을 가지거나 실패하거나 역경에 빠졌을 때에도 너무 실망하지 않고 자기 페이스로 착실히 노력해 나갔다는 데 있다.

　더욱이 현실적으로 여러 가지 문제에 부딪쳤을 때 끊임없이 왕성한 문제의식을 갖고 그 문제를 해결하기 위해 철저하게 사고(思考)하고 해결에 필요한 정보를 구하러 뛰어다니고, 보고, 듣고, 읽는다는 노력을 게을리 하지 않았다.

　이리하여 능력은 점점 뻗어나갔고, 소성(小成)에 만족하지 않고 진보함에 따라 늘 희구(希求) 수준을 높여 갔다. 여기에 비약의 비결이 있었다고 할 수 있다.

그런데 세상에는 학교 시절의 성적이 좋으며 훌륭한 학력을 가지고 있으면서도 잘못된 인생관 때문에 모처럼의 재능을 뻗쳐 보이지도 못하고 일생을 끝내버리는 사람이 적지 않다.

다시 말해서 인생의 성공·실패는 학력이라든가, 학교의 성적이라든가, 어릴 때의 머리가 좋고 나쁨 따위 보다는 그 사람이 어떤 인생관을 갖고 있는가, 자기의 능력을 뻗칠 방법을 터득하고 있는가에 크게 달려 있다고 할 수 있다.

이 책에서는 어떤 경우라도 적극적 인생관으로 능력을 뻗쳐 나아갈 방법을 뛰어난 선인들의 예에서 배워 나가고자 한다.

편저자

# PART 1
## 마쓰모토 쥰의 인간경영

# 제 1 부
# 자신의 회복
### - 열등감을 극복하라 -

# 존엄성을 되찾자

## 왜 진지하게 노력하지 않는가?

자기 계발을 해보자, 능력 계발을 해보자 하더라도 마음속으로부터 그렇게 해야겠다는 강한 욕구가 일어나지 않으면 되지를 않는다.

그것이 좋다는 것은 알고 있어도, 진지하게 해보려는 사람은 반드시 많다고 할 수 없다. 그것은 도대체 어째서일까? 우선 이런 문제부터 생각하지 않으면 자기 계발이나 능력 계발은 헛구호에 그치고 말 것이다.

자기 계발이나 능력 계발을 진지하게 해 보려는 마음이 생기지 않는 것은,

첫째, 열등감이나 패배감, 좌절감 따위에 콤플렉스가 있어서 어차피 해보았자 잘 안될 것이라는 체념이 앞선다.

둘째, 자기 계발이나 능력 개발보다도 내 가정을 즐기고 취미를 살린 편안한 생활 쪽이 좋다. 좋은 집에 살고, 멋진 옷을 입고, 맛있는 음식을 먹고, 재미있게 놀면서 생활하는 쪽에 매력을 느낀다.

이 같은 따위의 원인 때문이라고 생각된다.

첫째의 이유는 열등감의 콤플렉스에 의해 능력에 자신을 갖지 못한다는 것이며, 둘째의 이유는 놀이나 물욕(物慾) 등 저차욕구에 대한 미련이 강하다는 것이다.

인간에게는 여러 가지 타입이 있으므로 자기 계발이나 능력 계발에 열심인 사람이 있는 반면에, 놀이나 물욕에 대한 욕구가 강한 사람이 있어도 결코 이상하지 않으며, 사람마다 각기 여러 가지 사는 방법이 있어서, 어느 것이 옳고 어느 것이 틀렸다는 것은 말할 수 없다고 생각될지 모른다.

상식적으로는 확실히 그럴는지 몰라도 심리학적으로 보면 대체 어떠할까? 메슬로우(maslow)라는 심리학자는 인간의 욕구를,

첫째, 생리적 욕구(의식주), 술, 돈, 이성, 놀고 싶다는 등의 본능적 욕구.

둘째, 안전욕구(안전하고 싶다는 욕구, 힘든 것은 피하고 싶다는 회피욕구도 이에 포함된다).

셋째, 사회적 욕구(동료들과 사이좋게 지내고 싶다는 집단 욕구, 동료 조직을 만드는 욕구).

넷째, 자아적 욕구(자존심, 프라이드 등 자기를 인정받고 싶다. 좋게 생각되고 싶다는 욕구).

다섯째, 자기 실현욕(자기의 가능성을 늘리고 싶다. 창조성을 발휘하고 싶다는 따위의 가장 인간적인 욕구).

의 5가지로 나누고, 저차욕구(자아적 욕구, 자기 실현욕)가 눈뜨게 된다고 말하고 있는데, 최근처럼 비교적 저차욕구가 만족되는 사

회에서는 높은 욕구인 자기 계발, 능력 계발의 욕구가 눈뜨게 되어도 좋을 텐데, 현실은 반드시 그렇게 되어 있지 않다.

저차욕구에만 관심이 강하고 언제까지나 저차욕구에 머물고 있는 사람이 여전히 많은 것은 무슨 이유에 따른 것인가 하는 의문이 생기게 되는데, 원인은 그러한 사람들의 지난날의 생활환경에 있다고 할 수 있다.

## 최선을 다해 산다는 것을 잊고 있다

어릴 때 무엇인가 잘 안되어 나는 머리가 나쁘다든가, 생각하는 것은 질색이라는 따위의 열등감을 가져버린 사람은 커서도 자기에게 자신을 갖지 못하고, 자기 혁신을 하려거나 능력을 뻗치려는 생각을 여간해선 갖지 못한다.

또 어릴 때 먹을 것, 입을 것에 곤란을 겪고, 돈이 없어 고생한 사람은 이러한 물건이 있었으면 하는 강한 집념을 가지게 되어버리므로, 성장 후에도 이러한 것을 구하는 데 이상할 정도로 관심을 갖게 된다. 따라서 이러한 사람들은 저차욕구가 만족스럽게 되었다 해도 당장 높은 자기 실현욕이 눈을 떠 이것이 강해진다고 할 수 없다. 그러나 이러한 사람들은 오히려 이상한 사람들로써 정상적인 사람은 저차욕구가 만족됨에 따라 고차 욕구에 눈을 뜨는 것이 보통이다.

왜냐하면 인간은 본래 자기를 최대한으로 살아간다는 데 사는 보람을 느끼기 때문이다. 그리고 어릴 때에는 돈이나 지위나 재산이 없어도 무엇인가에 열중함으로써 생기를 느끼는 것이다. 저자에게도 역시 그런 추억이 있다.

내가 아직 초등학교 1학년 무렵이었던 것으로 생각되는데, 이웃집 친구네 집에 가서 나무조각으로 집짓기 놀이를 하였던 기억이 있다.

그 나무쪽을 군함으로 생각하고 그 위에 납으로 만든 병정을 태워 나는 공격편의 대장으로서 친구의 성을 공격한다. 친구는 나무쪽을 쌓아서 성을 만들어 납의 병정으로 성을 지킨다.

나는 어떻게 성을 공략할까 하고 열심히 지혜를 짜냈고, 친구는 또 어떻게 성을 지킬 것인가를 열심히 궁리하였다. 이렇게 열중하여 놀면서 시간 가는 줄도 몰랐는데, 큰 다음에 이때 일을 생각하면 그렇게 했을 때 가장 산 보람을 느낀 것이 아닌가 하는 생각이 든다.

그 이유는 나나 친구나 누구의 강제를 받은 것이 아니라 순전히 자발적으로, 더욱이 각자의 특장을 살려 매우 개성적으로, 또 어떻게 성을 공략할까, 어떻게 지킬까 하고 온갖 지혜를 다 짜내어 창조적으로 열심히 놀았다. 그러므로 아주 즐겁고 활기 찬 보람이 넘쳐흘렀다고 느껴진 것이다.

그런데 이렇게 말하면 그럼 자발적, 개성적, 창조적으로 살 때 어째서 참다운 산 보람을 느낄까 하고 의문이 생기는데, 이를 해명하기 위해서는 사는 보람이란 무엇인가에 대해 생각해 볼 필요가 있다.

## 사는 보람은 체험 속에 있다

사는 보람이 무엇인가 하는 것이 요즈음 흔히 문제가 되는데, 사는 보람이란 무엇일까 하고 막연히 생각할 뿐만으로는 잘 알 수가 없다. 그 까닭은 사는 보람이라는 것은 생각하는 일 속에서 찾아볼 수 있는 것이 아니라, 체험해 보고 비로소 실감할 수 있기 때문인 것이다.

인간은 누구나 생명을 부여받았다. 이 생명을 충실히 살아가야 할 숙명을 지니고 있다. 생명을 충실히 살 때 사는 보람이라는 멋진 감동을 맛볼 수 있는 것이다. 그러나 생명을 충실히 살아가지 못할 때 공허감이나 초조감을 맛보게 된다.

사는 보람이란 것은 무엇인들 생각하는 것만으로는 이를 파악할 수 없으며, 공연히 초조감을 맛보게 된다. 자기의 개성을 충분히 발휘하고 자발적, 창조적으로 살아갈 수 있을 때 멋진 감동이 일어나 이것이야말로 사는 보람이라는 실감이 솟아난다. 이리하여 사는 보람이란 체험을 통해서만 파악되는 것이다.

인간은 어릴 때에는 비교적 이렇게 살아나갈 수가 있다. 유아(幼兒)는 공이나 장난감에 열중하여 즐겁게 논다. 아직 창조성까지는 발휘하지 못하지만, 매우 개성적이고 자발적이다. 그리고 창조성도 싹트기 시작한다.

그들이 그리는 그림에 가장 이것이 잘 나타난다. 그러나 어린이가 성장해감에 따라 자발적, 개성적, 창조적으로 행동할 수 없게 된다. 왜냐하면 그 생활 체험 속에서 여러 가지 비뚤어짐이 나오기 때문이다.

초등학교에 들어가게 되어 함께 앉은 A군이 산수를 잘 한다. 자기는 도저히 A군에게 이길 수 없다고 B군에게는 열등감이 생긴다. 이리하여 나는 머리가 나쁘다, 기억력이 좋지 않다, 생각하는 것이 서투르다 따위로 사람에 따라 열등감이 생기게 된다.

또 누구와 경쟁해 보았는데 졌다는 패배감과 계획을 세워 보았지만, 잘 안되었으므로 도중에서 포기해 버렸다는 좌절감과 성적이 나쁘다거나 잘못했기 때문에 남에게 바보 취급을 당했다는 굴욕감 등 여러 가지의 콤플렉스가 생기게 된다.

콤플렉스란 복합(複合)이라고 번역되는데, 이것은 처음에 싫은 체험, 열등감이나 패배감 등을 맛보게 되면, 다음에 같은 장면에서 비슷한 체험(열등감, 패배감)을 되풀이 해간다는(복합해 간다는) 것을 말한다.

또한 집이 가난하여 맛있는 것을 먹지 못했던 사람은 맛있는 음식을 먹고 싶다는 집념이 생긴다. 좋은 옷을 입지 못했던 사람은 고급 옷을 입고 싶다는 집념과 좁은 집을 부끄럽게 생각한 사람은 훌륭한 집에 살고 싶다는 집념과 늘 돈에 곤란을 겪은 사람은 돈에 대한 이상한 집념과 항상 가난하여 내일의 생활이 불안했던 사람은, 안전한 생활에 대한 이상한 집념과 남에게 가난때문에 바보 취급을 당한 사람은 자존심에 대한 이상한 집념 등이 생기게 된다.

이같이 성장하는 과정에 있어 여러 가지의 콤플렉스나 집념이 생기게 되면, 무슨 일을 하려 할 때 이 같은 콤플렉스나 집념이 민감하게 자극되어 이에 불이 당겨지므로 자발적, 개성적, 창조적으로 살아가려 생각해서 어려워진다.

## 콤플렉스나 집념이 인간을 비뚤어지게 한다

예컨대 회사에서 일을 통하여 능력을 뻗쳐가려 해도 곧 열등감이 고개를 들어, 나는 머리가 나쁘므로 아무리 노력해도 머리 좋은 친구들에게는 당할 수 없다고 생각을 고쳐먹게 되어 노력하는 게 어리석게 비친다.

혹은 새로운 계획을 세워 실행해 보려 해도 좌절감이 고개를 들어, 어차피 또 도중에서 실패하겠지 생각하고 전혀 의욕이 죽어 버린다. 나아가 누구에겐가 지지 않도록 잘 해보려고 생각하는 일이 있어도 패배감이 고개를 들면 어차피 또 져버리겠지 생각하고 이것 또한 해볼 마음이 없어져 버린다.

이리하여 모처럼 개성적, 자발적, 창조적으로 해보려는 마음이 생겨도 열등감과 좌절감, 패배감 따위의 콤플렉스가 고개를 들면 이렇게 살아나갈 수가 없게 되어버린다.

또 많은 돈을 갖고 싶다, 안전했으면 싶다, 좋은 옷을 입고 싶다, 멋지게 놀고 싶다는 등의 일에 집념이 강한 사람은 자칫 이러한 집념에 빠지기 쉬우므로 그들의 최대 관심사는 이러한 집념을 어떻게 만족시키느냐로 향한다. 그리고 이 같은 집념을 잘 만족시킬 수 있었을 때는 매우 사는 보람을 느낀 것 같은 생각이 든다. 그러므로 이러한 사람은 사는 보람이란 자기의 집념을 만족시키는 데 있다고 단정하고 자발적, 개성적, 창조적으로 사는 일이 사는 보람이라고 해도 결코 믿으려 하지 않는다.

왜냐하면 자발적, 개성적, 창조적으로 해 보아도 자기의 강한 집념을 만족시키고 있을 때 만큼의 커다란 즐거움을 맛볼 수가 없기 때문이다. 따라서 그들에게 있어서는 좋은 옷을 입고 싶다, 돈을 모으고 싶다, 좋은 집에서 살고 싶다는 따위의 자기의 집념을 만족시키는 것이 사는 보람인 것이다. 그러나 그렇게 된 것은 과거의 생활환경의 가난함이 저차욕구의 만족을 곤란하게 하고, 거기에서 여러 가지의 집념을 만들어 내고, 이 집념의 만족이야 말로 사는 보람이라는 착각을 만들어 냈기 때문이며, 이것 때문에 인간 본래의 올바로 사는 보람에 눈을 뜨는 것을 곤란하게 하고 있는 것이다.

그러므로 자기는 돈을 버는 일에, 좋은 집에 사는 일에, 멋진 옷을 입는 데 사는 보람을 느낀다고 강하게 호소하는 사람일수록 과거의 생활환경에 있어 이러한 것에 혜택을 받지 못하고, 이것을 갖고 싶다는 강한 집념이 생겨 버렸다고 말할 수 있을 것이다. 그리고 이 집념이 인간으로서의 올바르게 사는 보람을 비뚤어지게 했다고 할 수 있다.


## 강한 불만이 집념을 만든다


세계적인 광고회사인 일본의 덴쓰우(電通) 사장이었던 요시다 히데오씨는, 늘 아주 고급인 양복을 맞추어 이것을 그다지 입지도 않고 마음에 든 부하에게 잘 주었다.

그는 학생 시절에 집이 가난하여 양복도 제대로 살 수 없었으므로 좋은 양복을 입고 싶다는 강한 집념이 생겨 사장이 되고 나서 돈이 많이 들어오게 되자, 이 집념이 아주 고급의 양복을 만들었다고 할 수 있다.

저자의 친구인 경영 컨설턴트 K씨는 지방 강연을 나가면 틈을 내어 고서점을 돌아다니면서 마음에 든 책이 있으면 많이 사서 소포로 집에 보냈다.

이 같은 고서 수집광이 된 것은, 그가 어릴 때 만주의 다이렌(대련)에 살고 있으면서 집안 형편이 그다지 풍족하지 못했으므로 책을 사지 못했기 때문이었다. 이처럼 책에 굶주렸던 것이 책에 대한 집념을 만들었다고 생각된다.

또 어떤 땅 벼락부자는 자동차를 살 때 무턱대고 큰 것이 아니면 안 된다. 왜 큰 것만을 구입하는가 하면, 그는 어릴 때 가난하여 작은 방에서 가족 6명이 비좁은 살림을 했었다. 이때의 쓰라린 체험이 큰 집, 큰 것에 대한 집념을 만든 것이다.

이러한 집념을 만족시켰을 때, 사는 보람을 느낀 것 같은 기분이 되는 셈인데, 잘 주의해 보면 다음과 같이 본래의 사는 보람과 느끼는 점에 차이가 있다는 것을 깨달을 것이다.

첫째, 집념을 만족시킨 기쁨이 지나갔을 때 공허함을 느끼는 수가 적지 않다. 매우 여자를 좋아하는 어떤 남성은 여성과의 성적 교섭이 끝난 뒤 언제나 공허함을 맛보고, 자기의 사는 보람은 다른 데 있지 않을까 하는 옹졸한 생각을 느끼게 된다고 한다.

둘째, 집이라든가 고급 차, 멋진 요트 등도 이것을 갖추고 보면 그다지 고마움을 느끼지 못하는 경우가 적지 않다.

미시시피주에 사는 한 흑인은 큰 정원이 있는 저택에 살며 고급 차를 타고 다니며, 요트로 달리는 뉴욕의 백인 청년을 동경하지만 이 혜택을 받은 백인 청년들은, 나날의 생활이 지루하고 좀 더 자극이 있고 멋진 생활을 동경하여 히피 무리에 끼어드는 자가 많다고 한다.

셋째, 저차적인 집념이 만족되면, 점차 고차욕구에 눈뜨는 수가 많다. 돈이 모이게 되면 명예를 바라게 되어 높은 직함을 사거나 국회의원이 되려고 한다(자아적 욕구가 눈뜨게 된다).

넷째, 생리적 욕구가 비교적 만족되는 직장 환경에서 일하고 있는 종업원이 가장 관심이 강한 것은 일에 대한 만족일 경우가 많다. 이리하여 저차욕구가 만족됨에 따라 가기 실현욕이 눈뜨게 되는 것을 알 수 있다.

다섯째, 저차욕구는 그것이 만족되었을 때에는 그 욕구가 감회되어 가는 경향이 있는데(식욕이나 성욕 등은 그 좋은 예이다. 그러나 비정상적으로 강한 금전욕, 물욕 등에서는 예외인 경우도 있다), 자기 실현욕이나 자아적 욕구 등은 만족할수록 점점 더 좋은 일을 하고 싶다는 기분이 강해진다. 좋은 일을 하고 칭찬받아 프라이드를 만족시킨 사람은 더욱 더 좋은 일을 하고 싶다는 의욕이 강해진다.

이렇게 볼 때 정상적인 인간은 저차욕구가 만족되면 점차 고차욕구가 눈뜨게 된다는 것을 알게 되며, 저차욕구를 만족시킨다는 것은 인간 본래의 목적이 아니라(그것은 살기 위한 수단이다) 고차욕구 즉, 자기 실현욕을 만족시키는 일이야말로 인간 본래의 목적이며, 이것이야말로 사는 보람이라는 것을 알게 된다.

따라서 언제까지나 저차욕구 만족이 사는 보람이라고 하는 사람이 있으면 그 사람은 과거의 생활의 비뚤어짐─그 사람의 집념이 저차욕구에 매달려 있기 때문이며, 거기에 그 사람의 비뚤어짐이 발견된다고 할 수 있다. 이 같은 비뚤어짐이 없는(비정상적인 집념이 없는) 정상적인 인간은 저차욕구가 만족함에 따라 점차 고차욕구에 눈떠가고, 자기실현을 하는 일에 사는 보람을 느끼게 된다.

## 장해가 보람 있는 생활을 방해한다

현실적으로는 많은 사람들이 어떤 콤플렉스나 집념을 지니고 있다. 이 때문에 자발적, 개성적, 창조적으로 살아가려 생각해도 콤플렉스에 불이 붙어 열등감이 고개를 들거나 패배감이 고개를 들거나 하여 자기는 어차피 안 된다고 체념해 버린다.

또는 일에 열중하여 거기에서 사는 보람을 느끼려는 기분이 생기지 않고, 맛있는 것을 먹거나 돈을 모으거나 요령 있게 놀거나 하는 것으로 사는 보람을 느낀 셈이 되어 버린다. 또한 골치아픈 것은 자기 실현을 하고 싶어도 여간해선 이것이 잘 되지 않는 직장이 많다는 것이다.

회사에 새로 들어오는 사람은 처음에 여러 가지의 기대와 포부를 가지고 있다. 하고 싶은 일을 하여 능력을 뻗치고 싶다, 독창력을 발휘하고 싶다, 의견을 자꾸 말하고 싶다, 개선도 하고 싶다, 등의 희망을 갖고 있다. 그러나 현실적으로 직장에서 신입사원이 자기의 기대를 살리는 일은 많다고 할 수 없다. 이리하여 기대가 어긋나고 꿈이 실현되지 못하면 그 불만을 저차욕구를 만족시키는 것으로 보상하고 싶다는 심리가 강하게 작용한다.

일은 적당히 하고 요령 있게 놀거나 사이드워어크로 버는 일에 힘쓴다. 되도록 스트레스를 받는 일은 피하여 요령 있게 한다. 회사를 빨리 퇴근하여 마이 홈을 즐긴다. 술을 마시고 스트레스를 풀게 된다. 이리하여 사는 보람이 있는 생활을 하는 것을 직장이 저해하는 일도 적지 않다. 이것은 직장에만 한하지 않고 사회라는 것이 사는 보람을 저해하는 일도 많다.

그 때문에 많은 사람이 설령 사는 보람이 있는 생활을 하는 일에 눈뜨고, 사는 보람이 있는 생활을 하려 해도 여러 가지 장해에 방해받아, 여간해선 보람 있는 생활을 할 수가 없는 현실을 뼈저리게 깨닫게 된다.

하기야 참으로 보람 있는 생활을 하고 싶다고 눈뜨는 사람은 적지 않다. 많은 사람들은 참으로 보람 있는 생활이란 무엇인가 하는 것을 모르며, 저차욕구를 만족시키는 데 간신히 사는 보람을 맛보고 있거나 혹은 이것을 단념하고 날마다 무미건조한 불평불만의 생활을 보내고 있다는 것이 현실일 것이다. 이와 같이 되는 것도 인간이 어떻게 사는가 하는 인간에게 있어 가장 중요하다는 것을 잘 모르기 때문이다.

## 인간성을 상실해 버렸다

보람 있는 생활을 할 수가 없어 자기의 콤플렉스에 의해 자신을 잃고, 욕구 불만의 생활을 하고 있으면 점차 인간성을 잃게 된다. 즉,

첫째, 비굴해진다―자기는 가치 없는 인간, 존경받을 수 없는 인간이라 생각하게 되어 점점 비굴해진다.

둘째, 염치가 없게 된다―자기는 가치 없는 인간이라고 생각하게 되면, 부끄러운 일도 예사로 할 수 있게 된다.

셋째, 탐욕적이 된다―자기의 참다운 소망이 이루어지지 않는다는 것을 알게 되면, 그 마음의 공허함을 돈이나 물품을 탐욕적으로 탐함으로써 잊으려 하게 된다.

넷째, 사회에 등을 돌리게 된다―자기의 생각이 이루어지지 않은 것은 사회가 나빠서라 하고 사회를 원망하여 이에 등을 돌리게 된다. 범죄자가 되어가는 것은 이러한 심리에 의하는 일이 많으며, 범죄를 범함으로써 사회에 복수한다.

다섯째, 사람을 싫어하게 된다―남으로부터 냉대받거나 자신이 괴로운 변을 당하여도 아무도 도와주지 않는다 하여 인간을 싫어하게 된다.

여섯째, 고독해진다―사람을 믿을 수가 없게 되어 남과 사귀려고 하지 않고 고독해진다.

일곱째, 비뚤어지고, 시기하고, 불평한다는 식으로 성격이 굽어진다.

등의 태도를 나타내게 되는 것이다. 이 같은 삶을 살게 된다는 것은 참다운 사는 보람과는 점점 동떨어져 가는 것을 말하며, 인간의 존엄성은 상실되는 것이다.

## 부활(復活)이 필요하다

톨스토이의 명작 「부활」의 주인공 카츄샤는 소녀 시절에 연인에게 배신당하고 인생에 절망하여 인간성을 상실해 버린다.

또한 일본의 작가 오자키 코오요오의 명작 「금색야차」의 주인공은 연인에게 배반당하고 긍지를 버려 고리대금업자가 되어 버린다.

젊어서 자기를 배반당한 사람은 인생에 절망하고, 이와 동시에 인간의 존엄성을 잃고 저차욕구로 달리게 된다. 명작으로 불리는 작품들은 이러한 테에마를 제재(題材)로 하여 어느 시대이든 대중에게 커다란 감동을 주고 있다. 왜냐하면 이것을 읽는 대중에게 큰 공감을 불러일으키기 때문이다.

수많은 사람이 또한 과거의 가혹한 체험에 의해 자기에게 또는 사회에 절망하고 있다. 그리고 절망과 동시에 자기의 존엄성도 잃어버리고 있다. 그 결과가 저차욕망의 만족으로 속이고, 오직 충동적으로 살아가는 것으로 되어 버린다. 하지만 마음 깊숙한 곳에서의 상처는 언제까지나 낫지 않고, 인간성의 부활을 계속 부르짖고 있다.

톨스토이의 「부활」에 공감을 사는 것은, 이 같은 대중의 심정에 호소했기 때문이다. 이러한 사람들에게 있어 참으로 필요한 것은 역시 마음의 부활이며, 인간 존엄성의 회복성이다. 이것이야말로 그들에게 부과된 삶을 위한 과제인 것이다.

한편 인간으로서의 존엄성을 되찾기 위해서는 과거에 상처 입은 마음을 고쳐야 할 필요가 있다. 혜택 받지 못한 환경에 자랐기 때문에 저차욕구를 만족시킬 수가 없어서 마음에 상처를 입고 물질에 대한 집념이 생긴, 이러한 마음의 상처를 어떻게 고치는가. 또 능력이 많지 못했기 때문에 열등감, 패배감, 좌절감 등의 콤플렉스가 생겨 괴로워한 마음의 상처를 어떻게 고치는가 하는 것도 생각해 볼 필요가 있다.

어릴 때 생긴 이 같은 마음의 상처란, 그 당시의 자기 힘으로는 어떻게 해볼 수가 없었던 것이라고 할 수 있다. 혜택 받지 못한 환경에서 자라 괴로운 일을 맛보아도 제 힘으로는 어떻게 해볼 수도 없었고, 능력도 많지 못하여 열등감, 패배감에 괴로워해도 그 무렵의 자기 지혜로서는 어떻게 해볼 수도 없었다. 그 때문에 더욱 절망감이 컸었다. 그러나 성장한 현재에도 상황이 같다고는 할 수 없다.

예전에 손에 넣을 수 없었던 것이라도 노력에 따라 입수할 가능성이 있으며, 능력도 늘릴 수가 있다. 오히려 이것을 할 수 있다는 것을 깨달아야 한다.

예전에는 손에 넣을 수 없었던 것을 손에 넣기 위해서는 능력이 필요하며, 이를 위해서 자기의 능력을 늘려야 한다. 자기의 능력이 늘어나면 과거에 생긴 콤플렉스도 줄어든다. 이리하여 자기 힘으로 자기가 바라는 것을 손에 넣고 열등감, 패배감 등의 콤플렉스를 약화시켜 인간성을 회복해 가는 것이 가능해진다. 그러기 위해서는 여하튼 자기의 능력을 높일 필요가 있게 된다. 하기야 사람에 따라 과거의 체험은 같지가 않다. 그러므로 사람에 따라서 노력하는 방법도 여러 가지가 있다.

첫째, 돈·집·물품 등의 욕구불만에 의해 이러한 것들에 대한 강한 집념이 생겨버린 사람은, 이러한 욕구를 어느 정도 자기의 능력에 의해 손에 넣어 자신을 회복할 필요가 있다.

둘째, 열등감, 패배감 등의 콤플렉스가 생겨버린 사람은 자기의 능력을 높여감으로써 자신을 회복할 필요가 있다.

셋째, 물질에 대한 집념이 생김과 동시에 열등감 따위의 콤플렉스가 생겨버린 사람은, 자기의 능력으로 물질을 손에 넣음과 동시에 능력을 높임으로써 자신을 회복할 필요가 있다. 그래서 다음에는 여러 가지 케이스에 대해 자신의 회복 방법을 검토해 보기로 한다.

# 집념을 만족시키는 힘을 가져라

## 옛날 만족 못했던 것을 만족시킨다

어릴 때 돈에 곤란을 겪었거나 작은 집에서 고생하였던 사람은 그 고된 체험에 의해 몹시 상처를 입었지만, 그 반면 큰 집념이 생겨 옛날에 만족 못했던 욕구를 끊임없이 추구하려는 생각이 강해진다. 이리하여 자기의 욕구가 매우 탐욕적이 되어, 그 욕구 추구를 위해 염치도 소문도 신경을 쓰지 않는 몰염치한 사람이 되어 도리에 벗어난 행동을 하게 경우가 많다.

우리나라의 고전소설「장한몽」의 이수일에서 그 전형적인 모습을 찾아볼 수 있다.

이 같은 행동은 그 인간을 더욱 상처를 입히게 되며, 자기는 쓸모없는 인간, 가치없는 인간이라 단정하여, 이것이 비굴한 표정이 되어 얼굴에 까지 나타나게 된다. 이리하여 마침내 인간의 인간성을 잃어버리게 된다. 인간성이 잃어져감과 아울러 사회에 등을 돌리게 되며, 고독하고 인간을 싫어하고, 비뚤어지고, 시기하고, 불평한다는 식으로 비뚤어짐이 생기게 된다.

이러한 심정은 끊임없이 불안과 불만을 수반하게 된다. 그래서 이 불안과 불만을 잊어버리려고 점점 탐욕스럽게 욕망을 추구하고, 욕망을 만족하는 일로써 불안, 불만을 망각하려 한다. 그러나 마음 깊은 곳에서의 상처는 시간이 흘러도 고쳐지지 않는다.

이러한 사람에게 있어 참으로 필요한 것은 잃어버린 인간성을 어떻게 회복하는가, 어떻게 부활하는가 하는 문제인 것이다. 어떻게 인간성을 회복하는가. 이를 위해서는 자신을 다시 쳐다봐야 할 필요가 있다.

어릴 때 가혹한 운명 때문에 괴롭힘을 당했다. 이것은 자기 힘으로는 어떻게 할 수 없었다. 그러나 어른으로 성장하게 됨에 따라 자기 운명을 스스로 개척해 나가지 않으면 안 된다.

생리적 저차욕구를 추구하는 것도 자기 힘으로 하지 않으면 안 된다. 이를 위해서는 자기의 능력을 높일 필요가 있다. 이리하여 자기 힘으로 일찍이 손에 넣을 수 없었던 것을 입수하게 되면 점점 자신감이 생기게 된다.

K기계의 T과장은 어릴 때 집이 가난하여 작은 월세집에서 늘 부끄러운 생각을 품고 있었는데, 이 마음의 상처가 정원이 달린 좋은 집에 살고 싶다는 집념을 불태웠다.

다행히 T씨는 좋은 회사에 들어가 생활도 안정되었으므로 자기의 오랜 꿈을 이루려고 열심히 저금하여, 어느 정도 돈이 모였으므로 이를 바탕으로 교외에 땅을 사고, 부족한 돈은 은행에서 대출을 받아 간신히 바라던 집을 세울 수가 있었다. 이때 T씨는 자기도 겨우 사람답게 되었다고 마음속에서 솟아오르는 기쁨을 억누를 수가 없었다.

지금까지 자기는 초라한 집에 사는 하찮은 인간이라는 비굴함이 끊임없이 그를 괴롭히고 있었는데, 정원이 달린 집이 세워졌을 때부터 이 열등감이 씻기고, 마음속으로부터 자신이 솟아올라 이제부터는 마음 편하게 일에 열중할 수 있다는 마음이 생기게 된 것이다.

## 자기 실현욕을 눈뜨게 한다

마음속의 집념이 만족되었을 때부터 T씨는 비굴감이 없어지고 세상에 등을 돌리거나 비뚤어지거나 할 필요가 없게 된 셈이다.

T씨는 이때 일찍이 잃은 인간성이 부활되었다고 할 수 있다. 그러므로 이번에는 자기 실현욕을 지향하여 일에 열중한다는 심경이 되는 셈이다.

이 T씨처럼 자기의 집념을 충분히 만족시키고 인간성이 부활하고, 자기 실현에 사는 보람을 찾아낸다는 식으로 심경이 열려가면 문제가 없지만, 여간해서 이렇게 잘 되지 않는 사람이 많으니까 골칫거리이다. 왜냐하면 돈이나 물질에 대한 집념인 경우 이만하면 된다는 것이 아니라 계속 추구하게 되기 쉬우니까 더욱 문제인 것이다.

이것은 과거의 집념에 언제까지나 휘둘리고 있다는 것이며, 현재로서는 과거에 손에 넣을 수 없던 것이 어느 정도 손에 들어와 있음에도 불구하고 언제까지나 불만이라는 생각에 사로잡혀 있어 옛날의 악몽에서 지금껏 깨어나지 못하고 있는 셈이다.

그래서 이러한 악몽으로부터 빨리 깨어 잃어버린 인간성을 부활시킬 필요가 있다. 이를 위해서는 자기 힘을 붙이고, 자기의 힘으로 과거에 손에 넣을 수가 없었던 것을 손에 넣을 수가 있다는 자신감을 갖는 것이 중요하다.

또한 물질의 추구뿐만 아니라 자기에게 실력을 붙이는 일이 중요하다. 이리하여 실력이 붙으면 바라는 것은 제 힘으로 손에 넣을 수 있다는 기대를 가질 수 있으므로 자신이 붙게 된다.

또 실력을 붙이는 노력을 통하여 일에 대한 흥미와 자기의 가능성을 실현하는 데 대한 기쁨을 눈뜨도록 노력해 나간다. 이리하여 자연과 자기실현으로의 기쁨이 높아지면 물질에 대한 집념의 이상함이 어느 정도 완화된다.

지금까지의 이 사람의 행동은 예전에 손에 넣을 수 없었던 것을 만족시키고 싶다는 집념에 휘둘려 있었는데, 자기 실현욕이 눈뜨게 됨과 더불어 이 사람을 움직이는 것은 집념뿐만은 아니게 되어, 자기 실현욕도 커다란 역할을 다하게 되는 것이다.

하기야 강한 집념이라는 것은 그리 간단히 없어지는 것이 아니라 여전히 그를 행동으로 몰고 가지만, 자기 실현에 대한 기쁨이 눈뜨게 됨에 따라 자기 실현욕도 또한 그를 행동으로 몰고 가게 된다. 이리하여 자기 실현욕으로 몰려가는 일이 많아짐에 따라 점차 인간성을 회복하고, 자기 실현을 하는 일에 큰 기쁨을 느끼게 된다고 할 수 있다.

# 재능은 스스로 만들어라

## 콤플렉스를 제거해야 한다

일찍이 열등감, 패배감, 좌절감, 굴욕감 등에 의해 마음의 상처를 받은 사람은, 그로인해 콤플렉스가 이루어져 나는 무능한 인간, 하찮은 인간이라 생각하게 된다. 이 때문에 자아적 욕구, 자기 실현욕이 잘 눈뜨지 못하게 된다.

이러한 사람들에게 필요한 것은 마음의 콤플렉스를 어떻게 제거하고, 인간으로서의 자신을 어떻게 회복시키는가 하는 인간성 부활의 방법이다.

마음에 강한 열등감을 가진 사람은 자기의 능력을 남과 비교하고, 거기에 커다란 차이를 발견하게 되면, 자기는 역시 머리가 나쁘니까 안 된다 하고 생각하는 것은 질색이다. 나는 재능이 없으니까 안 된다고 생각해 버린다. 즉, 재능이란 선천적인 것으로 재능이 없는 인간은 아무리 노력해도 안 된다고 체념해 버린다. 하지만 이 점이 문제인 것이다.

많은 사람들은 재능은 선천적인 것이라고 생각하고, 그것이 없으므로 어떻게 해볼 수가 없다고 생각하기 때문에 강한 열등감이 생겨버리는데 이것은 잘못이다. 재능이라는 것은 노력에 의해 얼마든지 만들 수가 있는 것이다.

재능이라는 것을 대뇌생리학적으로 생각해 보면, 감수성이나 센스라 할 수 있다. 그리고 이것에는 선천적 감수성과 후천적 감수성이 있다.

선천적 감수성이란 것은 부모로부터 유전된 것으로 대뇌의 낡은 피질(皮質)에 유전된다. 대뇌는 새로운 피질과 낡은 피질로 나뉜다. 둘 다 신경세포가 가득 차 있다(약 150억). 이 신경세포로 여러 가지 것을 기억하고 생각하여 행동한다.

새로운 피질은 태어났을 때에는 백지 상태로 아무것도 외우고 있지 않다. 낡은 피질에 본능·감정·욕구·재능 등이 유전하며, 이것으로 갓난애는 행동한다. 갓 태어난 아이가 어머니의 젖꼭지를 물고 빨아먹으려는 것은 낡은 피질에 있는 본능에 의해서이다.

낡은 피질에 재능, 곧 감수성이 유전하므로 가령 낡은 피질에 소리에 대한 감수성―음감(音感)이 유전된 사람은 밖에서 소리의 자극, 멜로디가 흐르면 이 센스로 민감하게 멜로디를 캐치한다.

새로운 피질에서도 멜로디를 캐치하지만 이때 낡은 피질의 음감이 영향을 주면, 매우 받아들이는 것이 좋아져 빨리 외운다.

숫자에 대한 감수성이 예민한 사람(이러한 사람은 수적 지능이 많다고 말해지지만)은, 밖으로부터 수적 자극이 주어지면, 낡은 피질의 센스가 잘 이것을 캐치한다. 새로운 피질에서도 수적 자극을 캐치하지만, 낡은 피질의 센스가 영향을 미치면 아주 이해가 빨라진다.

이리하여 선천적으로 어떤 센스가 많은 사람은, 이 센스가 새로운 피질로 배워 나가는 경우에 영향을 주기 때문에 매우 이해가 빨라 진보가 빨라지는 셈이다.

## 올바른 훈련이 재능(센스)을 만든다

재능, 곧 센스가 유전된 사람은 이 같이 진보가 빠르므로 이러한 센스를 부모로부터 이어받지 못한 사람은, 재능 있는 사람에게 도저히 대적할 수 없다고 생각할지 모르지만 반드시 그렇지만은 않다. 왜냐하면 선척적인 센스가 없어도 이를 스스로 만들 수가 있기 때문이다.

조건반사(條件反射) 이론으로 유명한 파블로프라는 러시아의 대뇌생리학자는, 새로운 피질로 반복 훈련한 것은 낡은 피질에 옮길 수 있다는 걸 말해 주고 있다. 다시 말해서 새로운 피질로 올바른 훈련을 철저하게 반복 훈련하면, 낡은 피질에 센스가 만들어진다는 것이다.

바이올린의 조기 교육으로 유명한 일본의 수즈키 친이치씨는 역시 이 같은 사고방식을 가진 분으로 어릴 때부터 올바른 훈련을 실시해 나가면, 재능이 싹터서 훌륭한 바이올리스트로 키울 수가 있다는 것을 주장하고 있다.

도쿄의 도립체육관에서 해마다 11세부터 12세까지의 꼬마 바이올리스트를 3천 명쯤 모아 연주회를 열고 있는데, 난해한 명곡을 연주함으로써 좋은 성과를 올리고 있다고 한다.

수즈키끼의 도쿄 시나가와 지부에 미야자와라는 지부장이 있었는데, 미야자와씨는 기르고 있는 특종의 잉꼬새에게 피이코라는 이름을 붙여, 이 이름을 외우게 하려고 날마다 50회, 2개월간 약 3천회를 되풀이 했더니 피이코라는 이름을 외웠다고 한다.

다음에 미야자와라는 이름을 외우게 하려고 연습을 시켰더니, 이것은 2백 번 정도로 외웠다. 또 다른 말을 외우게 했더니 더 빨리 외운다는 식으로 점점 말을 외우는 것이 빨라졌다고 한다.

그 까닭은 처음에 피이코라는 이름을 기억시키기 위해 3천 번을 새로운 피질로 반복 연습했으므로, 말을 외우는 센스가 낡은 피질에 생겨서 다음 말을 외우는 센스가 생겼으므로 센스가 생겨남에 따라 말을 외우는 것이 빨라진 셈이다.

내가 강연차 후쿠시마에 갔을 때 우연히 후쿠시마 〈민유우(福島民友)〉라는 신문을 보았더니 '말하는 잉꼬새'라는 표제의 기사가 나와 있었다. 이 잉꼬새도 피이코라는 이름이었는데, 아침이 되면 '아버지 안녕하세요' '어머니 빨리 일어나세요'하고 집의 자명종 시계 구실을 했다.

아침 식사가 끝나면 두 딸에게 '회사에 잘 다녀와요' '도시락 가져 가야죠' 하고 새장 속에서 말을 건넸다. 또 가족이 밖에서 돌아오면, 자기 이름을 부르거나 '엄마' '아빠'하고 부르며 '어서 오세요'라고 말을 하는데 절대로 잘못 부르는 일이 없었다.

그 밖에도 새끼 고양이가 새장을 건드리면 '이봐, 안 돼'하고 꾸짖었다. 기분이 좋을 때는 동요나 가요극을 노래했다.

이 특종의 잉꼬새 임자는 참새구이집을 경영하고 있는 구가하라라는 사람인데, 그는 알에서 깐 지 2개월 된 피이코를 얻어 와 길러 말을 가르쳐 주는 사이에, 2개월쯤 지났을 즈음부터 말을 하게 되어, 지금은 간단한 일상 회화에 불편을 느끼지 않을 정도라고 했다.

피이코는 수라하라씨를 좋아하며, 수가하라씨가 점포에 있으면 안방에서 '아빠, 아빠'하고 불렀다. 그가 모이를 주면 고개를 위아래로 흔들며 '맛있어'라고 기뻐하며, 밤에 잠자기 위해 수가하라씨가 '이제 늦었으니 2층으로 가야지'하며 새장을 들면, 고개를 들었다 숙이면서 '예'하고 힘차게 대답까지 했다.

앵무새나 구관조(九官鳥), 그리고 잉꼬새의 수컷이 인간의 말을 흉내내는 케이스는 있지만, 피이코처럼 말을 이해하고 반응을 나타내는 일은 매우 드물다 하여 소중히 여겨지고 있다.

작은 새조차 이런 예가 있다. 하물며 인간인 경우에는 센스라는 것이 새로운 피질로 올바른 훈련을 되풀이 해 나가면 낡은 피질로 만들 수가 있다. 선천적으로 재능이 많지 않아도 너무 낙담하지 말고 후천적인 노력을 만들 수가 있는 것이다.


## 재능 있는 사람과의 핸디캡은 처음 뿐이다


하기야 그렇게 말해도, 역시 선천적으로 재능 있는 사람과 후천적으로 재능을 다듬은 경우에는, 처음부터 핸디캡이 있어서 언제까지나 이 핸디캡이 따라 다녀 도저히 맞설 수 없지 않을까 하고 생각할지도 모른다. 그러나 결코 그렇지 않다.

그 핸디캡이란 것은 처음뿐인 것이다. 가령 강에 돌을 던진다고 하자. 강바닥이 깊은 곳과 얕은 곳을 비교할 때, 돌이 수면에 나오기까지의 시간과 노력은 매우 다르다.

강바닥이 깊은 곳에서는 돌을 상당히 던지지 않으면 수면에 돌이 나타나지 않지만, 강바닥이 얕은 곳에서는 조그마한 노력으로 돌이 수면에 나타난다.

선천적으로 재능이 있는 사람과 없는 사람과의 핸디캡은, 일생을 두고 붙어 다닌다는 식으로 흔히 생각되지만, 이론적으로는 재능이 싹트기 시작할 때까지의 기간이라는 것을 알 수 있다. 그러므로 나는 태어날 때부터 재능이 많지 못하다 하여 절망할 필요는 없다. 재능이 없으면 스스로 훈련함으로써 만들 수가 있는 것이다.

더우기 처음에 고생하여 센스를 만들어 낸 사람 쪽이, 나중에 벽에 부딪쳐 능력이 늘어나지 않게 되었을 때 강하다는 플러스면이 있다. 왜냐하면 올바른 센스를 만들기 위해서는 기본을 단단히 배워 올바른 훈련을 할 필요가 있으며, 그리고 기본을 단단히 해두면 벽에 부딪쳤을 때, 기본에 비추어 자기의 결함을 찾아내기가 쉬우며, 결함을 개선하여 벽을 돌파할 수 있기 때문이다.

자기의 능력을 늘리려고 해도 벽에 부딪혀 능력이 늘어나지 않게 되거나, 다른 사람의 능력과 비교해 보고 도저히 이길 수 없다고 느끼면, 자기에게는 재능이 없으므로 역시 안된다고 체념해 버리는 것이 대부분의 사람들의 고민이지만, 설령 재능이 없어도 노력함으로써 스스로 재능을 만들 수 있다고 하면 이야기는 달라진다.

지금까지와 같이 재능이 없다는 것을 한탄하는 것이 아니라 어떻게 하면 재능을 만들어 낼 수가 있는가에 관심을 가지고 노력할 수가 있게 된다.

어떻든 재능이 없으면 스스로 이를 만들어 낼 수 있다는 것을 알고 있으면, 쓸데없이 열등감으로 의기소침해지는 일이 없어지며, 재능을 늘리는 노력을 해나감으로써 자신감도 솟아난다.

또 패배감이나 좌절감, 굴욕감 등의 콤플렉스에 사로잡혀 의기소침하기보다 자기의 재능이 없다는데 대한 비애가 원인이다. 재능이 없으므로 패배한다. 패배해도 어찌해 볼 도리가 없다.

재능이 없으므로 계획만으로 끝나 도중에서 내던질 수밖에 없어지는 것이다. '재능이 없으므로 남에게 업신여김을 당하여도 앙갚음을 할 수 없는 것이다'라고 쓸데없이 의기소침하는 것으로 끝나버린다. 그러나 자기의 재능에 희망을 가질 수 있게 되면 사정은 달라진다.

자기의 재능을 늘림으로써 이길 수가 있게 되는 것이다. 계획을 잘 해낼 수가 있다. 업신여긴 자를 이것보란 듯이 해줄 수가 있다고 희망을 갖고 노력할 수 있게 된다. 그러면 대체 어떻게 하면 재능을 늘릴 수가 있을까 하는 방법에 대해서는 제3편과 제4편에서 전개하겠다.

# 사는 보람에 눈을 떠라

## 자신감을 갖는 것이 중요하다

젊은 사람이 자신의 능력을 늘리고 싶어 해도, 날마다 일하고 있는 직장 환경이 이것을 방해하고 있는 일이 적지 않다는 것도 매우 큰 문제이다.

일이 매우 단조로워서 창의력을 발휘할 여지가 없다든가, 모처럼 젊은 사람이 의견이나 아이디어를 내어도 무시된다든가, 젊은 사람의 생각 따위는 전혀 문제가 되지 않고 감독자나 반장이 일방적으로 혹사한다는 직장에서는 모쪼록 저것도 하자, 이것도 하자 하는 기대나 포부를 가지고 들어와도 곧 환멸과 비애를 느껴 버린다.

더구나 대개의 사람들은 여러 가지의 콤플렉스나 집념을 갖고 있으므로 직장에서의 기대가 어긋나게 되면, 이러한 콤플렉스나 집념이 고개를 들어 자포자기의 행동을 하거나 놀이나 충동에 몸을 맡기게 되어 버린다.

젊은 종업원이 놀기에 열중하거나 반항적이 되거나, 일은 적당히 하고 사이드워크에만 열심히거나, 주로 마이홈주의가 된다는 것은 그들이 나쁘니까 그렇게 된다고 생각지 말고, 그렇게 행동하게 하는 데에는 어떤 원인이 있는 것이 아닌가 하고 회사 측에도 조사하여 대책을 검토하고, 능력 계발을 하려는 의욕을 일으키는 직장 만들기를 하는 것이 중요하다 할 수 있다.

일본의 대표적인 전자회사 소니의 아쓰키 공장에서는 1962년경에는 중학교 출신의 여자 공원들이 뭔가 불만이 있으면 곧 적기를 흔들며 아쓰키의 거리를 누비고 다녔다.

그 당시 공장장으로 부임한 고바야시 시게루씨는, 도대체 무엇이 불만이어서 여공들이 떠들어대는가를 조사해 본 결과 원인은 자갈 근성에 있다는 것을 알아냈다. 여공들은 중학교만 나왔을 뿐으로 공원으로 일하지 않으면 안 되었는데, 동창생들은 고등학교, 대학으로 진학할 수가 있다.

이 점에 있어 자기들은 자갈과 같이 하찮은 존재라는 데 대하여 강한 열등감을 갖고 있었다. 더욱이 공장에 들어가면 이번에는 전에 있던 공장장의 지시에 끌려 일한다. 이러한 무미건조한 일상생활에 점점 자갈 근성이 강해지기만 했다.

이 같은 불만이 어떤 말미만 있으면, 곧 폭발하여 붉은 깃발을 흔들며 거리를 누비게 된다는 사태를 불러일으킨 셈이다. 이것을 알게 된 신임 공장장은 종업원들에게 어떻게든 자신감을 갖게 해야겠다고 여러 가지 손을 썼다.

우선 기숙사 자치제를 도입했다. 여태까지는 회사에서 기숙사의 관리를 했었는데, 이것을 그만두고 기숙사에 들어 있는 사람들에게 자주적으로 관리를 시킨 것이다. 또 레크레이션도 총무과에서 계획하여 하게 하던 것을 종업원들에게 스스로 계획하여 하도록 했다.

또한 작업 표준을 종래에는 스타아피에서 정하여 작업원들에게 시켰는데, 스타아프에서 결정한 것은 잘 지키려 하지 않았으므로 이것을 작업원들에게 만들도록 해 보았다.

처음에는 좋은 것이 만들어지지 않았지만 자신들이 만든 것으로 해보고 좋지 않으면 여러 가지로 궁리하고, 또 책도 사서 스스로 공부한다는 식으로, 지금까지는 작업이 끝나면 즉각 뛰어나가 놀러갔는데, 방에 남아 좋은 작업 표준을 만들기 위해 열심히 노력하게 되었다.

이리하여 작업 표준이 개선되면, 일을 하기 쉬워져 생산성이 오르고, 여기에 자극을 받아 더 좋은 작업 표준을 만들도록 연구한다는 식으로 매우 의욕적인 작업원으로 변해 갔다.

여태까지 자신감을 갖지 못하고, 나는 사회의 자갈같이 쓸모없는 인간이라는 열등감이 강했던 종업원들이 기숙사의 자치제, 레크레이션 관리, 작업 표준의 개선 등 자발적, 개성적, 창조적으로 작업에 착수할 기회가 주어짐으로써 점점 자신감을 되찾고, 매일의 생활에 사는 보람을 느끼는 사원으로 변해 간 것이다.

이런 예에서 볼 수 있듯이 종업원이 경영자나 관리자에게 반발적이거나 저차욕구에만 관심이 강하거나 하는 것은, 그들이 참으로 바라고 있는 자아적 욕구나 자기 실현욕이 어릴 때부터, 혹은 직장에 들어가고 나서 실현 불가능하게 되어 있기 때문이다. 즉,

사는 보람이 있는 생활이 방해받고 있으므로 저차욕구의 만족으로 우울함을 풀거나 경영자, 관리자에게 반발한다는 형태로 나타나게 된다.

이러한 심리를 알게 되면, 종업원의 자아적 욕구나 실현욕을 만족시키는 방법을 강구하는 일이 최대의 과제가 된다. 하기야 그렇게 말해도 현실적으로는 종업원에게 단조로운 일을 시키지 않으면 안 되는 직장이 많으며, 이 때문에 자기 소외감이 강하고, 자아적 욕구나 자기 실현욕을 만족시킬 수 없는 상태가 되어 있다. 그러나 그렇다고 해서 체념하면 사태는 조금도 나아지지 않는다.

소니의 아쓰키 공장도 바로 그러한 상태에 있었는데, 그런 가운데서도 종업원에게 어떻게 보람 있는 직장을 만들까 하고 노력해 나간 결과 보람 있는 직장을 만들 수가 있게 된 것이다.

소니에 한하지 않고 보람 있는 직장을 만들고 있는 회사에서는, 여러 가지 연구를 통하여 점차 종업원들의 자아적 욕구나 자기 실현욕의 만족을 가능케 하고 있다.

그 구제책을 간추려 보면 다음과 같다.

1. 작업 방법을 연구한다.
   가) 작업의 폭을 넓힌다.
   나) 작업의 질을 높인다.
   다) 작업 표준을 스스로 결정시킨다.
   라) 작업의 변화, 연구를 생각한다.
   마) 작업 결과를 검토시키고 작업의 개선, 진보의 연구를 시킨다.

2. 작업 부여의 방법을 모색한다.

　　가) 작업 목표를 작업원에게 결정시킨다.

　　나) 능력의 진보에 따라 작업을 바꾸어 준다.

　　다) 작업원의 장래에 걸리는 결정에 참여시킨다.

　　라) 작업의 창의, 연구를 장려한다.

　　마) 일을 맡기고 권한을 준다.

3. 직장 활동을 활발히 한다.

　　가) 아침 회의 같은 때 3분간 스피치를 차례로 시켜 의욕을
　　　　북돋워 준다.

　　나) ZD그룹, QC서클 등 미팅, 서클 활동을 활발히 한다.

　　다) 직장 간담회를 활발히 한다.

4. 정보활동을 활발히 한다.

　　가) 업계 정보, 기업 동향을 충분히 알린다.

　　나) 일에 관한 정보를 잘 흐르게 한다.

　　다) 사내 정보를 잘 흐르게 한다.

　　라) 부하의 의견, 욕구 등 아래서부터의 정보를 잘 받아들인다.

5. 능력을 뻗어나가도록 동기를 부여한다.

　　가) 자기 계발을 장려한다.

　　나) 자격을 얻도록 장려한다.

　　다) 직장 내 토론회를 활발히 시킨다.

이상 든 방법 중에서 각 직장의 실상에 맞는 것을 다루어 나감
으로써 매일의 작업 자체는 단조로움을 벗어날 수가 없다고 하더
라도 직장 환경을 종업원에게 자발적, 개성적, 창조적으로 능력

을 발휘시킬 여지를 주게 되므로 자아적 욕구와 자기 실현욕의 만족을 가능케 해 나간다.

　이리하여 직장에서 자아적 욕구, 자기 실현욕을 만족시키는 기회가 열리게 되면, 지금까지 이러한 욕구가 불만인 까닭에 일어나기 쉬웠던 반항심, 혹은 생리적 욕구나 안전, 욕구에로의 경사(傾斜)가 차차 완화되게 되어, 그들이 가장 구하고 있던 보람의 느낌을 느낄 수 있게 된다. 이러한 직장을 만드는 일은 결코 불가능하지는 않을 것이다.

# 제 **2** 부
# 적극적 태도
## - 빈손으로 일어나지 말라 -

# 성공 예에서 배워라


## 뛰어난 모델로부터 배우자

우리가 뛰어난 능력을 발휘하려면 어떻게 하는 것이 좋을 까? 그 방법을 찾아내기 위해서 저자는 마쓰시타의 마쓰시타 고노스케 회장과 혼다의 혼다 소오이치로오 회장, 소니의 이후카 다이 회장, 다이에 슈퍼의 창업자인 나카우치 히로시 회장 등 뛰어난 경영자들의 예를 든다.

그런데 이러한 방법에 의문을 갖는 사람들이 있을지도 모른다. 방금 예로 든 사람들은 천재적인 인간으로 우리와 같이 생각할 수가 없다. 그러므로 이런 사람들이 이룩한 성과는 우리들에게는 그다지 참고가 되지 않는다는 생각이다. 그러나 그러한 생각이야 말로 잘못된 것이다.

왜냐하면 아주 뛰어난 케이스 속에서야말로 원리를 찾아낼 수 있기 때문이다. 그러므로 뛰어난 케이스를 분석해 나감으로써 어떻게 하면 잘 되어 나갈 것인가의 원리를 발견할 수가 있으며, 이 원리를 활용함으로써 뛰어난 케이스에 접근할 수가 있다.

이 같은 사실을 학문적으로 파헤쳐 연구하고 체계화한 것이 도오지샤(同志社) 대학 이치카와 교수의 '등가변환(等價變換) 이론'이다. 이 이론은 창조성 개발 이론으로 매우 주목되는 것으로, 대개의 창조성 개발은 이에 의하고 있다 해도 과언이 아니며, 저자의 창조성 개발에 대한 생각과도 꼭 일치하므로 매우 공감을 느끼고 있다.

이 '등가변환 이론'이라는 것은 좋은 아이디어를 얻으려면 이에 어울리는 좋은 모델을 찾아내고, 여기에서 힌트를 파악하라는 것이다.

그 예로서 이치카와씨는 타구마(田態)식 보일러를 들고 있다. '타구마식 보일러'라는 것은 발효율이 매우 좋은 보일러로, 이것을 발명한 타구마 회장은 초등학교 밖에 나오지 못한 사람이지만 발명의 재주가 아주 많았다. 그 비결이란 좋은 모델을 찾는 센스를 작용시켰기 때문이다.

타구마 회장은 발효율이 좋은 보일러를 발명하려고 열심이었을 때, 뭔가 좋은 힌트가 없을까 하고 생각한 끝에 문득 떠오른 것이 인체의 구조였다. 인간의 몸은 심장을 중심으로 혈액이 체내를 순환해 나가는데, 이 혈액의 순환은 매우 뛰어난 효율로 행해지고 있다.

보일러도 또한 끓인 물을 효율적으로 순환시키지 않으면 안 되며, 원리적으로는 인간의 몸과 마찬가지이다. 그래서 그는 인체의 구조를 의사와 생리학자에게 배워 심장에서 내보내진 혈액이 효율적으로 체내를 순환하는 짜임새를 연구함으로써 거기에서 많은 힌트를 배울 수가 있었으며, 이것을 보일러에 잘 활용하여 매우 발효율이 좋은 보일러를 발명할 수가 있었던 것이다.

## 그대로 본뜨면 실패한다

올바른 힌트를 배울 경우 이것을 그대로 본뜨면 안 된다. 그런 일을 하면 오히려 실패한다. 즉, 양자 사이의 비슷한 곳 즉, 이것이 등가(等價)인 셈인데 이것을 받아들일 경우 이쪽으로 잘 활용할 수 있도록 변환하여 받아들이는 것이 중요하다. 이 말은 뛰어난 모델 속에는 그것이 잘된 원리가 숨어 있으므로, 이 원리를 잘 받아들인다는 것이 중요한 것이다.

뛰어난 발명이란 것은 대부분 이런 방법으로 성공하고 있다. 컴퓨터가 발명되었을 때 힌트가 된 모델은 인간의 대뇌이다. 대뇌에는 무수한 기억장치(신경세포)나 사고(思考)의 네트워크가 있다.

이 대뇌의 짜임새를 철저히 분석함으로써 컴퓨터 제작의 많은 힌트를 파악할 수가 있었던 것이다. 그래서 이 '등가변환 이론'에 의하면 여러분이 자신의 능력을 효율적으로 늘면 이런 방면에서 성공을 거둔 사람을 모델로 삼고, 그 방법을 분석함으로써 여러 가지의 힌트를 파악할 수 있을 것이다. 이런 이유에서 특히 당대에 뛰어난 능력을 발휘하게 된 사람들을 모델로 들려고 하는 것이다.

# 불요불굴의 정신을 길러라

## 실패를 진보의 계기로 삼아라

인간은 실패하면 역시 나는 머리가 나쁘니까, 재주가 없으니까, 능력이 없으니까 실패했다고 생각해 버린다. 그리고 이런 경우라도 머리가 좋은 사람, 재치 있는 사람, 능력이 있는 사람은 잘 해낼 것에 틀림없다고 생각하여, 더욱 더 자신을 잃고 자학(自虐)하게 된다.

저자에게도 그런 기억이 있다. 흔히 실패하면 아버지에게 설교를 들었는데, 어느 날 아버지는 이런 이야기를 들려주었다. 전국시대(戰國時代)의 어느 장수가 아직 젊었을 때 부하를 데리고 사냥을 갔다.

점심 때가 되었으므로 가까운 집에서 쉬고 있으려니 그 집에서 맛있는 생선 요리를 차려 주었다. 잔뼈가 많은 생선인데 그는 살을 뼈에서 잘 빼내 맛있군! 맛있어 하며 먹었다. 먹다 남긴 생선뼈가 가즈런히 접시 위에 놓여 있었다. 이것을 본 수행한 중신(重臣)이 이 사람은 장차 틀림없이 뛰어난 부장이 되리라고 예언했다.

이 예언은 들어맞았다고 할 수 있다. 왜냐하면 머리가 좋은 사람은 그 머리가 좋은 것이 동작의 구석구석까지 나타나며, 생선을 먹는다는 일상적인 동작 가운데도 머리가 좋다는 점이나 손재주가 좋은 점이 엿보이는 이 젊었을 때의 장수는 비범한 인간임을 꿰뚫어 본 셈이다.

나는 이 이야기를 듣고 역시 위대해지는 인간은 어릴 때부터 다른가보다고 생각했다. 나는 손재주가 없어 생선을 먹을 때도 재치 있게 먹을 수가 없으며, 일상의 동작에서도 부주의해서 곧잘 실패한다. 선천적으로 머리가 좋은 사람에게는 도저히 대적할 수 없다고 도리어 자신을 잃어버렸다.

아버지께서 너도 정신차려야 한다고 주의를 준 것이 이 같이 반대되는 결과를 낳게 된 셈이다. 그러나 차차 성장함에 따라 세상사를 알게 되자, 너무 자신을 비하할 것도 없다는 생각을 품게 되었다.

왜냐하면 다니 모모코라는 발레리나가 있었는데, 그녀는 발레를 할 때는 천재적이었지만 일상의 생활에서는 어린애다운 점이 있어 곧잘 실수를 한다는 것을 잡지에서 읽었고, 또 어떤 명배우는 무대에 올라서면 관객을 감탄케 하는 명연기를 하지만, 일상생활에 있어서는 전혀 서툴러 여행에 갈 때에도 기차표 하나 스스로 살 수가 없다는 것을 들었기 때문이었다.

이런 이야기를 보고 듣는 가운데 일예(一藝)에 달한 사람이라 해서, 무엇에든지 뛰어난 능력을 발휘하는 것이 아니라 자기가 모르는 일에서는 실수를 저지른다는 것을 알고 안심을 했다.

더 성장하여 경영자나 재계인을 만나게 되자, '내가 여태까지 해온 것은 실패의 연속이었어'하는 말을 흔히 듣게 되었다. 실패의 연속이었던 사람이 어찌하여 뛰어난 경영자가 되었느냐 하면, 실패할 때마다 자기의 결함을 찾아내어 고쳐 나갔기 때문이다.

이런 점을 깨닫게 되면 실패했을 때 나는 머리가 나빠서 실패했다. 우수한 경영자나 관리자가 된 사람은 이런 때에도 잘 해낼 것임에 틀림없다고 자학할 필요가 없다는 것을 알게 된다.

뛰어난 경영자일지라도 역시 실패하는 일이 적지 않다. 오히려 실패를 통하여 인간은 진보하는 것이며, 실패했을 때 어떤 태도 ―즉 실패에 의해 절망하고, 나는 무능한 인간이라고 단념해버리든가, 실패했을 때 자기 결함을 개선하고 자기의 진보, 비약에 대비할 수가 있을까, 이 차이에 따라 전자는 좌절하고, 후자는 신장(伸張)할 수 있다는 사실을 알게 되었다.

## 실패를 두려워하는 사람은 진보하지 못한다

인간은 실패했을 때 자기의 결함, 약점을 깨닫게 된다. 그러나 자신의 결함, 약점을 안다는 것은 열등감, 절망감을 의식시키고 마음에 상처를 입히게 되므로 이를 인정하는 것을 싫어한다.

여기에 마음에 '방위기제(防衛機制)'가 작용한다. '방위기제'라는 것은 실패한 것은 상사가 나쁘기 때문이다. 회사가 나쁘기 때문이라고 책임을 다른 데로 전가시켜 버리는 방법이다. 그렇게 하면 자기가 나빠서 실패한 것이 아니므로 자기 마음을 상하지 않아도 된다. 이런 방법을 가리켜 '합리화'라고 한다. 합리화란 자기 정당화를 말하며 방위기제의 일종이다.

어릴 때 자기 마음에 상처를 받으면 마이너스가 크다. 어릴 때 강한 열등감의 상처를 입으면, 절망감이 커져 바르게 발전해 나가려는 의욕을 잃어버리기 때문이다. 그러므로 어린이는 실패했을 때는 곧잘 합리화 한다.

　자기가 나쁘다고 인정하지 않고 남의 탓으로 돌린다. 여기에는 여기 나름대로 의미가 있으며 필요하다고도 할 수 있다. 그러나 어른이 되고 나서도 합리화를 하고 있으면 실패해도 자기의 약점, 결점을 알려고 하지 않으므로 약점, 결점을 알 수 없어 똑같은 실패를 되풀이 하여 건전하게 진보해 나갈 수가 없게 된다. 이렇게 되면 마이너스가 커진다.

　또한 실패를 싫어하는 사람은 실패할 우려가 있는 것은 되도록 피하려고 한다. 무슨 일이든 안전제일로 절대 무리하지 않으려고 한다. 그러므로 점점 위축되어 간다. 이래가지고는 진보가 없다.

　인간이 진보해 나가기 위해서는 조금씩 어려운 곳에 도전해 나가지 않으면 안 된다. 그러나 지금까지보다 힘든 곳에 도전하는 데는 새로운 능력을 필요로 한다. 가령 지금까지 해온 일은 거기에 필요한 지식·기능·이해력·판단력 등을 써서 잘 해낼 수가 있었다. 그러나 지금부터 창조적 일과 씨름하려면 더욱 새로운 능력으로서의 창조력이 필요하게 된다. 하지만 이 창조력은 아직 충분하다고 할 수 없다. 그렇게 되면 다른 능력도 십분 발휘할 수 없게 되어 실패하거나 잘 되지 않는다는 일이 자주 일어나게 된다.

　이것은 마치 유도시합을 하는 경우, 허리가 약하다는 약점이 있으면 다리나 팔의 힘은 강해도 강한 적에 부딪쳤을 때 허리의 약함이 결점이 되어 나타나므로, 이 가장 약한 점에 끌리어 다리나 팔도 충분히 강점을 발휘하지 못하고 결국 져버린다는 경우와 비슷하다.

이리하여 어려운 것에 도전해 나가려는 때에는 새로운 능력이 필요해지는 수가 많은데, 새로운 능력은 아직 미숙함으로 다른 능력도 이것에 끌리어 충분히 발휘할 수가 없어 실패하는 수가 많다.

실패하면 자신을 잃어버리므로 이를 피하려고 한다. 그 때문에 너무 어려운 것에 도전하는 것을 두려워하고, 안전제일주의로 몸을 도사리려고 생각하게 된다.

### 실패가 진보시킨다

이리하여 실패를 두려워하면 할수록 위축되고 몸을 도사리게 되어 진보하지 못한다. 항상 진보해 나가려는 데에는 실패를 두려워하지 않는 정신이 필요하며, 실패 속에서 여러 가지의 교훈을 배우고, 인간은 실패를 통하여 진보해 나간다는 것을 잘 이해하는 게 중요하다.

지금까지는 오히려 실패하는 것은 치명적이며, 실패에 의해 점점 못해진다는 생각을 갖고 있었는지 모르나 이것은 잘못이며, 실패야말로 인간을 진보시킨다는 올바른 인식을 갖는 것이 중요하다.

그러면 실패는 어째서 인간을 진보시키는 것일까? 그 이유를 생각해 보면 다음과 같이 될 것이다.

첫째, 진보해 나가기 위해서는 자기의 결함이나 약점을 잘 알고 이것을 고쳐 나가는 것이 절대 필요하다. 왜냐하면 결함이나 약점을 그대로 내버려 두면, 이 결함이나 약점이 언제나 진보의 방해를 하기 때문이다.

둘째, 진보해 나가기 위해서는 자기의 한계에 도전할 필요가 있다. 이것은 스포츠맨이 항상 자기의 기록에 도전하여 비로소 능력이 늘어가는 데 잘 나타나고 있다. 그런 한계에 도전하면 실패하는 일도 매우 많다. 그러나 이 실패했을 때 왜 실패했는가, 그 원인을 정확히 파악하고 자기 약점을 강화할 수 있을 때 한층 더 능력은 비약한다.

셋째, 인간의 능력이 가장 뻗어나갈 때에는 전력을 기울여 목표에 집중했을 때이다. 이러한 때에는 센스가 날카로워져 머리와 몸이 그 기능을 최고로 발휘할 수가 있다. 이 때문에 여러 가지 잘 안 되던 일이 잘 되게 된다.

이것은 마치 제자가 스승에게 비결을 배울 때의 심경과 비슷하다. 제자는 전신전령을 집중하여 스승에게 부딪쳐가므로 스승이 가르쳐 준 비전(秘傳)을 순간적으로 터득할 수가 있다.

실패할지도 모를 힘든 일에 부딪쳐 갈 때에는 인간은 누구나 진지해진다. 이 같은 진지한 환경 속에서야말로 가장 효율적으로 능력을 진보해 나간다. 선천적인 소질보다도 실패한 환경 속에서 단련된 사람 쪽이 훨씬 능력이 늘어나는 법이다. 이리하여 실패라는 것의 의의를 알게 되면, 실패를 두려워하지 않고 도리어 한계에 도전하여 자신을 분기(奮起)하고, 센스를 날카롭게 하여 일에 부딪쳐 갈 필요성을 깨닫게 될 것이다.

# 적극적 인생관을 가져라

## 싫은 일에 부딪혀도 물러나지 말라

저자는 꽤 오래 전에 「일본의 맹렬 경영자」라는 책을 쓴 적이 있다. 이 책속에서 마쓰시타 고노스케회장, 혼다 소오이치로오 회장, 세이 신다이 회장, 리코 카메라로 유명한 리켄광학의 이치무라 키요시 회장, 이데미쓰 흥산 창업자인 이레미쓰 사조오 회장 등 당대의 뛰어난 경영자가 된 사람들이 어째서 우수한 경영자가 될 수 있었는가 하는 것을 그들의 성장기와 경영법 등을 조사하면서 원인을 추구해 나간 적이 있다.

처음에 그들은 선천적인 천재나 수재였다는 데 공통점이 있을 것이라고 생각했었는데도, 잘 조사해 보았더니 뜻밖에도 그렇지가 않았다. 마쓰시타 회장의 초등학교 성적은 중상(中上) 정도였고, 혼다 회장의 초등하교 성적은 매우 나빴다.

소니의 이후카 회장은 세 사람 가운데에선 가장 공부을 많이 하여 와세다 대학의 이공과에 들어갔지만, 졸업하던 해에 토오시마(東之) 회사 입사에 응시했지만, 떨어졌을 정도로 성적이 발군이라고는 할 수 없었다.

그러면 도대체 그들은 어떤 점에 공통점이 있었을까 하고 조사한 결과, 그들은 모두 '플러스 반응형'이라는 것을 알았다. '플러스 반응형'이라는 것은 여러 가지 싫은 일, 괴로운 일에 부딪쳐도 이에 굴하지 않고, 도리어 이것을 기회로 진보해 나갈 수 있는 타입이다.

　인간이란 것은 사회생활을 해나가는 사이에 여러 가지 일에 부딪친다. 가령 다른 사람과 비교해 보고 나는 머리가 나쁘다든가, 생각하는 것이 부족하다라든가 하는 생각으로 열등감을 느끼는 수가 있다. 이러한 경우 낙담하여 노력하겠다는 마음을 갖지 못하는 사람은 '마이너스 반응형'이다.

　이에 대하여 설령 열등감을 느끼는 수가 있어도 너무 낙담하지 않고, 자기는 자기 나름대로 노력해 나가려고 생각하고, 자기 페이스로 노력할 수 있는 사람, 이것이 '플러스 반응형'이다.

　또한 인간은 흔히 실패하는 수가 있다. 실패했을 때 낙담하여 나는 도저히 이렇게 어려운 일은 할 수 없다고 체념해버리거나, 실패한 것은 내가 나쁜 게 아니라 상사가 나쁘기 때문이다, 회사가 나쁘기 때문이다 하며, 실패의 책임을 남에게 전가시키려는 사람은 '마이너스 반응형'이다

　이에 대하여 실패했을 경우, 자기의 어딘가에 약점이 있기 때문이다. 결점이 있으니까 실패했을 것이라고 자기의 결점, 약점을 찾아서 이를 시정해 나갈 수 있는 사람, 이것이 '플러스 반응형'이다.

　나아가 인간은 역경에 처하는 경우가 종종 있다. 리코의 이치

무라 기요시 회장은 중학교에 들어갈 때 숙모로부터 학비 도움을 받고 겨우 공부할 수가 있었다.

중학교 1학년 때 미국의 곡예 비행가가 와서 곡예비행을 보여주게 되었는데, 이를 구경하는 데는 5전이 필요했다. 이치무라 회장은 숙모에게 5전을 줄 수 없겠느냐고 부탁했더니 숙모 옆에 있던 양자가, '평소에 학비까지 도움을 받고 있으면서 놀러가는 돈까지 달라느냐'하고 이치무라 회장을 꾸짖었다. 이치무라 회장은 이 말이 매우 섭섭했으므로 이튿날 퇴학계를 내고 중학교를 그만 두었다.

이치무라 회장은 매우 분했으나 언제까지나 의기소침한 것이 아니라, 빨리 한 사람 몫을 단단히 하여 양자에게 보란듯이 잘 되어 보려고 크게 투지를 불태웠다고 한다. 이처럼 역경에 놓여도 이에 대하여 낙망하지 않고, 오히려 투지를 불러일으킬 수가 있는 것을 '플러스 반응'이라고 한다. 이에 대하여 역경에 처했을 때 풀이 죽어 더욱 나빠지는 것을 '마이너스 반응'이라고 한다. 이치무라 회장은 양자로부터 모욕을 받아도 오히려 투지를 불러일으켜 '플러스 반응'을 할 수 있었던 셈이다.

## 언제나 좋은 면을 보라

이처럼 인간은 사회생활을 해나갈 경우 열등감과 실망, 역경 등 여러 가지 곤경을 당하는 수가 있지만, 이 같은 곤경을 당하니까 잘못되어 간다는 것이 아니라, 오히려 이런 때에 어떤 반응을 하는가가 중요한 것이다.

곤경을 당하고 마이너스 반응을 해버리면, 설령 소질에 어느 정도 혜택을 받고 있어도 점점 잘못되어 간다. 거꾸로 싫은 꼴을 당해도 플러스 반응을 할 수 있으면, 이를 계기로 점점 좋아질 수가 있다. 이처럼 생각하면 절대적으로 마이너스라는 것은 없어진다.

열등감이나 실패, 역경 등은 싫은 체험인 것처럼 생각되지만, 그렇게 생각하면 할수록 이러한 체험은 자기의 마이너스가 된다. 그러나 관점을 바꾸어 이렇게 얼핏보아 싫다고 생각되는 일에 부딪쳐도 거기에서 자기 진보의 계기를 파악해 나갈 수가 있으면, 오히려 이것들은 자기에게 있어 플러스로 살아난다는 것을 알 수 있다.

세상의 일은 모두 일장일단이 있어서 모조리 좋은 일, 모조리 나쁜 일이라는 것은 없다. 실패는 우리에게 있어 아픈 체험이며, 실패는 마이너스이지만 실패를 통하여 자기의 약점을 알고, 세상이라는 것을 잘 알게 되어 이에 꺾이지 않고 노력하여 자기의 약점을 강화해 나가면, 이것은 긴 안목으로 보아 자기에게 매우 큰 플러스가 된다.

또 집이 가난하여 남에게 업신여김을 당하거나 싫은 생각을 한다는 것은 매우 마이너스인 것같이 보이지만, 여기서 분기(奮起)하여 업심여긴 자를 앙갚음하려고 투지를 불러일으킬 수가 있으면, 이러한 충격 체험은 자기에게 언제나 에너지를 불러일으키게 된다.

이 같은 좋은 면을 볼 수가 있으면, 싫은 체험은 자기에게 있어 플러스라는 것을 알 수 있다. 이리하여 온갖 체험에는 플러스면과 마이너스면이 있다는 것을 알 수 있으며, 이중 어느 쪽을 보는가에 따라 반응의 방법이 전혀 달라진다.

마이너스면을 보는 사람은 열등감을 느끼거나 실패할 때마다 나빠지지만, 플러스면을 볼 수가 있는 사람은 이러한 체험을 할 때마다 진보의 실마리를 잡을 수가 있다.

당대에 뛰어난 경영자가 된 사람들은 모두 플러스면을 볼 수 있었던 사람들이며, 이와 같이 플러스면을 볼 수 있는 사람들을 '긍정적 인생관'의 소유자라고 한다. 이에 대해 마이너스면을 보아 버리는 사람들을 '부정적 인생관'의 소유자라고 할 수 있다.

'긍정적 인생관'인 사람은, 싫은 체험을 해도 그 중에서 좋은 것, 플러스면을 파악해 나가므로 끊임없이 진보해 나가지만, '부정적 인생관'인 사람은 싫은 체험을 하면, 나쁜 면만을 보고 비관적이 되어 가므로 점점 사태를 나쁘게 해버린다. 이 인생관의 차이가 인간을 좋게도 나쁘게도 만들어 버리는 것이다.

인간의 능력을 올릴 수가 있느냐, 없느냐는 선천적인 소질에 따라 결정된다고 생각하는 사람이 많지만, 실제로는 소질보다도 여러 가지 체험 가운데서 '플러스 반응'을 하는가, '마이너스 반응'을 하는가 하는 쪽이 더욱 결정적 중요성을 지니고 있다.

더구나 인간은 순조로운 상태에서 능력이 신장된다기보다는 실패나 역경 등 여러 가지로 괴로운 상태에 놓여, 어떻게 하면 잘되어나갈까 하고 힘껏 노력하는 편이 훨씬 능력이 진보한다.

그 까닭은 잘 해야 한다고 강한 필요성을 느끼고 행동했을 때 힘껏 힘을 발휘하고 진지해져, 이런 때야말로 머리의 돌아가는 정도나 몸의 활동이 가장 효율적이 되기 때문이다. 그러므로 싫은 체험을 환영할 정도의 기분이 필요한 것이다.

헌데 많은 사람들은 오히려 말대로 싫은 체험을 싫어하고, 충격을 두려워하고, 마이너스 반응을 일으켜 나쁜 면만을 보아버린다. 그 때문에 점점 잘못되어 간다. 많은 사람들이 능력을 늘리지 못하고 있는 것은, 싫은 체험에 대하는 태도가 잘못되고 있기 때문이다.

## 충격에 지지 말라

뛰어난 경영자는 의표를 찌르는 것 같은 결단을 하여 멋지게 성공하고 있는데, 이것을 해낼 수 있는 것은 지금까지 여러 가지로 실패하고 역경에 선 가운데서 많은 것을 배우고, 보통 사람으로는 위태롭다고 생각하는 결단을 내려도 성공시킬 만한 힘을 몸에 붙이고 있기 때문이다.

향신료의 제조로 세계 제1위인 매코믹사의 사장 차알스 매코믹 씨는 숙부가 경영하던 매코믹사가 경영 악화로 종업원의 급료를 10% 깎아내리지 않으면 채산을 맞출 수가 없는 상태에 빠졌을 때, 숙부가 갑자기 죽었으므로 사장에 취임했다.

그는 사장 취임식에서 전 종업원들에게 '급료를 10% 인상하겠고, 노동 시간은 1주 9시간으로 단축한다. 우리 회사의 앞으로의 발전은 이제 여러분의 노력 여하에 달렸다'고 연설하여 종업원들에게 기대를 걸었다.

이 같은 대특단의 조치에 종업원들이 감격하여 더욱 열심히 노력했고, 1년쯤 지나자 업적은 향상되고, 회사는 승승장구하게 되었다.

회사가 적자에서 종업원들의 급료를 인하해야 할 때 반대로 급료를 10% 올려 더욱이 노동 시간을 단축시킨다는 과감한 일을 했으므로, 이것은 정말 의표를 찌르는 결단이었던 셈인데, 멋지게 성공시켰던 것이다.

다이에의 나카우치 사장이 슈퍼 1호점을 냈을 때도 참으로 의표를 찌르는 결단이었다. 오오사카의 센린 약국이 두 집 있는 한 복판에 약을 중심으로 다루는 점포를 냈다. 센린이라고 하면 오오사카에서도 중심 상업지였다. 그러나 이 제1호점을 멋지게 성공시켰다.

차알스 매코믹이 의표를 찌르는 결단으로 성공한 것은, 매코믹이 사장에 취임하기 전 18년간 까다로운 숙부 밑에서 영업·창고·하역·경리·공장 등 회사의 모든 부문의 밑바닥 일을 하며, 여러 가지 실패를 거듭하면서, 자기 독자적인 방법을 배웠기 때문이다.

나카우치 사장이 제1호점을 성공시킬 수가 있던 것도 소매점, 도매점, 메이커 등 여러 사업에 손대어 실패하고, 자기의 결점을 알게 됨과 동시에 여러 가지 일을 배웠기 때문이었다.

의표를 찌르는 결단을 내려 멋지게 성공한 사람들은 모두 과거에 실패나 고생을 맛보고, 이 체험을 통하여 점차 자기 힘을 길러 나간 사람들이다. 여러 가지 충격을 받으면서도 이에 굴하지 않고 도리어 실패나 충격 속에서 교훈을 배우고 실력을 붙이고 있다. 이런 노력이 의표의 결단을 내려도 성공할 만한 힘을 몸에 붙이게 만든 것이다.

능력을 늘려가려면 남이 싫어하는 체험을 환영해야 한다. 그러나 대부분의 사람들은 그렇게 생각지 않고 충격을 두려워하고, 충격 때문에 동요함으로 머리의 움직임이 나빠지고 점점 잘못되어 간다.

왜냐하면 지금까지 충격을 받을 만한 싫은 체험으로 괴로움을 받아왔기 때문에 이것을 더욱 두려워하고, 마이너스 반응을 일으켜 왔기 때문이다. 즉, 싫은 체험의 나쁜 면만을 보고, 점점 자신이 나빠진다고 체념하기 때문이다. 그러나 이것은 잘못이다.

싫은 체험의 좋은 면을 보고, 이런 체험이야말로 자신을 성장시킨다는 것을 알게 되면, 싫은 체험을 해도 별로 싫어하지 않고, 심한 충격도 받지 않고 비교적 냉정하게 이에 대처할 수 있게 된다.

여기에서 그 사람의 능력은 확실히 늘어나게 된다. 이리하여 충격에 대한 반응의 방법과 능력의 신장과는 실로 밀접한 관련을 갖고 있는 것이다.


## 충격으로 동요하는 사람은 안 된다

충격과 능력 발휘와의 관계를 연구하고 학문적으로 체계를 세운 사이엔트로지라는 응용심리학이 미국에서는 매우 호응을 받고 있다. 이것은 충격에 의해 정서가 불안한 상태가 되면 능력의 발휘가 크게 좌우되는 것을 문제삼고 있다.

이 사이엔트로지를 배운 어느 광고 대리점의 사장이 여자 사원을 채용할 때, 자기가 시험관이 되어 이것을 응용해 보았다. 입사를 희망하여 찾아 온 응시자에 대하여,

"당신의 이름은, 나이는, 경력은...."

하고 일상적인 질문을 던진다. 응시자는 미리 준비해 둔 대답을 술술 매끄럽게 대답해 나간다. 이런 대답을 듣고 있는 이상, 상대가 어떤 인간인지 잘 모른다. 상대는 허상(虛像) 밖에 보이지 않기 때문이다.

그리하여 응시자가 안심하고 대답하고 있을 때 별안간,

"여자의 다리는 보통 몇 개 있죠."

라고 묻는다.

여태까지 상냥하게 대답하던 여성은 순간 안색이 변하며 모멸감에 찬 듯한 제스처를 보이며, 아마 이렇게 중요한 때에 여성의 다리에 대한 걸 묻다니, 사람을 놀려도 분수가 있지 하고 질문에 대꾸도 하지 않고 획 돌아서서 문을 쾅 열고 나와 돌아가 버렸다. 이 응시자는 '격분형'인 것이다.

보통의 질문을 하는 것만으로는 응시자는 준비된 대답, 태도를 나타낼 뿐이므로 상대가 어떤 인물인지 잘 모른다. 그래서 잠깐 충격을 주어 보는 것이다.

사람은 충격을 받으면 마음이 동요되어 참다운 모습(실상)을 드

러내는 법이다. 과연 이 여성은 '격분형'이라는 실상을 드러내 버렸다.

만일 이런 여성을 채용하여 접수계에 앉혀 놓았다면 어떻게 될까? 이 광고 대리점에서 5만 달러치의 일을 맡겨 보려는 광고주가 나타나 거만한 태도로 접수계를 대한다면, 이 접수계는 당장 화를 내어 광고주에게 불쾌한 느낌을 줄 것이다. 그러면 광고주는 이런 인상이 좋지 않은 접수계가 있는 회사에선 어차피 제대로 일을 하지 못할 것이라고, 그 또한 화가 나서 돌아가 버릴 것이다. 그렇다면 회사는 5만 달러의 일을 놓치게 되는 것이다.

다음에 나타난 여성에 대하여 시험관들은 판에 박힌 질문을 해나간다. 이 여성도 매우 상냥하게 줄줄 대답해 나간다. 안심하고 있는 때를 재어서 또 별안간 '여자의 다리는....'하고 질문을 한다.

그러자 이 여성은 금방이라도 울음을 터뜨릴 듯한 얼굴을 하고, 그 질문에 대답도 하지 않고 휙 돌아서서 돌아갔다. 아마 마음속으로는 얼마나 짓궂은 시험관일까. 나를 골려 주려고 저런 짓궂은 질문을 하고... 울고 싶은 심정일 것이다. 이러한 여성은 '비탄형'인 셈이다. 만일 이런 여성을 채용하여 접수계에 앉혀 놓으면, 역시 회사는 5만 달러의 일감을 놓치게 될 것이다.

또 다음에 나타난 응시자에게 대하여 사장은 패턴대로 질문을 해나가다가 갑자기 '여자의 다리는...'하고 질문을 했다. 그러자 이 여성은 '두개입니다'하고 매우 냉정하게 대답했다. 이 응시자는 '냉정형'인 것이다.

설령 충격을 받아도 이런 타입의 여성은, 감정이 동요됨이 없이 냉정하게 바른 대답을 할 수가 있다. 즉, 정서가 안정되어 있으므로 머리의 회전도 빠르며, 바른 대답을 할 수가 있다.

앞의 두 여성은 충격에 대하여 즉각 화를 내거나 슬퍼하여 감정이 몹시 동요한다. 그러므로 머리의 회전도 나빠져 바른 대답을 할 수 없게 된다. 시험관은 다만 '여자의 다리는 몇 개 있는가?'라는 것을 묻고 있을 뿐이다. 그러니까 '두개'라고 대답하면 되는 것으로 뭐 실례되는 말을 하고 있는 건 아니다.

이것을 실례라든가, 나를 골탕먹이려고 한다고 생각하여 화를 내거나 슬퍼하는 것은 그렇게 받아들이는 사람에게 문제가 있다.

화를 내는 것은 그 사람이 '격분형'이기 때문이다. 슬퍼하는 것은 그 사람이 '비탄형'이기 때문이다. 이처럼 화를 내거나 슬퍼하면, 그 사람의 정서는 불안정되어 이와 더불어 머리의 움직임도 혼란되어 바른 대답을 할 수 없게 된다. 감정과 머리의 움직임은 이처럼 참으로 밀접한 관련성이 있다.

## 싫은 경험이야말로 당신을 향상시킨다

그런데 현실적으로는 충격을 받으면 감정이 동요되는 사람이 매우 많다. 앞에서도 말한 바와 같이 충격을 받으면 열등감이나 좌절감, 패배감, 굴욕감 등이 자극을 받아, 이로써 완전히 감정이 동요되어 절망감을 갖게 한다.

이렇게 되는 것은 과거의 열등감 체험, 실패 체험, 패배 체험에 의해 마음에 상처를 입었고, 그 이후 같은 일을 당하면 언제나 마음이 동요되어 머리의 움직임이 둔해지고, 대응을 잘못하게 되며, 점점 열등감과 실패 체험을 깊게 하기 때문이다. 그러므로 이러한 체험을 할 때마다 절망감이 강하게 일어나 정서 불안에 빠진다. 이 같은 체험은 스스로는 어떻게 해볼 수 없는 악(惡)이라고 받아들이기 때문이다.

그런데 당대에 뛰어난 경영자가 된 사람은, 이러한 싫은 체험으로 도리어 성장해 나간다. 싫은 체험에 의해 한쪽은 절망하고, 다른 한쪽은 성장한다는 차이가 생기는 것은, 요컨대 싫은 체험에 대한 '태도의 차이'에 따른다.

실은 체험이 자신을 못 쓰게 한다고 생각하는 사람은, 정서불안에 빠지고 점점 못쓰게 된다. 거꾸로 싫은 체험에 의해 도리어 진보하고 성장할 수 있다고 생각하는 사람은, 냉정히 이에 대응할 수 있으며, 머리도 잘 움직여 점점 진보해 나갈 수가 있다.

자기의 능력을 향상시키기 위해서는 싫은 체험 혹은 나쁜 조건에 대하여, 어떤 태도를 취할 수 있느냐가 결정적 중요성을 지니고 있는 것이다.

요컨대 싫은 체험에 대하여 절망하고 노력하려는 마음을 잃어버리는 '마이너스 반응'을 나타내느냐, 거꾸로 싫은 체험에 잘 대처함으로써 자기의 능력이 신장한다고 자기 나름대로의 노력을 하는 '플러스 반응'을 나타내는가의 두 가지 반응밖에 없는 것이다. 그리고 '마이너스 반응'을 하는 것은 잘못이라는 것을 깨달음으로써, '플러스 반응'을 할 수 있는 가능성이 열린다. 그러나 진실로 '플러스 반응'을 하기 위해서는 한 가지 조건이 있다. 그것은 자기의 능력을 늘려 나갈 수 있다는 자신이 필요한 것이다.

이치무라 키요시씨가 양자에게 모욕을 받고, 언젠가 그를 다시 보아주리라 하고 분기(奮起)할 수 있었던 것은, 역시 자신의 능력에 자신을 갖고 있었기 때문이다. 자신의 능력을 되도록 빨리 늘려 나가면, 언젠가 그를 능가할 수 있을 것이라고 믿었기 때문에 이러한 충격 체험이 이치무라씨의 마음의 에너지를 불태워 그를 분기시켰던 것이다.

만일 이치무라씨가 능력에 자신을 갖지 못하고 아무리 노력해도, 그 자에게 이길 수가 없을 것이라는 기분이 강했다면 이런 충격에 의해 더욱 기분이 위축되어, 의기소침하여 정서가 불안정해져 머리의 움직임이 나빠져 더욱 더 잘못되어 간다고 생각할 수 있다.

이렇게 생각해 볼 때 자기의 능력을 늘려 나갈 수 있다는 자신을 갖는다는 일이 참으로 중요하다는 것을 알 수 있다. 하기야 그렇게 되면 역시 머리가 매우 좋지 않으면, 그런 기대를 가질 수가 없는 게 아닌가 하고 생각될지 모르지만 반드시 그렇지가 않다.

머리의 움직임은 보통 정도로 충분하며, 문제는 제 페이스로 착실히 노력함으로써 점점 능력을 신장해 나갈 수 있다는 자신을 갖는 것이 중요하다. 그런데 이러한 자신을 갖는 사람이 뜻밖에도 적다. 왜냐하면 자신이라는 것은 능력=이미지=자신이라는 공식으로 결정되기 때문이다.

여기에서 말하는 이미지라는 것은 뛰어난 경영자 혹은 관리자가 될 수 있는 사람이란 머리가 좋고 성격도 경영자, 관리자에 알

맞으며, 학력도 좋을 것이라는 이미지를 그리고, 이 이미지와 자기 능력을 비교하여 자기의 능력이 초라하게 느껴져 자신이 없어지게 된다는 것이다.

다시 말해서 대부분의 사람들은 이 이미지를 이상적으로 크게 그린다. 그 때문에 자기 능력이 빈약하게 보여 자신을 잃어버린다는 것이다. 그러나 현실적으로는 당대에 뛰어난 경영자가 된 사람이라도, 젊었을 때는 그 이미지가 반드시 좋은 것이 아니라 어디에나 있는 사람과 그다지 다르지 않았던 사람이 적지 않았다. 그러므로 이미지를 너무 이상적으로 그릴 필요는 없다.

이처럼 생각하면 자기의 능력으로 자기 페이스로 노력해 나가면 뛰어난 경영자, 혹은 관리자가 될 수 있다는 자신을 가질 수가 있게 된다.

하기야 그렇다고는 하지만 자기 페이스로 어떻게 노력해 나가면 될까 하는 망설임이 생겨서 늘 역시 자신을 가질 수가 없다. 그래서 능력을 신장시키는 방법을 지금부터 전개시키게 되겠는데, 우선 능력을 신장시킬 정신적 태도로서 중요한 일은 갈등을 일으키지 않고 집중적으로 노력해 나가는 것이다.

아무리 선천적으로 소질이 좋아도 갈등을 일으켜버리면 능력은 뻗어 나갈질 못한다. 거꾸로 소질이 발군이라고는 할 수 없어도 집중적으로 노력할 수 있는 사람은 그 능력을 훌륭하게 뻗칠 수가 있다. 집중이 얼마나 중요한가를 다음 장에서 전개하기로 한다.

# 갈등을 극복하라

## 집중하면 강한 힘이 나온다

인간의 능력이라는 것은 언제나 똑같이 발휘되는 것은 아니다. 마음이 집중되어 있을 때는 능력이 충분히 발휘되지만, 망설임이나 갈등이 일어나고 있을 때에는 능력을 마음대로 발휘할 수가 없다. 마음의 상태와 능력은 매우 밀접한 관계가 있다.

능력을 뻗치려 할 때에도 아무리 노력을 해도 뻗어나지 않을 때가 있다. 능력을 뻗쳐 나가려 하는 데는 집중하는 일에 특히 힘써야 한다.

저자는 학생 시절에 탁구를 즐겼는데, 이 탁구의 솜씨도 컨디션이 좋을 때와 그렇지 못할 때는 매우 달랐다. 상대방을 이겨 신이 나면 아주 강해진다. 이런 때는 스스로도 잘 알 수 있다. 때리는 공이 멋지게 들어가 상대를 압도한다. 또 힘든 타구도 재빨리 받아넘길 수 있어 스스로도 의기양양하다. 여하튼 신나면 강해진다.

그런데 기습을 당하여 받아넘기질 못하고, 미스를 두세 번 계속하면 마음이 동요하여 갑자기 기세가 떨어진다. 조금 전의 기세등등하던 것이 어디로 갔는지 갈팡질팡하고 비참하게 져버린다. 같은 나이면서 잘 될 때와 안 될 때를 비교하면 솜씨가 아주 달라진다.

이러한 예는 운동이나 예능 등 모든 면에서 찾아볼 수 있다. 도쿄 올림픽 때의 일본 대 러시아의 여자 배구 결승전이 그러했다.

서브권이 일본 측으로 오면, 일본 팀은 순간적으로 강해져 힘든 타구도 잘 받아내 상대 코트에 두들겨 댔다. 그때의 러시아 팀은 몹시 동요하여, 보통 때 같으면 저지르지 않을 미스를 속출했다. 정말 보기에 안타까울 정도였다. 거꾸로 서브권이 러시아 측으로 넘어가면, 러시아 팀도 얼마쯤 신이 나서 우세해졌다. 그러나 이 것도 오래 가지 못하고, 곧 일본 측으로 서브를 빼앗겨 버렸다.

그렇게 되면 또 러시아 측에는 미스가 계속 나왔다. 그리하여 일본 팀이 서브를 잡는 일이 많았으므로 게임의 흐름은, 일본 측에 유리하여 평소 이상의 힘을 발휘할 수 있었다. 반대로 러시아 팀은 게임의 흐름을 잃고, 미스가 연속되어 실력 이하의 성적으로 끝나버린 것 같았다.

결국 일본 팀이 압승을 거두었지만, 배구를 잘 하느냐 못하느냐의 관점에서 말하면, 일본 팀이 훨씬 잘 한다고는 할 수 없었고, 러시아 팀과 거의 비슷하다고 할 수 있을 정도였다. 이 시합의 상태에서 보아도 인간이 발휘하는 능력은, 그때마다의 정신 상태에 의해 많이 달라진다는 것을 알 수 있다.

그 이유를 대외생리학적으로 생각해 보면 이렇게 된다. 우리가 머리나 몸을 쓴다는 것은 과거에 만들어 놓은 기억, 또는 조건반사가 필요에 따라 의식화 됨으로써 활동이 일어난다. 그리하여 여러 가지의 기억이나 조건반사가 필요에 따라 계속적으로 재빨리 선택, 재생되어 나가기 위해서는 주위의 집중이 잘 이루어지지 않으면 안 된다.

그런데 마음에 혼란이나 갈등이 일어나면, 이 주의 · 집중이 현저하게 둔해지고, 기억의 재생 또는 필요한 조건반사의 선택이 매우 어려워진다.

우리의 행동은 스무드하게 행해지지 않고, 그 활동력은 몹시 저하된다. 그렇게 되면 더욱 마음의 혼란이 심해져 머리의 움직임, 몸의 활동은 민첩함이 결여되어 평소의 능력이 조금도 발휘되지 않는다.

## 정신통일이 되었을 때 능력은 비약한다

당신이 능력을 늘리기 위하여 훈련을 반복하는 경우에는 그때의 심리상태가 훈련의 효과에 큰 영향을 지닌다. 그러므로 능력을 늘리는 데에는 훈련의 양뿐만 아니라 질이 어떠하냐가 매우 중요하다.

저자의 친구가 학생시절에 위장 상태가 좋지 못했을 때, 맥주를 마시고 설사를 하여 혼이 난 적이 있다 그때는 우연히 맥주로 설사를 했는데, 그 이후 맥주를 마시면 설사를 하는 습관이 생겨 오랫동안 고통을 받아왔다고 한다. 왜냐하면 맥주로 설사를 했기 때문에 맥주는 자기 위에 나쁘다는 강한 공포심을 가져 버렸으므로, 그의 머리속에서 맥주 = 설사라는 조건반사가 단 한 번에 생

74

겨버린 것이다.

이와 같이 어떤 강한 경험, 강한 공포의 감정을 품으면 단 한 번의 경험으로 조건반사가 생겨버린다.

또 이런 일도 있었다. 저자의 친구인 야마모토가 학생시절 검도를 했었는데, 잘 숙달하지 못해서 고민하고 있었다. 특히 몸통을 때리지 못했다.

어느 날 지도 교사에게서 지도를 받으며 지칠대로 지쳤을 때, 힘껏 몸통을 때린 것이 아주 멋지게 들어갔다. 이때의 요령으로 몸통을 때리는 요령을 야마모토는 터득할 수 있었다. 즉, 이때의 진지한 기분에 의해, 단 한 번에 올바른 몸통 타격의 조건반사가 생긴 것이다. 이같이 조건반사는 정신이 통일되어 있으면, 단 한 번에도 이루어지는 수가 있다.

이런 점에서 훈련을 되풀이 할 때,

첫째, 갈등이 없을 것.

둘째, 집중하고 있을 것.

셋째, 연구하고 있을 것.

의 세 가지가 갖추어져 있느냐 없느냐에 따라 조건반사가 생기는 모양이 다르다는 것을 알 수 있다. 또 조건반사가 무너져 가는 것도 마음의 갈등이 크게 영향을 준다.

S라는 대학교수가 강연을 하고 있을 때, 감기가 들어 몸의 컨디션이 좋지 않았기 때문에 몹시 흥분, 당황하는 바람에 도중에 강연할 것을 잊고 말을 잇지 못하게 되었다. 이 쓰라린 경험이 대단한 충격이 되어, 그 이후 얼마동안은 강연 때만 되면 피가 끓어

올라 말을 잘 할 수가 없어 아주 고생했다고 한다.

S씨의 경우 마음에 갈등이 있었기 때문에 한 번의 실패가 지금까지 이뤄져 있던 강연에 대한 자신을 무너뜨린 것이다.

또 K씨는 초등학교 때 노래를 하다가 친구들이 웃었기 때문에 어른이 된 지금도 사람들 앞에서는 노래를 할 수가 없게 되었다.

또 A씨는 학교에서 교과서를 읽고 있었는데, 목소리가 희미하게 쉬어 잘 읽어낼 수가 없었다. 그 이후 사람들 앞에서 글 읽는 것이 고통스럽게 되어 버렸다.

이 같은 경험을 흔히 듣게 되는데, 단 한 번의 실패로 나쁜 조건반사가 생겨버리는 일도 있다.

## 갈등이야말로 능력을 늘리는 데 최대의 적이다

우리는 재능이라는 것을 생각하는 경우, 선천적인 소질의 좋고 나쁨에만 눈을 돌려 능력을 발휘하려 할 때의 마음의 상태라는 것에 그다지 관심을 기울이지 않는다.

그 때문에 재능이 없으면 안 된다고 단정하고, 설령 선천적으로 재능이 없어도, 착실한 노력과 연구로써 자기의 재능을 늘린 사람이 적지 않음을 못보고 지내왔다. 또 선천적으로 재능 있는 사람이 어째서 나이가 들면 못해지는가를 잘 설명할 수가 없어서 난처했다. 그러나 능력의 발휘에 있어 마음의 상처의 중요성이라는 것을 알게 되면, 오히려 선천적인 재능의 좋고 나쁨을 신경을 쓰기보다 후천적으로 좋은 조건반사를 만들 것 즉, 예민한 반응성을 만드는 쪽이 훨씬 중요하다는 것을 알게 될 것이다.

왜냐하면 우리가 능력을 발휘할 때 마음의 갈등을 되도록 적게 하고, 정신을 집중하도록 노력하고 연구하기를 힘쓰면 좋은 조건 반사를 적은 훈련으로, 만들어낼 수가 있기 때문이다. 따라서 선천적으로 좋은 조건반사를 받지 못한 것을 너무 신경 쓸 필요가 없다.

능력이 뻗어나지 못하는 것을 사람들은, 자칫하면 선천적인 소질의 탓으로 돌리고 싶어하는데 재능을 과학적으로 연구할수록 소질이 원인이 되어 능력이 늘어나지 않는다는 일은 적으며, 오히려 마음의 갈등이 원인이 되어 늘어나지 않는 쪽이 많다는 사실을 알게 된다.

그런데 이러한 사실을 의외에도 깨닫지 못하는 것은, 자기의 능력이 늘어나지 않는 데 대해 매우 충격을 느껴 냉정을 잃고 있기 때문에, 주로 소질의 탓으로 돌리는 수밖엔 머리가 돌아가지 않는 것과 마음의 갈등이 언제쯤부터 어떤 식으로 일어나 능력의 발휘를 방해하고 있는가 하는 것을 모르고 있기 때문이다.

마음의 갈등은 어릴 때부터 벌써 시작된다. 부모에게 꾸지람을 듣거나 혹은 누구하고 능력을 비교하여 자신이 뒤떨어진다는 것을 아는 때부터 갈등은 시작되고 있다.

부모로부터 말을 배우면서 잘 외우지 못하면 '기억력이 나쁜 아이로군'하고 꾸지람을 듣거나 비꼬는 소리를 듣게 된다. 이리하여 자기의 능력에 열등감을 갖게 되어 외우려고 할 때 마음의 혼란이 일어난다.

좀 더 자라서 다른 아이가 노래를 잘 부르거나 그림을 잘 그리는 것을 본다. 그러면 서투른 자신이 부끄러워져 강한 열등감을 의식한다. 여기서도 갈등은 일어난다.

유치원에 가게 되면 더욱 더 다른 아이와 비교되는 기회가 많아지므로 열등감을 의식하는 일이 많아져 갈등은 커진다.

이와 같이 마음의 갈등은 두세 살 때부터 생기며, 능력의 향상에 영향을 끼치게 된다. 그러므로 초등학교 때 산수나 국어의 성적이 좋지 못했을 경우, 어디까지가 소질의 원인이며, 어디까지가 마음의 갈등의 원인인지 분명치 않다.

확실히 소질이 예민하지 못하다는 것이 원인으로, 빨리 외우거나 이해할 수가 없는 일이 있다. 그러나 그럴 때 열등감으로 자포자기하지 말고 올바른 공부를 했더라면 공부에 대한 센스가 생겨점점 이해가 빨라졌을 것이다.

그런데 처음에 강한 열등감을 가져 버리면, 이번에는 이 열등감 때문에 산수나 국어를 공부할 때 마음의 갈등이 커진다. 이러한 악순환이 능력의 신장을 저해한다. 그러므로 본인이 소질 탓이라고 믿고 있는 만큼은 소질 탓이 아닌 것이다.

어떤 사람이 어떤 능력을 발휘하는 것이 남보다 빠르다는 것은, 그 능력을 발휘하는 데 필요한 기초적 조건반사가 되어 있거나, 혹은 조그마한 노력으로 조건반사가 되는 소질을 부모로부터 이어받았기 때문이다.

가령 A군이 곧 그림을 잘 그릴 수 있게 되어 있다는 것은, 이러한 조건반사가 이루어지기 쉬운 유전을 지니고 있다는 것이다. A

군처럼 만큼은 빨리 진보하지 못하는 B군, C군이 잘 그리게 되려면 먼저 A군이 지니고 있는 것과 같은 기초적 조건반사를 터득할 필요가 있으며, 이를 위해서는 더 많은 연습이 필요할 따름이다.

그래서 B군, C군은 A군보다 많은 연습을 하면 된다. 그러면 B군, C군에게도 이윽고 기초적 조건반사가 이루어져 잘 그릴 수 있게 된다.

그런데 이같이 냉정한 노력을 하지 못하고, B군이나 C군이 잘 그리지 못하는데 강한 열등감을 가져 버리면, 그림을 그리려 할 때 B군, C군에게는 마음속에 갈등이 일어나 이 갈등이 그림을 그리는 경우 손끝의 스무드한 운필(運筆)을 방해한다. 이 때문에 B군, C군은 여간해선 그림이 진보하지 않게 되는 것이다.

B군, C군과 A군과의 그림을 그리는 능력의 차는 이리하여 초등학교, 중학교로 올라감에 따라 점점 벌어져 가는데 이런 차가 생긴 선천적 소질의 차라는 것은, 사실은 그다지 큰 것이 아니라 오히려 처음의 조그만 차인 경우가 많다. 그럼에도 불구하고 B군, C군이 강한 열등감을 가져버리면 이 열등감에 의한 마음의 갈등이 능력을 신장시키지 못하게 되어 A군과 B군, C군의 차를 크게 만들어 버린다.

## 집념이 재능을 향상시킨다

저자의 집에는 신체장애자가 그린 그림이 종종 온다. 이 그림은 매우 잘 그려진 것인데, 이 그림을 그린 사람들은 모두 손이 없는 사람들이다. 손이 없으므로 입에 붓을 물고 그리거나 발에 끼어 그린 그림들인데, 손이 완전히 움직이는 우리들로서도 도저히 미칠 수 없는 훌륭한 그림을 그린다. 이 그림들을 볼 때마다 나는 매우 감동하여 대체 그림은 손으로 그리는 것일까, 마음으로 그리는 것인가를 깊이 생각하게 된다.

그림은 손의 재주라는 선천적 소질로 그려진다고 한다면, 이러한 신체장애자는 도저히 뛰어난 그림을 그릴 수 없을 텐데, 손이 없어도 멋진 그림을 그린다는 사실로 보면 그림은 손끝의 재주로 그리는 것이 아니라 좋은 그림을 그리고 싶다는 집념, 즉 마음의 문제라 할 수 있다.

그런데 그림을 잘 못 그리는 사람들은, 대개 나는 선천적으로 손끝의 재주가 없으므로 그림을 잘 그릴 수가 없는 것이라고, 손끝의 재주를 그림을 잘 그리느냐 못 그리느냐 하는 선천적 조건으로 삼아버렸다. 만일 손끝의 재주가 그림의 선천적 조건이라면, 손이 없는 사람은 도저히 그림을 잘 그릴 수 없을 텐데 사실은 이와 다르다.

그림을 그리려는 집념만 있으면 설사 입을 쓰거나 발을 쓰든 훌륭한 그림을 그릴 수가 있는 것이다. 열등감으로 절망하지 않고, 입이든 발이든 좋은 그림을 그리려고 올바른 훈련을 쌓아나가면 보통의 사람이 미치지도 못하는 훌륭한 예술작품이 완성된다. 이것으로 미루어 보아도 선천적인 소질의 차이도 올바른 훈련에 의해 그 차이를 어디까지나 줄일 수가 있는 것이다.

그렇다고 한다면 누구라도 올바른 훈련을 하면 능력이 향상될 것이므로 모두 그렇게 할 것 같지만, 올바른 훈련을 착실히 쌓아 능력을 신장시키려는 사람은 뜻밖에도 적다.

이것은 대체 어째서일까 하고 이상하게 생각되겠지만, 그 이유로서는,

첫째, 올바른 훈련 방법이란 어떤 것인가를 잘 모른다.

둘째, 올바른 훈련법을 가르쳐 주어도 하려고 하지 않는다.
의 두 가지를 생각할 수 있다.

첫째의 올바른 훈련법에 대해서는, 제3편에서 전개해 놓았으므로 그것을 참조해 주기 바라며, 둘째의 올바른 훈련법을 알고 있어도 이것을 하지 않으려 하는 것은 올바른 훈련을 하려 하면, 처음에는 이에 잘 적응되지 못하고 도리어 혼란을 일으켜 갈등이 일어나기 때문이다.

그래서 이런 방법을 싫어하고 자기 마음대로의 자연스런 방법으로 하려고 든다. 더구나 형식에 사로잡히지 않고 자연스런 방법을 하는 편이 매우 잘 되어나가는 듯한 기분을 주기 때문이다.

확실히 인간에게는 각기 개성이라는 것이 있어서 각각의 개성은 멋져서 이 개성을 저절로 발휘하는 데에 그 사람의 좋은 점이 잘 나타난다.

다큐멘터리 영화라는 것이 있는데, 거리를 걷는 사람, 일하는 사람들을 그대로 화면에 등장시키면 뛰어난 진실감과 박력이 있어서 배우가 도저히 미치지 못하는 멋진 장면이 전개된다. 그러므로 어떤 사람이라도 의식하지 않고, 생활 그대로를 화면에 전개하면 모두 명배우라 할 수 있다.

헌데 그런 사람들에게 지금부터 영화를 촬영한다 하고 이것저 것 연기의 지시를 하면 그 순간 대개의 사람들은 막대처럼 서 있 을 뿐 연기다운 연기를 할 수 없게 되어 버린다.

이렇게 되는 것은 의식적으로 연기하려면 그 순간 잘 해내야 하겠다는 욕심이 나오거나 하나하나의 역을 어떻게 하면 좋은가 하는 의문이 나와 그 사람의 행동 전부가 무심하게 움직이지 않 기 때문이다.

약간 목을 움직이고, 몸을 움직일 때에도 마음속에 갈등이 일 어나 자연스럽게 움직일 수 없게 된다. 그 때문에 연기가 딱딱해 져 막대를 삼킨 것같이 되어버리는 것이다.

욕심이 생긴다는 것이 그 사람의 개성을 자연스럽게 발휘시키 는 것을 방해하고, 잘 보이려는 욕심이 그 사람의 주위에 나쁘게 동화시켜 그 사람의 신선한 매력을 잃어버리게 한다. 그러므로 욕 심을 지닌다는 것이 마음의 갈등을 크게 만들어 버리는 것이다.

억지로 욕심을 일으키면 딱딱해져 잘 되지 않으므로 욕심을 내 지 않고 자연스럽게 하면 되지 않겠느냐 하겠지만 그렇게는 잘 안 된다. 왜냐하면 명색이 배우라면 역의 연기 지시가 내리면 이 를 해내야 하며, 연기력의 진보, 향상을 꽤하지 않으면 안 되기 때문이다.

그림을 그리는 경우에도 역시 점점 향상되지 않으면 안 된다. 운 동이든 작업이든 모두 그러하다. 점차 진보해 나갈 필요가 있다.

그런데 자기 스타일로 하고 있으면 어느 정도까지 진보하면 지 금까지의 무리가 화근이 되어 벽에 부딪히고, 그 벽이 아무리 애를 써도 돌파되지 않게 된다. 여기에 자기류의 한계가 있는 것이다.

이 같은 한계에 빨리 부딪히지 않게 하려면 역시 기본을 착실히 배우고 포옹을 잘 마스터해 나간다는 훈련법이 필요해진다. 헌데 이렇게 포옹을 배우기 시작하면 갈등이 생기게 된다.

여태까지 자기 식으로 멋대로 했을 때도 공은 그런대로 맞아 주었다. 헌데 더 향상하기 위해 새로 테니스의 몸을 배우면, 그 폼이 제대로 되지 못하고 오히려 지금까지의 폼과의 사이에 혼란을 일으킨다.

이것이 마음의 갈등이 되어 공을 잘 받아넘기지 못하고 팔이 내려가 버린다. 그러므로 어떤 방면에서도 폼을 배울 때는 오히려 마음의 갈등이 일어나 잘 되지 않을 시기가 반드시 있다. 그러므로 대부분의 사람은 폼을 배우는 것을 싫어하여 도중에서 내던져 버리게 된다.

그러나 자기 식으로 해도 이윽고 벽에 부딪혀 갈등이 생긴다. 폼을 깨뜨려 훈련을 해도 갈등이 생기게 마련으로 어쨌든 진보하기 위해서는 갈등이 뒤따른다는 것이다. 왜냐하면 능력을 신장시킨다는 것은, 마음의 갈등과의 싸움을 의미하는 것이기 때문이다. 그리고 갈등이 클 때는 마음도 몸도 잘 움직일 수가 없으며 에너지에는 매우 낭비가 심하다.

올바른 훈련을 한다는 것은 이 낭비를 없애나가는 일인 것이다. 자기 식으로 하고 있을 때에는 잘 되어나가는 것처럼 보여도 실은 대단히 에너지를 허비하는 수가 많다. 테니스를 자기 식으로 하고 있으면 공을 받아치는 법, 혹은 때리는 법에 그 사람 독특의 버릇이 나타난다.

이러한 사람의 폼은 옆에서 보고 있으면 당장 알 수 있다. 뭔가 딱딱하고 어색하다. 이런 폼은 몸을 움직이는데 무리가 있으므로 움직임을 빨리할수록 무리가 강하게 나타나 자유로운 행동이 방해받는다. 그러므로 어떤 단계까지 가면 방법을 바꾸지 않는 한 진보를 바랄 수가 없게 된다.

그러나 기본부터 바르게 훈련한 사람의 폼은 참으로 아름다워 춤의 우아함까지 있다. 조금도 무리가 없고 자연스럽기 때문이다. 그러므로 연습을 하면 할수록 진보하여 몸이 가벼워진다. 그리고 이와 동시에 마음의 갈등이 없어진다. 그러므로 폼을 터득한다는 것은 긴 안목으로 보면 마음의 갈등을 작게 하는 것이 된다. 이렇듯이 능력 발휘 때의 갈등이 작으면 작을수록 재능은 뻗어나가는 것이다.

제 **3** 부

# 장해돌파

– 벽돌파의 기본훈련을 하자 –

# 제 페이스로 벽을 돌파하라

## 벽을 돌파하는 노력이 중요하다

능력이라는 것은 언제나 순조롭게 뻗어나가는 것이 아니다. 공부든, 운동이든, 일이든, 배우기 시작하여 얼마동안은 비교적 순조롭게 뻗어나간다. 그러나 그러다가 벽에 부딪혀 옆으로 기는 상태가 된다. 이것을 고원상태(高原状態)라고 한다. 여러 가지 궁리를 하여 이를 돌파하면 또 능력이 뻗어나가기 시작한다.

그러나 얼마 못가 또 벽에 부딪힌다. 이것을 돌파하면 또 뻗어나간다. 또 벽에 부딪힌다…는 식으로 능력이 늘어가는 시기와 고원상태가 되풀이 된다. 그리고 어느 고원상태에서 그대로 옆으로 기는 상태가 계속되어 뻗어나갈 수가 없게 되어 거기에서 자기 한계를 느껴버리는 것이 보통이다.

대부분의 사람들은 능력이 빨리 늘어나는 일에 커다란 관심을 갖고 있지만, 빨리 늘어난 것만으로는 반드시 대성한다고 할 수 없다. 빨리 뻗어도 곧 벽에 부딪혀 이 벽을 뛰어넘지 못하면 아무 것도 안 된다.

그보다는 벽을 하나씩 확실히 돌파할 수 있을 만한 노력 쪽이 중요하다. 이런 노력만 할 수 있으면 처음에 진보가 느려도 너무 낙담할 게 없다. 벽을 하나씩 착실히 돌파해 나가면 처음의 진보가 빠른 사람이라도 언젠가는 벽에 부딪혀 앞으로 나갈 수 없는 사이에 어느 날엔가 뒤따라가고 또 앞설 수가 있기 때문이다.

이것은 꼭 다음과 같은 예에 비유할 수 있다.

20명의 사람이 함께 특기를 배운다고 하자. 여기의 진보는 20명 사람마다의 소질의 차이에 따라 얼마간의 차이가 생긴다. 그러나 진보의 늦고 빠름의 차이는 있어도 이들은 조만간 모두 5개의 벽에 부딪힌다고 하자. 그리고 어느 벽에서나 4명씩 돌파하지 못하고 탈락한다고 한다. 그러면 각각의 벽을 돌파할 수 있는 사람의 수는 다음과 같이 된다.

첫째의 벽 16명

둘째의 벽 12명

셋째의 벽 8명

넷째의 벽 4명

다섯째의 벽 0명

또한 각 벽에 달하는 기간은 소질적으로 가장 뛰어난 사람은 1년, 가장 느린 사람은 2년이라 하자.

그러면 가장 진보가 빠른 사람은 5년 만에 제5의 벽에까지 달하지만, 여기서 이 벽을 돌파하지 못하게 되므로 그 후 몇 년이 지나도 진보하지 못한다.

가장 느린 사람이라도 착실히 벽을 돌파할 수 있으면 10년만에 제5의 벽에 달하고, 역시 여기에 걸려 진보가 멈춰 버린다. 결국

10년 지나면 진보가 빠른 사람이든 느린 사람이든 도중의 벽만 돌파할 수 있으면 비슷한 능력이 되어 그 이상 진보하지 못하게 된다. 그러나 여기서 만일 벽을 돌파하는 방법을 잘 연구하고 하나씩 착실히 돌파할 수 있는 사람이 있다면, 이 사람은 설령 진보가 제일 느린 사람이라도 10년 뒤에는 제5의 벽을 돌파하고, 누구보다도 앞으로 진보해 나갈 수가 있다.

이 말은 남보다 빨리 진보하는 일에 관심을 갖기보다는 어디까지나 자기 페이스로 기본을 잘 이해하고 훈련하여 착실히 노력함으로써 때때로 닥치는 진보의 벽을 어떻게 돌파하는가에 관심을 갖고, 벽을 돌파할 수 있을 만한 노력을 평소부터 착실히 하는 편이 긴 안목으로 보아 능력을 훨씬 잘 뻗어나가게 할 수 있다는 걸 알 것이다.

### 결함이 있으므로 벽을 돌파하지 못한다

여기서 벽(고원상태)이라는 것을 설명한다면, 벽이란 능력의 향상이 멈추는 시기이며, 능력의 향상이 멈춤으로써 자기의 한계를 의식해버리는 것을 말한다. 그리고 벽에 부딪힘으로써 '벽반응'이 생기는 것이 문제이다. '벽반응'이란, 첫째는 갈등, 둘째는 도피이다.

갈등이란 자기의 능력이 늘어나지 않음으로써, 역시 나는 머리가 나쁘니까 안 된다든가, 생각하는 힘이 약하니까 안 된다는 식으로 열등감을 강하게 의식하게 되어 고민한다. 그 결과 집중할 수 없게 되어 힘을 마음대로 발휘할 수 없게 되는 것을 말한다.

도피라는 것은 자기의 능력을 펼 수 없다. 다시 말해서 자기 실현욕을 만족시킬 수가 없다는 것을 알게 되면, 그 대신 저차욕구 즉, 생리적 욕구나 안전 욕구를 만족시키려는 기분이 이상하리만큼 강해져 돈이나 물질에 대한 욕구가 강해지거나 놀고 즐기려는 욕구가 강해지는 것을 말한다.

이와 같이 갈등이나 도피의 상태에 오래 머물러 있으면 벽을 돌파하려는 의욕을 잃고 벽 돌파의 노력을 할 수 없게 된다. 그래서 이런 상태가 되지 않기 위해서는 벽에 머물러 있게 될 때 어떻게 대처할 것인가, 그 방법을 잘 알고 있지 않으면 안 된다.

벽 돌파를 위해 먼저 생각하지 않으면 안 되는 것은 벽을 돌파할 수 없는 원인이 머리에 있는가를 생각해 보는 일이다. 그리고 그 원인으로서 자기의 능력 또는 방법에 결점이 있다는 것을 알아차려야 할 것이다.

많은 사람들이 벽에 대해 어떤 방법으로 임하고 있을까? 사람에 따라 여러 가지 방법을 하고 있다. 세일즈맨인 K군은 처음에 보는 그대로 모방하여 세일즈를 하고 있다. 하지만 이런 방법으로는 도무지 판매 성적이 오르지 않으므로, 선배 세일즈맨에게 아주 초보적인 지도를 받기로 했다.

지도를 받으면서 자기 방법의 잘못을 잘 알 수 있으며, 올바른 방법, 세일즈의 기본을 알게 되었으므로 자신을 갖고 손님을 대할 수 있게 되었고, 이와 더불어 판매 성적도 올라갔다. 그러나 그러다가 판매 성적의 신장이 멈추게 되고, 아무리 노력해도 여태까지 이상의 판매 성적을 올릴 수 없게 되어버렸다. 즉 벽에 부딪혀 버린 셈이다.

이 벽을 돌파하기 위해서는, 그리고 그 이상의 성적을 올리는 데는 자기 방법의 어디에 결함이 있는가, 자기의 결함, 약점을 잘 파악하여 더욱 고도한 판매 기술을 익힌다. 혹은 시간관리, 행동관리를 재거나 창조적 판매 능력을 터득하는 등 새로운 노력, 연구를 필요로 한다. 헌데 K군은 이런 사실을 잘 모르고 있었기 때문에 진보가 멈춘 것은, 자기에게 재능이 없기 때문이라는 강한 열등감을 가져버린다.

대개의 사람들은 이 K군처럼 진보가 멈추게 되면, 대부분 열등감을 가져 실망해버린다. 제 능력으로는 기껏 이 정도가 한계이며, 이 이상 진보하는 게 힘들지 않을까 하고 자기의 능력에 한계를 느껴 버린다.

이처럼 절망적이 되면 인간의 대뇌의 신경세포는 제대로 흥분하지 않으며 제지하려고만 한다. 우리의 대뇌가 마음대로 작용해주기 위해서는 여러 가지의 기억이 일상 지어져 있는 신경세포가 제대로 흥분할 필요가 있다. 헌데 절망적이 되면 이 신경세포가 제지하려고 들기 때문에 대뇌를 자유롭게 구사하여, 당면한 벽을 어떻게 돌파할 것인가 하는 방법을 찾아내기 위하여 생각을 구사할 수가 없게 된다.

또 열등감으로 의기소침해지고 갈등이 심해진다. 갈등이 심해지면 이것 또한 대뇌를 집중적으로 작용할 수 없게 되며, 능력의 발휘가 곤란해져 벽 돌파의 묘안이 떠오르지 않게 되어 버린다.

그렇게 되면 더욱 비관적이 되어 머리가 잘 작용하지 못한다는 악순환이 일어나며, 이리하여 이 벽에서 오랫동안 머뭇거리게 된다. 그리고 이렇게 되는 것은 재능이 없기 때문이 아니라 방법이 나쁘거나 혹은 열등감을 지니기 때문에 머리가 잘 움직여 주지 않기 때문이라는 데 생각이 미치질 못한다.

## 기본훈련을 게을리 하면 벽을 돌파할 수 없다

처음부터 올바른 형이나 원칙을 배우지 않고, 자기 식으로 했을 경우에는 벽에 부딪히면 더욱 그 돌파가 어렵게 느껴진다. 왜냐하면 벽에 부딪혔을 때에는 지금까지의 방법으로는 저항이 커져서 어떻게 해볼 수 없게 되었을 때 할 수 있다.

이런 예로서는 자기 식으로 테니스를 시작한 T군의 경우가 그러하다. T군은 자기 식으로 처음에는 제법 향상되었던 것처럼 보였지만, 그러다가 자기 식으로 무리가 나타나 자기보다 조금 강한 M군에게 아무리 힘써 보아도 이길 수 없는 것같이 되었다. 뿐만 아니라 애를 쓰면 쓸수록 몸의 저항이 커져 어떻게 해볼 수가 없게 될 판이었다.

더욱이 이때의 저항이라는 것이 한 군데 뿐이 아니었다. 손목의 움직이는 법, 팔의 운동, 상체의 회전, 발의 움직임 등등 자기식으로 결함이 여러 곳에 나타나 민첩한 동작의 저항이 되었다.

한두 군데의 결점뿐일 경우에는 그곳만 고치면 되기 때문에 결점도 빨리 알고 이것을 고치는 것도 힘들지 않다. 그러나 서너 군데, 또 그 이상의 결함이 나타난다면 어찌해 볼 도리가 없다.

한 군데를 고치면 그것이 다른 곳을 비뚤어지게 하고, 또 다른 곳의 동작을 방해하는 등 결국 수습할 수가 없게 된다. 몇 군데나 나쁜 곳이 나타나면 전혀 손볼 수가 없어서 자기에겐 테니스의 재능이 없으므로 안 된다고 생각할 수밖에 없다. 이리하여 T군은 자기는 테니스의 재능이 없으니까 안 된다는 강한 열등감을 가져 버렸다. 그러나 이것도 재능의 탓이라기보다는 기본을 바르게 배우지 않았던 것이 벽의 돌파를 곤란하게 만들고 있는 것이다.

## 경쟁심이 초조감을 만든다

많은 사람들이 몇 번째의 벽에 부딪혀도 그 벽을 돌파할 수 없게 되는 것은 남보다 빨리 능력을 진보시켜 보려는 경쟁심이다. 이 경쟁심 때문에 초조하여 자기 힘 이상의 일을 해보려고 하거나 기본을 바로 따라 자기 페이스를 착실히 노력해 나간다는 일을 하지 않기 때문에 벽에 부딪혀도 이를 돌파할 머리가 움직이지 않는 것이다.

당신이 집 뜰에서 장난감 총쏘기의 연습을 한다고 하자. 처음에는 100점 만점 중 10점 밖에 딸 수 없었다. 그러나 혼자서 연습하고 있을 때에는 그래도 실망하지 않고, 이번에는 15점을 얻으려고 노력하고 궁리도 한다.

15점을 얻으면 다음에는 20점에 목표를 두고 노력한다. 그리하여 당신의 총쏘기의 능력은 시간과 노력, 특히 잘 맞지 않을 경우에는 여러 가지로 궁리하고 코치를 받는다는 식으로 하면 점점 진보한다.

그런데 당신 친구와 같이 총쏘기의 연습을 한다고 하자. 그리고 그는 처음부터 30점의 성적을 올린다. 그러면 당신은 초조하여 앞에서 말한 바와 같은 절실한 연습을 할 수 없게 되어 그 친구에게 지지 않으려고 목표를 10점부터 한 번에 30점까지 끌어 올려 버린다.

그리하여 무리하게 좋은 성적을 올리려고 초조감이 생기고, 그 때문에 마음에 혼란이 생겨 더욱 잘 맞지 않게 된다. 그러면 열등감이 고개를 들어 나에게는 총쏘기의 재능이 없다고 체념하여 노력을 포기해 버린다. 결국 친구와의 경쟁심이 벽을 돌파하지 못하게 한다.

여러분은 벽에 부딪히면 그 벽을 돌파하지 못하는 것을 자기의 선천적인 소질이 나쁘기 때문이라고 생각하기 쉬우나 참다운 원인은 오히려 경쟁심에 있으며, 경쟁심 때문에 생기는 마음의 초조와 갈등에 의한 마음의 혼란인 경우가 아주 많다.

이런 예에서 보는 바와 같이 열등감이란 것은 자기만의 페이스로 하고 있을 때에는 의식하지 않아도, 자기보다 뛰어난 사람과 비교했을 때 순간적으로 의식하게 된다. 그리고 그에게 지는 것이 분하다고 생각해도 어떻게든 노력하면 그리 뒤쫓아 갈 수 있다고 생각될 때에는 이 분함의 에너지를 이용하여 자기 능력을 향상시키고 그를 쫓아갈 수가 있다.

헌데 그와의 능력의 차이가 너무 커서 도저히 감당하지 못한다고 생각될 때에는 절망에 의한 충격으로, 우리의 대뇌의 신경세포 작용이 제지되어 버리므로 분하다고 생각해도 그를 추월할 노력을 할 수가 없어 체념하게 된다. 이리하여 열등감은 누구하고 비교했을 때 비로소 생기는 것이며, 더구나 상대와 자기와의 능력의 차를 줄일 수 있나 없나에 따라 플러스 또는 마이너스로 영향을 끼치게 되는 것이다.

이렇게 말하는 저자도 실은 능력에 대한 열등감 때문에 매우 고민한 적이 있다. 나는 초등학교부터 중학교, 고등학교에 걸쳐 문장이 서투르고 많은 사람 앞에서 말하는 데에도 자신이 없었고, 생각하는 일에도 질색이었다. 이것은 나에게 있어서는 세 가지 악 즉, 3악이라고 할 수 있는 것으로 각각 열등감을 가지고 있었다.

특히 작문이 질색으로 작문 시간에는 늘 싫증이 났다. 또 말하는 것도 별로 잘 하지 못하여 동급생들의 상쾌한 언변을 듣고 늘 열등감을 맛보았었다. 더구나 생각하는 것도 질색이어서 어떤 문제에 부딪혀 생각을 파내려 가야 할 때에도 조금만 생각하고 있으면, 곧 머리가 아파져 어떻게 생각하면 좋을지도 잘 몰랐다.

내가 문장이나 언변에 열등감을 가진 것도 초등학교 때 작문을 잘 짓지 못했기 때문이며, 또 말하는 재주가 없었기 때문이었다. 그런데 처음에는 작문을 잘 하지 못하고 말도 잘 하지 못해도 본인은 그다지 신경을 쓰지 않았었다.

그런데 어떤 일로 작문이 남보다 뒤떨어진다는 것을 의식하게 되어 그것이 계기가 되어 강한 열등감이 생겨버렸다.

초등학교 2, 3학년 때의 일인데 학교에서 작문을 지었다. 그것은 추운 어느 겨울날이었다.

'아침부터 잔뜩 흐린 하늘에서 이윽고 큰 눈이 내렸다.' 이런 서두로 시작한 내 작문을 뒤에서 본 선생님이 갑자기 '하하하...' 하고 웃기 시작하더니 '큰 눈이 될지 어떨지는 눈이 쌓여 보아야 알 수 있다. 처음부터 큰 눈이 내렸다는 일은 없어'하며 사뭇 나를 경멸조의 말투로 말했다.

하기야 선생님으로서는 별로 나를 경멸하려고 한 말이 아니었을지도 모르지만 작문에 자신이 없었던 나에게는 커다란 경멸감을 느끼게 들렸던 것이다.

이것은 나에게는 대단한 쇼크였다. 그 이래 작문은 못 짓는다고 체념하여 작문에 대한 강한 열등감을 갖게 되어 버렸다.

**욕심을 내면 열등감이 강해진다**

열등감은 이처럼 어떤 강한 충격을 받을 만한 장면에 부딪혀, 나는 남보다 열등하다고 생각하면 이를 계기로 생기게 된다.

일단 열등감이 생겨버리면 늘 이 열등감이 만들어졌을 때의 충격이 되살아나 절망적이 되며, 이 때문에 우리의 대뇌의 신경세포가 마음대로 움직여 주지 않으므로 제대로 노력을 할 수가 없게 된다.

열등감은 이리하여 처음에는 무엇인가 잘못함으로써 강한 충격을 받아 생기는데, 이 같은 뭔가를 잘못한다는 체험은 매우 주관적인 것이라 할 수 있다.

본인의 요구 수준이 높으면 남보다 그리 못하지 않다. 아니 오히려 얼마간 뛰어난 경우에도 나는 안 된다는 강한 충격을 느끼는 수가 있을 수 있다. 이것은 뛰어난 예술가나 화가·배우 등이 자기 작품이나 연기에 대해 강한 혐오감을 갖는 일이 많은 것으로 알 수 있다.

또 자기 능력이 남보다 못하여 열등감을 품을 경우에는 인간의 능력의 발달을 사람에 따라 빠르고 늦음의 차이가 있으며, 빨리 능력이 뻗친 사람이 언제나 뛰어난 진보를 나타낸다고는 할 수 없으며, 처음의 진보가 느린 사람이라도 언제나 진보가 늦다고는 할 수 없다. 오히려 어느 시기에 이르면, 처음에 진보가 느린 사람이 눈에 띄게 진보를 나타내는 일도 있다.

이러한 점에서 생각할 때 어릴 때 어떤 능력에 대해 진보가 느렸기 때문에 품게 된 열등감이라는 것은 그 능력이 절대적으로 낮다고 할 수 없다. 그럼에도 불구하고 열등감을 품고 나는 안 된다고 생각하고, 그 능력을 뻗칠 생각을 단념하고, 그때 이래 그 능력을 향상시킬 노력을 하지 않았기 때문에 매우 낮은 능력밖에 발휘할 수 없게 된다. 그러나 이것은 잘못이다.

설령 우리가 열등감을 갖고 있다고 해도 단념하지 않고 그 능력을 뻗칠 방법을 찾을 수가 있다면 그 능력을 능히 잘 뻗칠 수가 있으며, 남 이상으로 할 수 있는 것도 결코 불가능하지 않다.

## 잘못하는 것도 노력하면 향상된다

자기가 이렇게 말할 수 있는 것도 역시 내 체험에 바탕을 두고 있기 때문이다. 앞에서도 말한 바와 같이 나는 쓰는 일, 생각하는 일, 말하는 일 등이 가장 약점이었는데, 현재 아이러니컬하게도 나는 내가 가장 약점으로 하는 것을 직업으로 삼고 이에 열심이다.

물론 본격적인 일은 지금부터라고 생각하고 있지만 아무튼 현재도 이 약점으로 삼았던 일로써 세상에 인정받게 되었다. 이제 내가 하고 있는 일을 되돌아보고 용케도 이렇게까지 할 수 있게 되었다고 감개무량한 생각이지만, 이처럼 된 것도 역시 몇 개의 벽을 뛰어넘어 왔기 때문이라고 생각한다.

내가 가장 난점으로 여긴 것으로 왜 입신(立身)하게 되었느냐 하는 것을 생각해 보면 그것은 필요성 때문이었다고 밖에 할 수 없다. 인간은 필요성에 몰리면 비로소 전지해지며, 그 능력을 향상시키는 데 노력한다.

소질이 좋아도 필요성에 몰리는 일이 없으면 모처럼의 재능도 꽃피울 수가 없지만, 소질은 그다지 좋다고 생각할 없어도 필요성이 왕성하면 진지하게 노력하여 재능을 만들어 나갈 수가 있다.

나는 사고(思考)하는 것이 딱 질색이었지만 중학생 때부터 인간의 사는 보람에 대하여 의문을 갖고, 사는 보람이란 무엇인가 하는 것을 자주 생각했었다. 물론 생각하는 것이 질색이었으므로 아무리 생각해도 모르고, 그러다가 머리가 아파서 생각을 포기해 버리는 게 통례였다.

그리하여 아무리 생각해도 모르게 되면 늘 나는 생각하는 게 질색이니까 이런 복잡한 문제는 나로서는 도저히 해결할 수 없다고 열등감이 고개를 들어 실망하였다. 또 답답함을 풀기 위해 이웃 아이들과 캐치볼에 열중하여 놀기에 바빴다(도피반응). 그러나 사는 보람이라는 문제에 관한 관심이 강했으므로 고등학교에 다니게 되어서도 여전히 사는 보람이란 무엇일까 하고 생각했었다.

1년 위의 상급생으로 곧잘 학교 근처의 다방에서 만나는 N이라는 선배가 있었는데, 그와 어느 날 사는 보람에 대해 이야기를 나누고 있을 때,

"나는 하루하루가 무의미해서 견딜 수가 없어. 학교 공부에도 정열을 느낄 수가 없으며, 설령 열심히 공부하여 대학을 좋은 성적으로 나와 일류 회사에 들어가 보아도 과장이나 부장쯤으로 내 장래가 상상되며, 그런 정해진 생활에는 매력을 느낄 수가 없다. 또 이렇게 날마다 다방에서 소일하고 있어도 지루하긴 마찬가지이지만."

이렇게 매일의 생활이 얼마나 따분한가를 털어놓은 것을 기억하고 있다.

나는 N선배의 이야기를 듣고 있으면서 일부는 그의 이야기에 공명하면서도, 그가 생각할 뿐 아무 일도 적극적으로 하지 않으려 하는 생활 태도에는 공감을 느낄 수가 없었다. 그리고 '인생불가해'라는 말을 남기고 화엄의 폭포에서 투신자살한 일본의 명문 고등학교 후지무라 미사오에 관한 일을 생각하고 있었다.

그도 또한 인생이란 무엇인가 하는 것을 열심히 생각하고 아무

리 생각해도 모르겠으므로 끝내 생각다 못해 투신자살을 택했던 것이다.

이때 나는 문득 생각만 하고 있어서는 안 되지 않을까, 역시 여러 가지로 체험해 보는 가운데 사는 즐거움이 솟아오르는 게 아닐까 하는 생각이 번득이었다. 그래서 N에게,

"자네의 날마다의 생활은 모두가 너무 만족스러워, 학비에 곤란을 느끼지 않으며, 좋은 학교에 들어가 공부할 수 있다. 더구나 그러한 생활을 할 수 있다는 것은 자네 힘으로 획득한 것이 아니라 부모의 힘으로 주어진 것이다. 너무 혜택을 받았기 때문에 도리어 하찮게 느끼는 것이다. 만약 먹을 것에 곤란을 겪어 사흘이나 먹지 않고 음식물을 얻으면 얼마나 감사한가 하는 것을 통감할 것이다. 또는 자네가 병에 걸려 죽느냐 사느냐의 기로에 서면 건강하다는 것이 얼마나 행복한가를 통감할 것이다. 자네는 먼 앞날까지 머리로만 생각하니까 따분하게 느껴지는 것이다. 역시 여러 가지로 체험해 보는 가운데서 기쁨을 느낄 수 있지 않겠는가?" 하고 이야기해 보았다.

하지만 N은 나의 말에 그리 찬동하지 않고 냉랭한 웃음을 띠고 있을 따름이었다. 나는 이 N의 태도를 보고 사람을 설득하는 일이 얼마나 힘든 것인가를 새삼 깨달은 것과 더불어, 또한 내 생각에도 자신을 가질 수 없게 되었다. 그러나 나중에 내가 이때 이야기한 것을 돌이켜 생각해보니 이 이야기 중에 사는 보람이란 무엇인가 하는 의문에 대한 바른 회답이 제시되어 있었던 것이다.

즉, 사는 보람이란 것도 그냥 생각하는 것만으로는 결코 알 수

없으며, 역시 힘껏 행동하고 열중해 있을 때에 몸으로 느끼는 것이라는 것이다. 그러나 나의 고등학교 시절의 미숙한 머리로는 이미 올바른 해답이 파악되어 갔음에도 불구하고 나 자신은 이를 깨닫지 못했던 셈으로 훗날 심리학을 배우고, 사는 보람에 대해 연구함으로써 비로소 이를 깨달은 것이다.

이 같은 체험을 통하여 알게 된 것은 철학상, 심리상의 어려운 문제라도 이에 진지하게 씨름하고 있으면, 미숙한 사람은 미숙한 대로, 그 나름의 올바른 해답에 접근하고 있다는 것이다. 그러므로 나는 생각하는 것이 질색이라는 열등감을 갖지 않고 진지하게 생각하는 것을 되풀이 하고 여러 가지로 체험해 보는 것이 중요하다는 것을 통감하게 되는 셈이다.

## 자기 식만으로 문제가 해결되지 않는다

이와 같이 나는 사는 보람이라는 것을 끊임없이 생각하고 있었는데, 고교 시절에 심리학을 배우고, 이 심리학에 의해 이 문제의 해답을 찾아볼 수 있지 않을까 하는 마음이 들어 심리학에 대단한 흥미를 갖게 되었다.

그와 아울러 또 하나 심리학에 관심을 갖게 된 것은 뭔가 곤란한 문제에 부딪히면 의기소침하여 심리적 갈등이 일어나기 쉬운데, 이러한 의기소침이나 심리적 갈등을 심리학으로 해결할 수 있지 않을까 하는 희망도 있었다. 뿐더러 나는 어릴 때부터 이렇다 할 재능을 갖지 못했으나 재능을 지닌 인간에 대한 선망은 남

달리 컸다.

그래서 어떻게든 나도 보통사람 이상의 지능을 갖고 싶다고 바랐으며, 재능을 갖기 위한 방법이 심리학을 연구함으로써 파악되지 않을까 하는 막연한 생각이 심리학에 대한 관심을 강하게 만든 것 같다.

이리하여 심리학에 관심을 갖고 자기의 문제를 이로써 해결하고 싶다는 문제의식을 갖고 공부해 보았다. 그리고 심리학을 공부함으로써 플러스라 생각된 점은 지금까지 여러 가지 문제를 생각할 때 비교적 상식적인 생각을 하고 있었는데, 이 같은 생각이 진실을 알아보기 위한 올바른 사고방식으로부터 아주 떨어져 있다는 것을 절실히 알게 된 일이었다.

자기 식의 사고방식으로는 문제가 해결되지 않으며, 학문적 원리에 따른 바른 사고방식을 해 나가지 않으면 바른 해답을 얻을 수가 없다는 것을 알았던 것이다. 이것은 「프로이트의 정신분석학」을 읽었을 때 가장 통절히 느꼈었다.

우리는 자기의 의식으로 혹은 자기의 의지의 힘으로 행동하고 있다고 단정하고 있지만, 사실은 그렇지 않고 무의식적으로 어떤 콤플렉스나 충동·욕구에 충동을 받는 일이 매우 많다.

그 증거로 자기 능력을 뻗치고 싶다 생각해도 과거에 나는 머리가 나쁘다, 어떤 재능이 없다는 것을 절감한 사람은 이것이 콤플렉스가 되어 능력을 발휘하려 해도 갈등이 생기므로 충분한 힘을 발휘할 수가 없다. 다시 말해서 능력을 발휘하는 데는 이러한 콤플렉스에 대한 대책이 우선 필요하다.

2차대전중 독일에서는 우유가 매우 부족하였다. 헌데 어느 부인은 우유를 끓일 때 언제나 비등시켜 이것을 흘리고 있었다. 어째서 늘 우유를 흘릴까 하고 프로이트는 질문해 보았더니, 자기가 귀여워하는 고양이에게 흘린 우유를 먹이고 싶다는 욕구가 이러한 실패를 일으키고 있다는 것을 알았다.

사람에게도 우유가 모자랄 때였으므로 고양이에게 먹일 수가 없었는데 흘린 우유라면 고양이가 마시러 와도 좋은 것이다. 헌데 이 부인은 의식적으로 이렇게 한 것이 아니라 귀여운 고양이에게, 우유를 먹이고 싶다는 욕구가 자기도 모르는 사이에 이런 행위를 행하게 한 것이었다.

이러한 심리학적인 사고방식은 이론을 공부해 보지 않으면 잘 해낼 수가 없다. 역시 원리를 배우지 않으면 올바른 사고를 할 수가 없다는 것을 알게 되어 이것이 현실문제에 대해 생각할 경우 매우 플러스가 되었다. 그러나 심리학을 조금 공부했다 하여 현실문제에 대한 해답이 늘 얻어지는 것은 아니다.

어중간한 공부로는 도리어 모르는 것도 많으며, 더욱이 문제에 부딪히면 지금까지와 같이 자유롭게 생각할 수가 없어지며, 무엇이든지 이에 관련된 심리학의 이론을 생각해 내어 이것으로 생각지 않으면 안심할 수 없게 되며, 지금까지처럼 자유롭게 생각할 수가 없게 되었다.

더구나 어떤 문제에 대해서도 이에 해답을 줄만한 이론을 생각해 내지 못하고 이론을 끼어 맞출 수가 없으면 그 문제를 잘 해결하지 못한다 하여 낙담해 버린다.

일이 이쯤 되면 심리학이란 것은 현실의 문제에는 도움이 되지 않는가보다 하고 의심해 보거나 역시 나는 사고력이 약하므로 안 돼! 하고 갈등반응을 일으켜 버린다. 혹은 이렇게 어려운 일은 집 어치우자고 포기하고 영화를 보러 간다. 다방에서 시간을 보낸다는 도피반응을 불러일으킨다. 이것이 벽이었던 셈이다.

고교, 대학 시절을 통하여 이러한 벽을 몇 번이나 되풀이 하였다. 그러나 필요성이란 건 무서운 것으로 그렇게 정말하면서도 또 얼마 지나면 사는 보람이란 무엇일까 하고 생각해 보며, 재능을 향상시키기 위해서는 어떻게 하면 좋을까, 연약하게 고민하는 악습은 어떻게 해결할 수 있을까 하는 문제의식으로 돌아와 여기에 조금이라도 참고가 될 이론은 없을까 하고 잡지나 참고서를 뒤적이는 일을 하고 있었다.

대학에서는 심리학을 공부하고 싶었는데 당시(1938년경)에는 중일전쟁이 한창이던 때라 심리학으로는 밥을 먹을 수가 없을 것 같은 시대였으므로 경제학부에 들어가 경영학을 전공했었는데, 경영학 공부보다 심리학의 공부를 열심히 한 것 같이 생각된다.

## 필요성이 진보를 가져 온다

대학을 졸업함과 동시에 군대를 지원했으므로 전쟁중에는 군인으로서 타이, 미얀마, 인도네시아 등지를 전전했는데, 전쟁이 끝나고 일본에 돌아온 후 한동안 직장이 없다가 우연한 기회에 신문기자 자리가 있었으므로, 우선 사회 공부를 할 셈으로 신문기자나 해 보려고 이 일과 씨름해 보았다.

우선 신문기자 일을 택했다는 것은 나는 글 쓰는 것이 서툴며, 성격적으로 그다지 신문기자에 맞다고는 할 수 없다. 그러므로 길게 이 일을 할 생각은 없었다는 뜻이다. 아무튼 신문기자로서 원고를 쓰지 않으면 안 되게 된 셈인데, 물론 잘 쓰여지질 않는다.

글을 잘 쓰지 못하니까 역시 나는 기자로서의 재능이 없으니까 안 된다고 절망적이 되어 곧 벽에 부딪혔다. 하기야 절망적이 되어도 당장 그만둘 수가 없다.

당시는 취직 사정이 나쁘고 그만두었다고 해서 곧 새로운 직장이 나서는 것도 아니다. 먹고 살아가기 위해서는 이 직업에 매달려 어떻게도 글을 잘 쓰는 방법을 터득하지 않으면 안 된다.

여기서도 필요성이 나를 보다 나은 신문기자가 되도록 채찍질한 것 같다. 어떻게 해서든 신문기자로서 글 쓰는 힘을 몸에 붙이지 않으면 안 된다고 생각하던 중 어느 날 잡지를 보고 읽었더니 어느 요코즈나(일본 시름)가 씨름꾼의 연습 방법에 대해 이야기한 것이 실려 있었다. 그것을 읽고 바로 이것이로구나, 이것을 응용해 나간다면 되겠군 하는 영감(靈感)이 번득였다.

## 공부하는 비결은 굴러다닌다

그 요코즈나가 말하기를 씨름꾼의 연습 비결이란,
첫째, 공부 연습
둘째, 횟수 연습

셋째, 모방 연습

에 있다고 했다.

공부 연습이란 씨름에는 48수의 기본형이 있으며, 이 형을 배우고 늘 이것을 터득하도록 훈련한다. 누구하고 승부하여 지거나 잘 안 되었을 때는 대체 어디가 나빠서 잘 안 되었는가 하고 배웠던 형을 생각하며, 이 기본형에 비추어 보고 자기의 방법을 반성하여 결점을 찾아내고 이를 고쳐나간다는 방법이다.

먼저 이 방법을 나도 신문기자 수업에 받아들여야 하겠다고 신문기자로서의 취재의 기본, 문장을 쓰는 법 따위의 기본을 참고서나 선배들에게서 가르침을 받는 등 열심히 터득하도록 하고 나의 일상적인 취재 방법, 문장 쓰는 방법을 이 기본에 비추어 공부하도록 하였다.

횟수 연습이란 아무리 원리나 원칙을 알아도 곧 숙달되는 것이 아니므로 숙달하기 위해서는 배운 기본형을 센스로 자유롭게 쓸 수 있도록 철저히 연습하지 않으면 안 된다. 백 번 천 번의 횟수로 연습을 쌓는 동안에 요령을 터득할 수 있어 숙달된다.

이 횟수 연습을 기자 수업에 받아들이기 위해서는 배운 기본이 완전히 나의 것이 되도록 날마다 많이 걸어다니며 취재에 전념하고, 또 기사를 많이 쓴다는 훈련을 철저히 하도록 하였다. 그러나 이것만의 훈련으로는 아직도 부족하다.

더욱 필요한 것은 뛰어난 선배의 방법을 보고 배운다는 것이다. 이것이 모방 연습이다. 뛰어난 방법을 보고 있는 동안에 어떻게 하면 향상하는가의 요령을 파악할 수 있고, 자기 방법의 결함에도 또한 생각이 미친다.

역시 모방 연습을 열심히 하여 시야를 넓히고 온갖 방법 가운데서 배운다는 것이 대성(大成)을 위해 필요해진다. 이 모방 연습도 기자 수업에 받아들여 우수한 기자가 있으면 그 사람과 동행하여 취재하는 방법을 배우고, 또 뛰어난 뉴스 기사에는 늘 주목하여 그 표현력, 테크닉에 대해 여러 가지를 배우도록 하였다.

이 같은 숙달 방법을 실시해 나가는 동안에 취재 능력, 기사 작성법, 표현력이 차차 향상되어 갔다. 그러나 물론 단숨에 향상된 것이 아니다. 역시 때때로 벽에 부딪히고, 절망하고, 자포자기하며, 울화를 풀기 위해 술을 마시기도 하고, 바아에 다니기도 하여 상당히 탈선도 되풀이 했었다.

또 도중에서 신문기자로서 도저히 가망이 없다, 그만두자 하고 생각한 적도 종종 있었다. 그러나 참으로 그만둘 결심도 못하고 생활에 쫓기고 있는 동안에 글 쓰는 힘도 점점 붙은 것 같았다.

## 필요성이 재능을 진보시킨다

신문기자로 있으면서도 심리학을 공부했으므로 신문기자 생활이 10년쯤 되었을 무렵부터 심리학을 생활에 도움이 되도록 해보려는 기분이 강해져 이러한 테마로 책을 써보자는 마음이 생겼다. 이리하여 완성된 것이 「생활에 도움이 되는 심리학」이라는 책이었다.

이것이 의외에도 호평이었으므로 다음에 낸 것이 유명한 캄파

북스 시리즈 중의 하나로 낸 「재능개발」이란 책으로 이것이 뜻밖에도 베스트셀러가 되었다.

신문기자로 있으면서 글 쓰는 힘을 향상시켜 온 것이 이러한 형태로 보상받게 되었고, 나아가서 몇 권의 책을 잇달아 내었다.

책이 나오자 여기저기서 강연 의뢰가 오게 되었다. 그러나 대중 앞에서 이야기하는 것은 여전히 질색이다. 그러니까 물론 이야기를 잘 할 수가 없다. 그렇다고 해서 도중에서 막히면 곤란하므로 강연 내용을 간추려 몇 번이나 연습하였다. 이리하여 도중에서 막히는 일만은 피할 수가 있었지만 이야기를 잘 할 수는 없었다.

청중이 강연 중에 떠들거나 도중에 자리를 뜨게 되면 당황하여 말이 잘 나오지 않거나, 청중의 주의를 잘 끌지 못하게 되면 몹시 당황하여 나에겐 변설(辯舌)의 재능이 없었으므로 도저히 안 된다고 고민했었다.

어떻게 화술을 숙달시킬까 하고 여러 가지로 생각한 끝에 이것도 씨름 숙달의 세 가지 연습 방법이 좋다고 생각하였다. 먼저 화술에 관한 책을 사 와서 화술의 기본을 잘 이해하도록 애를 쓰고, 강연을 하고 난 뒤에도 잘 안되었을 때엔 머리가 나빴을까 하고 기본에 비추어 여러 가지로 궁리를 했던 것이다.

횟수 연습 쪽은 강연 횟수를 거듭하여 체험을 쌓아가는 수밖에 없었으나 강연 전의 반복 연습에도 특히 힘을 기울여, 원고를 보지 않고도 이야기할 수 있도록 되풀이 하여 자신을 갖도록 힘썼다.

또한 모방 연습은 다른 사람의 강연을 듣도록 힘쓰고, 또 텔레비전이나 라디오에서 유명한 사람의 강연을 시청함으로써 거기에서 잘 이야기할 수 있는 비결을 파악하도록 하고 자기의 결점도 깨달아 반성하도록 하였다.

이러한 노력을 거듭하고 있는 사이에 이럭저럭 그다지 막히지 않고 또 당황하지도 않고 이야기를 할 수 있게 되었지만, 그래도 결코 능숙한 화술이라고는 할 수 없었다. 더구나 때때로 벽에 부딪혀 진보도 눈에 띄지 않고, 역시 재능이 없어서 안 되겠군 하고 비관하는 일이 종종 있었다. 그러나 서투르다고 해서 강연 의뢰를 거절할 수도 없고, 이것 또한 필요에 쫓겨 하고 있는 동안에 점점 잘하고 못하고에 구애받지 않고 할 수 있게 되어 그럭저럭 청중의 기대에 부응할 수 있게 될 것 같았다.

## 자기 페이스로 노력하자

이리하여 나는 내가 지금까지 가장 약점으로 여기고 있던 것을 직업으로 삼아 생활할 수 있게 되었고, 그 힘은 물론 충분하다고는 할 수 없지만, 한편으로는 도움이 되는 정도로까지 향상되었다고 생각하고 있다.

더욱이 이러한 힘을 본격적으로 뻗칠 수 있는 것은 지금부터이다 하고 앞날에 기대를 걸고 있었는데 이렇게 될 수 있었던 나를 돌이켜 보면,

첫째, 항상 자기 페이스로 노력해 왔다는 것.

둘째, 항상 필요성에 쫓기고 있었다는 것.

셋째, 벽에 부딪혀 절망은 했지만 어떻게든 이를 극복해 나가려는 노력을 했다는 것.

넷째, 벽을 돌파하기 위한 노력의 방법을 여러 가지로 궁리하고, 이 학습 방식을 되풀이 함으로써 점차 힘을 붙였다는 것.

등에 의해 숙달하게 되었다고 생각된다.

첫째의 자기 페이스로 노력한다는 것이 매우 중요하다. 만일 남과 비교하여 단박에 그 사람처럼 잘해야겠다고 생각하면 도저히 노력할 수가 없다. 생각만 초조해질 뿐 갈등이 커져 이 때문에 머리의 작용이나 몸의 작용이 저하된다. 그러므로 노력해도 조금도 성과가 오르지 않는다. 그래서 더욱 절망적이 되어버려 자포자기하여 포기하게 한다.

이래서는 노력을 할 수가 없다. 남에게는 신경쓰지 말고 어디까지나 자기 페이스로 자기 결점을 찾아보면서 어떻게 하면 이 결점을 개선할 수 있는가를 곰곰이 생각하여 착실히 노력해 나간다―이러한 태도가 절대 필요해진다.

하기야 이렇게 자기 페이스로 노력을 해도 늘 순조롭게 잘 되어나가는 것은 아니다. 어떻게 해야 할지 몰라서 역시 나는 재능이 없어 안 된다고 절망하여 포기한다는 일도 적지 않다.

포기하여 체념해 버리면 그 벽은 영원히 돌파할 수 없다. 그런데 필요성이 있을 때에는 체념해 내버려 둘 수가 없다. 일단 절망해도 어떻게든 해내지 않으면 곤란하다 하여 절망을 발산시키면 또 냉정해져 대책을 검토하지 않을 수가 없다. 따라서 필요성이 있다는 것이 매우 중요하다.

많은 사람들이 재능을 뻗칠 수 있었던 것은 이 같은 필요성에 쫓겼기 때문인 경우가 대부분이다. 자기에게는 이 길밖엔 없다고 생각하거나 여러 가지로 곤경에 서게 되어도 어떻게든 이를 극복하지 않으면 내가 설 땅이 없다.

　혹은 모처럼 자기가 시작한 사업이 무너져버린다는 경우에는 잘 안된다고 해서 체념만 할 수는 없다. 벽에 부딪혀 절망은 해도 어떻게든 이를 극복해 나가려는 노력을 끊임없이 계속하지 않을 수 없게 된다. 그리고 벽을 돌파하기 위한 방법을 여러 가지로 궁리하게 된다.

　나의 경우 신문기자를 하고 있었으므로 정보 수집은 늘 하고 있었으므로 이 벽을 돌파하지 않으면 안 된다는 문제의식에 대하여 어떤 정보를 모으면 되는가를 진지하게 생각하고 정보 수집(시스템)의 방법이라는 것을 만들어 나갔다. 또 모은 정보를 사용하여 문제를 해결하는 데는 어떻게 하면 잘 될까 하는 문제 해결의 방법을 만들어 나갔다.

　이러한 벽을 돌파하기 위한 정보 수집의 방법, 문제 해결의 방법을 나는 학습방식이라고 부르고 있는데, 이 학습방식을 훈련해 나감으로써 정보 수집력, 문제 해결력이 붙게 되며, 벽 돌파가 가능해진다. 이리하여 벽을 잘 돌파할 수 있나 없나는 어떤 학습방식을 터득하고 있는가에 따라 결정되는 일이 많다. 다음 장에서는 학습방식에 대하여 구체적으로 알아보기로 한다.

# 기본훈련으로 비약을 꾀하라

## 벽 돌파에 학습방식이 필요하다

우리 두뇌의 작용을 잘 해나가기 위해서는 올바른 훈련을 해나 갈 필요가 있는데, 이 훈련 방법을 '학습방식'이라고 한다. 이 학습방식이 바르면 대뇌의 감수성이 예민해져 머리의 움직임이 매우 좋아진다. 그러므로 열등감 따위는 너무 신경을 쓰지 않아도 된다.

또 우리가 흔히 부딪히는 능력의 단계에 따라 6가지의 학습방식이 필요하다. 그런데 학습방식이란 경우, 그 사람의 능력의 단계에 따라 6가지의 학습방식이 있는데, 이를 크게 나누면 마음의 5가지로 분류할 수 있다.

1. 감각의 학습방식―보고, 듣고, 읽고, 이야기하는 우리의 기본적인 감각과 시각, 청각 등의 움직임을 예민하게 하기 위한 학습방식이다. 이러한 감각을 갈고 닦아 나감으로써 우리가 일상적으로 눈이나 귀에 접촉되고 있는 정보를 예민하게 캐치하고, 그 정보의 장점, 기능 등을 정확하게 파악하여 이를 활용할 수가 있다. 이런 감각을 훈련함으로써 두뇌의 작용은 비약적으로 증대한다.

2. 지능의 학습방식 – 우리의 두뇌 작용의 기본인 기억력, 추리력, 판단력 등의 감수성을 연마하기 위한 학습방식이며, 이러한 훈련에 의해 이해 지능지수가 크게 높아진다.

3. 학문의 능력을 높이는 학습방식 – 수학, 어학·물리·화학 등의 학문의 능력을 높이기 위한 학습방식이며, 올바른 학습방식을 만들어 이에 바탕을 두고 공부하면, 학문의 능력은 아주 높아지며 발전성도 있다.

4. 일을 하기 위한 기본적인 학습방식 – 기업에 있어서 기획·조사·영업·생산 등 여러 부분의 일을 하기 위해 필요해지는 공동의 기본 능력이라는 것이 있다. 그것은 정보 수집력, 문제 해결력, 창조력 등인데 이 같은 능력을 높이기 위한 학습방식이다.

5. 실무 능력을 높이는 학습방식 – 기업에서 여러 가지의 능력을 높이기 위한 학습방식이다.


감각의 감수성을 날카롭게 하자는 것이 재능을 뻗치게 하는 기본훈련으로서 가장 중요하다. 그러나 많은 사람들이 이를 깨닫지 못하고 잘 하지 못하고 있다. 저자 역시 그러했다. 특히 유감스럽던 것은 기억력을 향상시키는 훈련을 하지 않았던 일이다.

우리의 기억력에는 한계가 있다. 그러므로 되도록 필요하지 않은 것은 외우지 않으려고 평소부터 여러 가지 사물을 보거나 들을 경우 이에 주의하지 않고 기억력을 작용하려 하지 않았었다. 그리고 기억력을 작용시키는 것은 여간 중요한 일이 아니면 안 되었다. 헌데 이런 사고방식으로 중요한 일을 외우려고 할 때, 기억력이 잘 움직여 주지 않아 잘 외울 수가 없다.

저자가 그다지 기억력이 좋지 못했던 것은 실은 이런 생각이 잘못되어 있다는 것을 잘 몰랐기 때문이다. 즉, 기억력이란 것은 평소에 잘 훈련해 둠으로써 점점 예민해져 필요할 때 잘 외울 수가 있는 것이다. 그런데 평소부터 잘 훈련해 두지 않고 막상 필요한 순간에 이를 작용시키려 해도 예민한 반응을 나타내는 일이 힘들게 된다.

이것은 우리의 감각 모두에 해당된다. 시각·청각·후각·미각 등은 모두 평소에 이를 예민하게 작용할 수 있도록 훈련을 함으로써 비로소 필요에 따라 예민한 반응을 나타낼 수가 있다.

일상의 훈련이 없으면 막상 필요한 때에 도움이 되지 못한다. 그러므로 우리는 자극에 대하여 민감한 반응성을 연마하기 위하여 시각이나 청각을 예민하게 한다. 보는 훈련, 듣는 훈련을 날마다 철저히 할 필요가 있다.

이렇게 말하면 무엇을 보든, 무엇을 듣든, 이에 주의를 집중해야 한다면 우선 피로해서 견딜 수가 없다. 첫째 필요하지 않은 것에 주의를 집중한다는 건 에너지 낭비라고 반대하는 사람이 있을지도 모른다.

이러한 의문이 생기는 것도 무리가 아니다. 그래서 그런 우려가 있는 사람에게는 좀 더 무리가 없는 합리적인 방법을 권한다. 그것으로 매일 주의를 집중할 대상과 시간을 정하고 그때에는 정신을 통일하여 집중하는 훈련을 한다는 것이다.

학생이라면 당연히 학교에서 수업을 받고 있을 때 청각·시각에 비상한 주의를 집중한다. 하루 5시간 전부, 집중이 무리라면 처음에는 1시간, 이에 익숙해지면 2시간, 이런 식으로 점차 청각을 예민하게 작용시키는 시간을 늘려 나간다.

샐러리맨이라면 상사나 동료와 이야기 할 때 상대방이 말하는 것을 한마디도 놓치지 않고 들으려고 청각에 모든 정신을 집중한다. 또는 회의석상에서 다른 사람이 이야기하는 것을 모두 외우도록 힘쓴다.

이처럼 처음에는 자신이 할 수 있을 정도의 훈련부터 시작하여 점차 청각·시각을 예민하게 하는 시간을 늘리고, 끝내는 자기 귀에 들어오고 눈에 띄는 자극 가운데 중요한 것에 대해서는 모두 예민하게 반응할 수 있도록 까지 연마되게 훈련한다.

### 집중하면 피로하지 않다

이러한 주의를 집중하는 훈련을 한다는 것은 매우 피로한 일이다. 그러므로 무엇에든지 주의를 집중한다는 것은 도저히 불가능하다고 생각하는 사람이 있을지도 모른다. 그러나 주의를 집중하는 일이 항상 피로한 것은 아니다. 익숙해짐에 따라 피로가 적어져 간다.

예컨대 저자가 학생 시절에 링크(스케이트장)에서 스케이트를 배울 때의 일인데, 처음에 스케이트를 배울 때는 미끄러지지 않도록 하는 것이 고작이고, 조금만 연습해도 몹시 피로했다. 헌데 날마다 연습을 계속하는 동안에 차차 피로가 줄어들어 1개월쯤 지나자 오랫동안 스케이팅해도 거의 피로하지 않고 재미있어서 견딜 수가 없었다.

이렇게 되는 까닭은 연습하고 있는 동안에 잘 미끄러져야 한다는 두뇌의 작용이 예민해짐과 더불어 몸의 근육, 신경작용의 적응성이 커지므로 피로하지 않게 되는 것이다.

이와 마찬가지로 우리가 늘 외계의 자극에 청각·시각을 예민하게 반응시키는 훈련을 쌓아가면 처음에는 피로가 심해도 훈련함에 따라 적응성이 생겨 차차 피로성이 적어져 간다.

언젠가 텔레비전의 모닝 쇼를 보고 있으려니 작곡가인 하마구치씨가 '당신은 언제 작곡하십니까?'하는 사회자의 질문에 대해 '나는 24시간 작곡하고 있다. 아침에 일어나 밤에 잘 때까지 늘 작곡에 대하여 생각하고 있다. 잠자리에 들어가서도 꿈속에서 작곡하는 수가 종종 있다'고 대답하고 있었다.

잠자고 있을 때에도 작곡을 한다는 것은 좀 과장되었다 하더라도 아무튼 일어나 있을 때는 늘 작곡에 신경을 쓰고 있다는 것은 참말일 것이다. 왜냐하면 1년 내내 작곡에 대해 생각하고 있어도 머리가 조금도 피로하지 않을뿐더러 작곡에 집중해 버리면 자고 있어도 이를 생각하게 되어 피로하지 않다.

이처럼 한 가지 일에 계속 집중한다는 것은 소설가든, 배우든, 발명가든, 사업가든, 정치가든, 사회의 모든 분야에 걸쳐 볼 수 있다.

하기야 한 가지 일에 주의를 집중할 수는 있어도 주위의 대상이 바뀌는 경우는 힘들지 않을까 하고 생각될지 모른다. 그러나 대뇌생리학적으로 말하면 오히려 이쪽이 피로하지 않다.

왜냐하면 대뇌가 생각하는 영역 가운데서 국어를 공부할 때 사용하는 부분과 수학을 공부할 때 사용하는 부분과는 다르므로 국어를 공부하고 있을 때 흥분시킨 신경세포는 수학을 공부하고 있을 때에는 쉽게 할 수가 있다.

수학을 공부하고 있을 때 흥분시킨 신경세포는 국어를 공부하고 있을 때에는 쉬게 할 수 있다. 그러므로 집중하는 대상이 다르면 오히려 신선한 기분으로 주의를 집중시키기 쉽다고 할 수 있다.

## 흥미를 갖도록 힘쓴다

주의를 집중함으로써 피로해지느냐 어떤가는 시간의 문제라기보다 오히려 흥미의 문제, 갈등의 유무 문제, 동기부여 정도의 문제이다. 하고 있는 일이 재미없으면 쉽게 피로해진다. 또 하고 있는 일이 잘 되지 않아서 열등감에 고민하거나 의기소침하게 되면 피로가 눈에 띄게 나타난다.

이 같은 일은 여러분이 늘 경험하는 일이다. 재미없는 연극을 보고 있을 때에는 곧 엉덩이가 아파와 안절부절 못한다. 그것이 알아듣기 힘든 강연인 경우에는 더욱 심하다. 당장 피로해져 앉아서 듣고 있는 것이 피로해 견딜 수가 없다.

헌데, 반대로 재미있는 영화였다면 어떨까. 만원이라 서서 2시간, 3시간을 보아도 그다지 괴롭지가 않다. 오히려 화면과 일체가 되어 팔을 흔들고 발을 구르며 열심히 보게 된다.

나아가 시험 전의 학생은 어떨까. 평소에는 공부하고 있으면 곧 피로해져 10시경에는 잠들어버리는 학생일지라도 내일이 시험이라면 딴 사람같이 된다. 머리가 맑아져 잠이 오기는커녕 12시, 1시가 되어 잠자리에 들어가고 나서도 계속 공부에 대한 생각이 나서 졸면서도 수학 문제를 푼 기분이 되고, 물리 공부를 하고 있는 셈이 되기도 한다.

어떻게든 공부해야 한다는 동기가 있을 때에는 피로해지는 게 전혀 다르다. 그러므로 몇 시간 어떤 대상에 주의를 집중했다고 하여 피로해지는 것이 아니다. 피로해진다는 것은,

첫째, 갈등이 일어났기 때문에.

둘째, 동기부여가 잘 안되었기 때문에.

등에 있으므로 이런 점을 반성하여,

첫째, 흥미를 갖도록 힘쓴다.

둘째, 갈등을 일으키지 않도록 한다.

셋째, 동기부여를 잘하도록 한다.

이렇게 노력해 나가면 매우 왕성한 태도로 감수성을 연마할 노력을 계속할 수가 있는 것이다.


## 지능지수를 높인다


지능의 '학습방식'은 우리의 지능지수를 높이기 위해 필요하며, 지능지수가 높으면 공부의 성과가 크게 올라감과 동시에 지능의 발전이 크게 기대된다. 그러므로 어릴 때부터 이를 위한 훈련이

필요하게 된다.

이런 학습방식을 어릴 때부터 습득시키는 교육을 하여 천재를 만들어 내는 데 성공한 학교가 실제로 있다. 그것은 도쿄 분쿄오구의 이라바시 근처에 있는 이라바시 교육센터의 '영재교실'이다.

이 영재교실에서 하고 있는 교육법은 유아 중심이므로 우리 성인에게는 관계가 없다고 생각되기 쉬우나 결코 그렇지가 않다.

이곳에서 하고 있는 교육의 실제를 알게 됨으로써 우리 두뇌의 기본 작용이란 어떤 것인지, 이것을 훈련하는 데는 어떻게 해나가면 좋은지를 잘 알 수 있다. 우리의 머리작용을 잘 해나가려면 먼저 이 기본에 대해 잘 이해해 둘 필요가 있는 것이다.

이 학교에서는 만 1세부터 12세까지의 어린이를 대상으로 하여 아주 어릴 때에 올바른 학습방식을 몸에 붙이게 하면 그 능력이 굉장히 뻗어나갈 것이라는 이론적 근거에서 천재교육을 시작했다. 물론 이 학교에서는 교육의 효과를 되도록 빨리 올리려는 목적에서 처음부터 지능지수가 높은 아이에게만 입학을 허락한다. 즉, 지능지수 130 이상이 안 되면 들어갈 수가 없다. 그리하여 이 학교 독특의 교육을 하면 6개월쯤 지나 지능지수가 20이나 향상된다고 한다. 그러므로 이 학교의 학생 중에는 지능지수 170, 180이라는 그야말로 신동(神童) 다움을 발휘하는 아이가 많이 있다고 한다.

지능지수 100이라는 것이 연령 상당의 지능 정도를 나타내는 것이므로, 지능지수가 100이면 보통이라 할 수 있다. 그런데 지능지수 170, 180이 되면 정말 천재의 지능이라 할 수 있다.

이러한 유아(幼兒)나 어린이의 교육 방법을 들어 보았자, 어른인 우리들에게는 그다지 도움이 되지 않을 것이라 생각할지 모르나 결코 그렇지가 않다.

이 지능이라는 것은 그 사람의 능력의 가능성을 나타내는 것으로, 지능지수가 높은 사람은 뭔가를 배웠을 경우, 이를 받아들이는 것이 빠르고, 더욱이 장래의 진보 가능성을 나타내는 것이므로, 이것이 낮으면 노력에 비례해서 진보가 느리며, 또 어느 정도에서 벽에 부딪히면 그 이상 뻗어나갈 수 없게 된다. 그러므로 지능지수가 높다는 것은 진보가 빠르며, 벽에 부딪혀도 강하다는 것을 나타내고 있는 것이 된다.

여기에서 지능지수를 높이는 데는 어떤 학습방식을 사용하고 있는가가 매우 문제시 되며, 우리의 지능지수를 높이는 데는 어떤 훈련을 해나가면 좋은지도 알게 되므로, 우리에게 있어 매우 중요한 의미를 갖고 있는 것이다.

현재의 심리학에서는 지능의 요소가 되는 지능인자(知能因子)는 이론적으로는 120쯤 있다고 생각되는데, 그 가운데 뚜렷이 알려져 있는 것이 약 50쯤 있다. 또 지능지수에서 보통 쓰이는 것이 기억력, 추리력, 판단력, 계수력, 언어력, 공간 판단력, 눈과 손의 공응력(共應力) 등이 있다.

그런데 학교에서는 더욱 이를 좁혀 기억력, 판단력, 추리력의 3가지가 지능을 잘 작용시키기 위해 가장 중대한 구실을 다하는 것이라 생각하고, 이 3가지의 훈련에 중심을 두고 있다. 그리고 이 3가지의 지능인자를 향상시키기 위해 기호·숫자·도형 등을 써서 훈련하는 셈이다.

이 교육방법은 학교에서 산수와 국어를 가르치는 교육과는 매우 다르다. 어째서 이러한 교육을 하는가 하면, 대상인 학생이 작으므로 이러한 기호·도형 등으로 가르치는 편이 구체적이어서, 좋은 것과 학습방식을 몸에 붙이는 것이 노리는 바이므로 국어나 산수를 배울 때의 기초가 되는 두뇌의 작용을 훈련하기 위해서이다.

여기서 하고 있는 교육 내용의 상세한 점은 공표할 수 없으므로 말할 수가 없지만, 일찍이 잡지에서 소개된 것을 바탕으로 하여 개요를 설명해 보자.

3세 유아의 교실에서는 젊은 교사가 두 아이를 상대로 색종이를 자르고 또 붙이고 있다. 4세 유아의 방에서는 교사 1명과 학생 2명이 기차놀이를 하며 놀고 있다. 6세아의 방에서는 성냥개비를 늘어놓고 퍼즐놀이를 하고 있다는 상태이다.

물론 교육은 이것뿐이 아니라고 생각되지만, 거기서 어떤 교육이 행해지고 있는가를 추측해 보면, 지능 테스트를 할 때의 문제 비슷한 것을 중심으로 훈련하고 있다고 생각된다. 왜냐하면 지능 테스트는 그 사람의 능력이 향상할 가능성을 조사하는 것으로, 여기서 테스트하는 것은 그 사람의 기본적 추리력과 판단력, 기억력 등이다.

이것을 테스트하기 위해서는 그 사람이 지금까지 배운 지식이나 경험이 되도록 끼어들지 않을 문제가 필요하다. 만일 지식이나 경험이 끼어든 문제로 테스트하면, 이러한 경험을 한 사람과

하지 않은 사람 사이에는 핸디캡이 생겨서 올바른 지능 테스트라 할 수 없기 때문이다.

## 기억력을 훈련한다

영재교실에서 교육하는 것도 그 사람의 국어 · 산수 등의 능력 자체를 뻗치는 것을 훈련하는 데 중점이 두어진다. 그래서 훈련의 구체적 내용을 표시해 보자.

1. 기억력 양성훈련
　가) 어린 유아의 경우에는 ○을 보여 외우게 하고, 잠시 시간을 두고 나서 1 ◎ 2 ◉ 3 ☆ 4 ○의 어느 것이었느냐를 알아맞히게 한다.
　다음에 △를 보여 외우게 하고, 1 ㅁ 2 ○ 3 ◇ 4 △의 어느 것이었느냐를 알아맞히게 한다.
　이와 같이 간단한 도형을 잘 외우게 되면, 도형을 점점 복잡하게 한다.
　나) 초등학교 학생쯤인 경우에는 문장을 먼저 익히고 잠시 있다가 비슷한 문장(약간 틀리게 해놓았다)을 읽혀 그 차이를 지적시킨다. 이로써 기억하기 위한 주의를 예민하게 만든다.
　예컨대 '여름 등산객이 모이는 K시에는 케이블카가 설치되어 있으므로 모든 사람이 매우 편리하다'라는 문장을 읽혀 잠시 뒤 다음의 문장을 읽게 하여 앞의 문장과 틀리는 곳을 지적시킨다.

'여름 해수욕객이 모이는 A시에는 전차가 설치되어 있으므로 모든 사람은 매우 편리하다.'

이 같은 기억력 양성훈련은 비즈니스맨에게도 매우 중요하다. 비즈니스맨은 일상생활에서 여러 가지 것을 보고 듣고 읽고 있는 셈인데, 이처럼 보고 듣고 읽은 것을 잘 외우는 훈련을 하지 않으면 이것을 비즈니스에 살릴 수가 없다.

그래서 평소 보고 듣고 읽은 것의 요점을 외우는 훈련이 필요하다. 상점의 점원 훈련인 경우에는 물건 갖추기가 잘 된 점포, 진열, ·전시가 잘 되어 있는 점포, 접객이 좋은 점포 등을 선정해 두고, 그곳에 가서 이러한 것들의 요점을 생각하게 하는 훈련을 한다.

일의 텍스트나 참고서 등을 종업원에게 주어 이것을 일정 시간에 몇 페이지를 읽게 하여 그 요점을 쓰게 한다.

회의를 했을 때에는 그 뒤 회의의 요점을 간추리게 한다. 외부의 강사에게 강의를 들은 경우에는 그 뒤 요점을 쓰게 하거나 말하게 한다.

일상적인 일의 각 방면에 있어 기억력을 양성할 만한 훈련을 해나간다. 이러한 훈련으로 종업원의 기억력은 매우 높아지고 정보 감수성이 예민해진다.

요컨대 두뇌 작용의 첫걸음은, 평소에 눈이나 귀에 들어오는 정보 가운데 특히 중요한 것을 잘 캐치하고, 그 요점과 기능·장점 등을 잘 외우고 이를 자기 문제의식에 결합시키는 데 있다. 이를 위해서는 기억력을 충분히 훈련하는 일이 절대 필요하다.

## 2. 추리력 양성훈련

추리력을 양성하기 위한 문제로서는 다음과 같은 문제를 해답해 나간다. 이러한 추리력 양성을 위한 문제를 보면 알 수 있는 일인데, 추리력 양성을 위해서는 지금까지의 경과를 잘 파악하여 이 결과로 미루어 다음에는 어떻게 될 것인가를 예측하는 훈련을 해 나감으로써 점점 추리력이 양성되어 나간다는 것을 알 수 있다. 이러한 추리력 양성의 훈련법을 비즈니스맨이 훈련해 나가는 데는 어떻게 해야 할까?

지금 하고 있는 일은 내년에 유망할 것인가, 이 상품을 구매하면 과연 잘 팔릴 것인가 등 늘 예측을 강요당하는 문제가 많다. 그래서 예측하려 해도 정보가 불충분하기 때문에 잘 예측할 수 없다는 경우가 적지 않다.

그렇게 되면 예측을 세울 수가 없는 채 끝나버리는데 이런 방법으로는 추리력이 강화되지 않는다. 추리력을 길러 나가려는 데는 정보가 부족하여 예측이 힘드는 경우에도 어떻든 예측을 세워볼 일이다. 그리고 실제로 예측한 대로 일이 잘 진행되는가, 어떤가 그 결과를 잘 지켜본다. 그리고 예측대로 안 되었을 경우에는 무엇이 원인이었나를 규명한다. 이 같은 훈련을 해나감으로써 추리력은 점차 길러진다.

더구나 특히 중요한 것은 처음에는 간단한 문제라도 예측하도록 하는 것이 중요하다. 간단한 것이라도 예측해 나감으로써 머리가 차차 추리적으로 작용하게 되어 추리력이 대단히 진보해 나가는 것이다.

## 간단한 훈련으로 센스를 만든다

어린이의 지능 훈련은 방금 든 예로 본 것같이 매우 간단한 문제부터 훈련해 나갈 필요가 있다. 하긴 이런 훈련법에 의문을 갖는 사람이 있을지도 모른다. 이렇게 뻔하고 간단한 훈련의 반복으로 과연 지능이 뻗어나갈 것인가 하는 의문이다. 그러나 그렇게 생각하는 것은 잘못이다.

이러한 간단한 훈련으로 먼저 어린이의 두뇌 작용을 주어진 자극에 대해 민감하게 바로 반응시킬 일이 중요한 것이다. 이 같은 훈련을 되풀이 함으로써 대뇌에는 자극에 민감하게 반응하는 센스가 만들어지며, 센스가 생기면 문제를 점점 어렵게 해나감으로써 어려운 문제에도 예민하게 반응하는 센스가 만들어지게 된다.

아무튼 자극에 민감하게 반응하는 센스가 생기는 것이 재능을 만들어 나가는 것과 같은 의미를 지니는 것이며, 센스가 생기면 생길수록 노력에 대한 효율이 높아진다.

머리의 회전이 나쁜 사람은 자극에 대하여 머리가 예민하게 반응하지 않고 머뭇거리고 있다. 그 때문에 모처럼 배운 것에 대한 효율이 매우 나쁘게 나타난다.

이와 같이 어린이의 지능을 높이기 위해 올바른 훈련을 하는 방법을 찾아내는 것이 지능의 학습방식을 만든다는 것이며, 이 학습방식이 잘 되어 있으면 지능은 많이 뻗어나갈 수가 있다.

이에 대하여 어린이의 지능은 이러한 학습방식으로 훈련해 나감으로써 뻗어나갈 수가 있을지 모르지만, 비즈니스맨에게는 이미 뒤늦어 새삼스레 훈련해 보았자 소용없는 게 아닌가 하고 생각하는 사람이 있을지 모른다. 그러나 이것도 잘못이다.

비즈니스맨도 일상의 일 가운데서 기억력 훈련, 판단력 훈련, 추리력 훈련, 문제 해결력 훈련, 창조력 훈련을 위한 올바른 학습방식을 만들어 훈련해 나가면 센스가 후천적으로 만들어져 선천적 재능이 있는 사람과 다르지 않을 정도의 재능을 발휘할 수가 있게 된다. 그러므로 '소질이 나쁘므로 능력이 뻗어나가지 않는다'하는 것은 소질적으로 뚜렷이 결함을 가지고 있는 사람 이외에는 말해서는 안 된다는 것이다.

### 마음대로 말할 수 있다는 건 지능이 뛰어난 증거다

말을 마음대로 할 수 있는 사람은 뛰어난 재능이 있는 증거라고 바이올린의 유아 천재교육을 하여 성공한 수즈키 친이치씨가 말하고 있다. 그가 이렇게 말하는 의미는 말을 한다는 것은 상당히 두뇌 작용을 필요로 하는 일로서, 이를 잘 해낼 수 있다는 것은 그 사람의 대뇌에 결함이 없고, 기능적으로 뛰어나 있다는 증명이 된다는 것이기 때문이다. 그래서 만일 이런 사람이 어떤 방면의 좋은 학습방식을 만들어 이로써 훈련해 나가면 재능을 발휘해 나갈 수 있게 된다. 많은 사람은 평소 마음대로 말을 구사한다는 것은 재능이 없어도 할 수 있는 일이라고 생각할지 모르지만 결코 그렇지가 않다.

말을 마음대로 하기 위해서는 필요한 말을 순간적으로 잇따라 생각해 나가지 않으면 안 된다. 이것은 기억의 재생작업이 잘 된 다는 증거이며, 다음에 기억을 재생함과 동시에 생각난 말을 문 장으로 간추려 다듬어 나가지 않으면 안 된다. 나아가 말을 문장 으로 다듬을 뿐만 아니라 이것을 사상으로 표현한다는 지적인 조 립작업도 동시에 하지 않으면 안 된다.

이러한 작업은 실은 고도의 사고작업, 표현작업, 기억의 재생 작업, 판단작업을 필요로 하고, 더구나 이러한 작업을 종합하는 높은 지적인 두뇌작용이 없으면 잘 안 된다.

많은 사람들은 이 고도의 두뇌작업을 평소에 아무렇지도 않게 마음대로 수월하게 하고 있으므로, 거의 두뇌의 작용을 필요로 하지 않는 쉬운 작업이라고 생각하고 있을지 모르지만 결코 그렇 지가 않다.

이것은 참으로 고도의 두뇌작업이며, 이것을 할 수 있다는 건 이에 맞먹는 고도의 두뇌작용을 가진 사람이라 할 수 있다.

## 말하는 훈련이 잘 되어 있다

말을 한다는 것이 지금 말한 바와 같이 고도의 지적 작업임에 도 불구하고 누구나 아주 잘 할 수 있다는 것은 여러분들이 어린 이 때부터 말을 잘 할 수 있는 훈련을 스스로 하고 있으며, 자기 나름대로의 학습방식이 몸에 붙어 있기 때문이다. 이러한 학습방 식이 몸에 붙게 된 것은 다음과 같은 이유에 의한다.

첫째, 말을 한다는 것은 인간이 살아나가기 위해 절대로 필요한 일이다. 이 필요성에 의해 말이라는 자극에 대하여 매우 예민하게 되는 학습방식이 터득된다.

둘째, 말을 한다는 것이 인간에게 필요하기 때문에 말하는 것은 질색이다 하는 갈등을 일으킬 수가 없다. 잘 말할 수 있는 일에 늘 집중하지 않으면 안 될 학습방식이 만들어진다.

셋째, 누구나 태어나고부터 계속 말을 쓰지 않으면 안 될 환경 속에 살고 있다. 아침부터 밤까지 말 속에서 생활하고 말하지 않으면 안 되는 환경에 있기 때문에 말을 외우고 말하는 센스가 육성되어 나간다.

이리하여 말을 마음대로 말할 수 있다는 것은, 고도의 두뇌작업임에도 불구하고 누구나 잘 말할 수 있게 되는 것은 갓난애 때에 말을 잘 하기 위한 학습방식이 저절로 생기기 때문이다. 즉, 말이라는 자극에 대하여,

첫째, 예민하게 반응할 필요가 있다.

둘째, 말을 외우는 일에 집중할 수밖에 없다.

셋째, 아침부터 밤까지 말을 듣고 지낸다.

넷째, 말을 외우는 센스가 만들어져 간다.

이러한 학습방식이 몸에 붙게 되는 것이며, 이러한 학습방식은 말을 외우는 일뿐만 아니라 어떤 방면의 능력을 몸에 붙일 경우라도 극히 중요한 학습방식인 것이다.

이 같은 학습방식이 몸에 붙어 있으므로 말을 잘할 수 있게 되는데 수많은 사람 앞에서 이야기하지 않으면 안 될 때에는 약간 사정이 달라지므로 누구나 잘할 수는 없는 것이다.

아무런 준비도 없이 별안간 수많은 사람 앞에서 10분간 이야기하라고 해도 한두 마디 이야기하는 동안에 당황하여 말이 잘 안 나오게 된다. 그렇게 되면 비로소 이야기한다는 것이 얼마나 어려운가를 절감하게 된다.

또 저자가 마이크 앞에서 이야기를 할 때 곧잘 경험하는 일인데, 마이크 앞에서 막상 이야기를 하려고 하면, 마이크를 의식하게 되어 매우 말하기가 힘들어진다. 미리 잘 준비해 두지 않으면 흥분되어 다음에 이야기할 말을 잘 생각해 내지 못하거나 생각이 잘 정리되지 않거나 해서 더듬거리게 된다. 이러한 체험을 해보면 이야기한다는 일이 얼마나 힘든 일인가를 절실히 느끼게 된다.

## 변설(辯舌)은 고도의 지적 작업이다

대중 앞에서 이야기하거나 마이크 앞에서 이야기하는 일이 힘든 것은 똑같이 이야기하는 말이라도 1대 1로 이야기하는 것과는 조건이 다르기 때문이다. 그러므로 대중 앞이나 마이크 앞에서 이야기하려는 데는 이를 위한 학습방식을 터득해야 할 필요가 있다.

그럼에도 불구하고 이러한 학습방식으로 훈련하지 않고 갑자기 대중이나 마이크 앞에서 이야기하려 하면 대중이나 마이크를 의식하게 된다. 그래서 대중이나 마이크를 의식해버리면 갈등이 일어나서,

첫째, 이야기하는 일에 집중할 수 없게 된다.

둘째, 이야기하는 일에 예민하게 반응할 수 없게 된다.

이렇게 되면 평소에 아무렇지도 않게 하고 있는 것같이 생각되면, 말을 잘하는 일이 얼마나 힘든 것인가를 알게 된다.

더구나 점점 나이를 먹게 되면 기억의 재생이 곤란하고, 이름이나 말을 생각해 내는 것이 어려워진다. 그러므로 이야기하는 도중에 사람의 이름이나 물건의 이름이 생각나지 않아 이야기가 끊기는 일이 있다.

이러한 경험을 하게 되면 자유로이 줄줄 이야기한다는 것이 고도의 지적 작업인 것을 잘 알 수 있다. 이야기를 한다는 것뿐만 아니라 말이나 사상을 문장으로 나타내려면 더욱 어렵다는 것을 잘 알 수 있다.

이것은 여러분도 많이 경험했을 것으로 생각되는데, 편지를 쓰거나 작문을 쓰려 하면 여간해서 좋은 문장이 떠오르지 않으며, 또 모처럼 좋은 이미지가 떠올라도 이것을 쓰려면 사라져버려 문장으로 된 것이 다른 뜻을 쓰고 있는 일이 흔히 있다. 즉, 자기가 품은 사상이나 이미지를 그대로 문장에 표현해 나가는 것이 매우 힘든 일임을 잘 알게 된다.

## 훈련을 일상화 한다

이와 같이 이야기하는 것과 비슷한 작업이라도 약간 상황이 달라 익숙하지 못한 일이 되면, 아주 힘들다는 것을 잘 알 수 있다. 그리고 그러한 일에서 거꾸로 이야기하는 일 자체도 본래 결코 쉬운 일은 아닌데, 그것을 수월하게 할 수 있는 것은 좋은 '학습방식'이 생겨 일상화 되어 있기 때문이라는 것을 잘 알 것이다.

만일 여러분이 대중 앞에서 이야기를 한다, 마이크 앞에서 이야기를 한다, 혹은 문장을 쓴다는 일을 일상화 하여 세상 물정을 알고부터 계속 이런 작업을 해오며, 더욱이 그것이 살아가기 위해 꼭 해야 할 일이라면 역시 이야기하는 일과 마찬가지로 쉬운 일이 되었을 것이다.

그 까닭은 이런 일이라고 날마다 궁리하면서 열심히 되풀이 하고 있으면, 차차 학습방식이 생겨 어려운 일을 무의식적으로 해낼 수 있으며, 어느 사이엔가 쉬운 일로 생각되기 때문이다. 그러므로 만일 인간이 자기 생각을 상대방에게 전하는 데, 이야기하는 것 대신에 문장으로 쓴다는 방법으로 하고 있으면 어떨까.

그렇게 되면 문장을 쓰는 학습방식이 이루어져 참으로 줄줄 할 수 있을 텐데, 이야기하는 것은 매우 힘든 일이 되어 여간 잘 생각하여 준비하지 않으면 잘 이야기할 수 없을 것이다.

이렇게 생각할 때 우리가 무엇인가 할 경우 그것이 힘든가 어떤가는 그 일 자체가 쉬운가 어려운가 하는 문제라기보다는 이것을 배우기 위한 올바른 학습방식이 되어 있나 없나에 달려 있다고 할 것이다.

이처럼 우리가 어떤 능력을 뻗어나가려면 그 능력을 뻗치는 데 필요한 올바른 학습방식이 이루어져 있을 것이 절대 필요하다는 것을 알 수 있다. 그래서 지금부터 각 방면의 능력을 발휘하기 위해 어떤 학습방식을 만들면 좋은가를 생각해보려 한다.

예컨대 창조성을 낳는 능력에 대해 생각해 보았을 경우, 이 능력을 뻗쳐 나가려는 데는 첫째, 우리가 아이디어 개발을 자기가 생활해 나가기 위해 절대로 필요하다고 생각하는 것이 중요하다. 필요하다고 생각함으로써 비로소 아이디어 개발에 이상하게 예민해질 수가 있다.

둘째로 아이디어 개발을 하려고 할 때, 이 작업에 아주 집중할 수가 있어야 한다. 이를 위해서는 아이디어 개발의 방법을 잘 알고, 이에 숙달해 나가기 위해 학습방식을 만들어 나가지 않으면 안 된다.

셋째로 아이디어를 개발하기 쉬운 환경 속에서 학습방식을 활용하면서 자나깨나 아이디어 개발에 열중하지 않으면 안 된다.

넷째로 이와 같이 아이디어 개발에 열중하고 있으면, 독창력을 발휘하는 학습방식이 저절로 터득되어 언제 어떤 때에도 아이디어를 발휘하게 머리가 움직이게 된다.

여러분들이 어느 방면의 능력을 뻗어나가려 하든, 방금 든 바와 같은 방법이 필요해지는데 비즈니스맨의 능력개발에 가장 필요하다고 생각되는 정보 수집력, 문제 해결력, 창조력의 학습방식을 어떻게 만들면 좋을까에 대하여 다음 장에서 연구해 보기로 하자.

# 능력개발

**- 쾌도난마의 두뇌를 만들어라 -**

# 두뇌활용의 기본을 마스터하라

## 문제의식을 갖고 생각해라

뛰어난 능력을 발휘할 수 있게 된 사람은 끊임없이 문제의식을 갖고 생각하고 있다. 그러므로 점점 생각하는 힘이 강해져서 여러 가지의 문제에 부딪혀도 이를 해결할 수 있게 되어 있다.

마쓰시타 고노스케 회장이 그 전형적인 예라고 할 수 있다. 마쓰시타 회장은 독립하여 사업을 시작, 어느 정도 궤도에 올랐을 때 계획을 세워 해보아도, 계획대로 되지 않는다는 매우 난처한 문제에 부딪혔다.

마쓰시타 회장은 어떻게 계획대로 잘 해낼 방법이 없을까 하고 열심히 생각했다. 이것저것 생각하는 사이에 문득 장님에 관한 생각이 떠올랐다. 장님이란 눈이 보이지 않음에도 불구하고 잘 엎어지지 않는다. 반대로 장님이 아닌 사람은 눈이 보이는데도 곧잘 넘어진다.

대체 어째서일까 하는 의문이었다. 그리고 장님이 넘어지지 않는다는 원인을 잘 알아낼 수 있다면, 계획을 세워도 계획만으로 끝나지 않는 힌트(원리)를 찾아낼 수 있지 않을까 하는 센스가 작용했다.

그래서 장님은 어째서 잘 넘어지지 않을까 하고 열심히 생각하는 사이에 장님은 눈이 보이지 않기 때문에 넘어지지 않도록 최선의 주의를 하여, 한발씩 지팡이로 앞을 확인하면서 걷는다는 사실이 생각났다. 이것이야말로 넘어지지 않을 힌트라는 것이다.

장님이 아닌 사람은 눈이 보인다는 것에 안심하여 한발씩 확인하며 걸어가려는 주의를 하지 않는다. 그러므로 눈앞에 돌이 있거나 구멍이 있어도 모르고 이에 걸려 넘어져버린다.

역시 넘어지지 않도록 하는 데는 안심하지 말고 한발씩 확인하며 걸어가야 하는 것이다. 이렇게 마쓰시타 회장은 깨달은 것이다.

그리고 이 힌트(원리)는 경영에 있어서도 마찬가지인 것이다. 대부분의 사람은 계획을 세웠을 때 계획대로 잘 되겠지 하고 안이하게 생각하여 계획의 실시를 한 걸음씩 확인하여 하지 않는다. 이것은 부주의한 장님 아닌 사람의 심리와 똑같다. 그러므로 계획이 무너지는 장애나 원인이 있어도 알아차리지 못하고 실패해 버린다.

계획을 잘 궤도에 올리기 위해서는 장님과 같이 계획을 실시하면서 그 실시가 계획대로 잘 되고 있는지 어떤지를 끊임없이 검토하고, 만일 계획대로 되지 않을 때에는 무슨 원인인가를 잘 검토하고 그 원인을 찾아내어, 다시 계획의 선에 올려놓도록 대책을 강구해 나갈 즉, 통제해 나갈 필요가 있다. 이런 사실을 깨달은 것이다.

다시 이것을 간추려 보면, 계획→ 실시→ 검토→ 통제가 되는

데, 이것은 경영학에서 말하는 관리의 이론이다. 마쓰시타회장은 관리의 이론을 경영학의 책을 읽음으로써가 아니라 현실적으로 문제의식을 갖고 어떻게 해결하면 좋은가를 생각해 나가는 가운데 발견했던 것이다.

## 콤플렉스가 문제의식을 갖지 못하게 한다

많은 경영자나 관리자도 이 마쓰시타 회장처럼 할 수 있으면 얼마나 좋을까 생각하지만 그것이 잘 되질 않는다. 관리자급에서도 이러한 문제의식을 제대로 갖지 못한 사람이 많은 건 참으로 곤란하다.

그들은 왜 문제의식을 갖지 못하는가 하면 과거에 있어 실패, 패배, 굴욕, 열등감 등의 비참한 체험을 겪었고, 이 쓰라린 체험으로 여러 가지의 콤플렉스가 생겨서 나는 못 쓰는 인간이다, 머리가 나쁘므로 생각해 보아도 좋은 해결책이 떠오르지 않는다, 재능이 없으니까 안 된다, 어차피 다른 사람에게 이길 수가 없다, 경쟁해도 질 것이 뻔하다, 계획을 세워보아도 어차피 계획만으로 끝날 것이다. 해보았자 실패할 것이 뻔하다 등등의 절망감이 강하기 때문이다.

뭔가 하려 할 때 이러한 절망감이 잘 작용하므로, 설령 문제의식을 가져 보아도 어차피 잘 안 될 것이라는 생각에 몰린다. 어차피 잘 안 된다는 것을 알고 있으면서도 문제의식을 갖는다는 것은 더욱 더 자신을 비참하게 만든다. 그래서 자연히 자기방위기제(自己防衛機制)가 작용하여 자신을 비참하게 만드는 일은 당초부터 생각하지 않으려고 한다.

많은 사람들이 문제의식을 갖지 않으려는 것은, 이러한 심리상태에 의한다는 것을 안다면, 먼저 이러한 콤플렉스를 어떻게 제거시키는가가 문제가 된다.

그 방법은 제1편에서 상세히 설명했으므로, 이에 따라서 자기혁신을 해나가는 일이 선결 문제이다. 따라서 콤플렉스에 대한 견해가 변하고, 또는 콤플렉스 자체가 약해지면 저절로 자기가 당면한 문제에 대한 문제의식이 생기게 된다. 허나 여기서 더욱 문제가 되는 것은 문제를 해결해 나가기 위한 방법을 잘 알고 있느냐, 혹은 능력이 있느냐 하는 것이다.

이것이 충분하지 못하면 역시 문제의식은 왕성하지 못하다. 혹은 설령 문제의식이 생겨도 해결에의 노력이 진척되지 못하게 된다. 그래서 필요해지는 것이 문제 해결의 방법이며, 이것을 잘 알지 못하면 안 된다는 것이다. 즉, 우리가 문제에 당면했을 경우 어떻게 머리를 써야 좋은가 하는 것이다.

많은 사람들은 이것을 잘 모른다. 그러므로 문제에 부딪히면 쓸데없이 몸부림칠 뿐으로 문제를 해결할 만한 행동 또는 사고(思考)를 할 수 없으며 점점 자신을 잃어간다.

문제를 해결하려면 먼저 이에 필요한 정보를 모으는 일이 필요하다. 고노스케 회장이 계획을 세워도 실패하지 않으려면 어떻게 하면 좋을까 하는 문제의식을 갖고 생각하고 있을 때 문득 장님에 대한 생각이 떠올랐다.

이 장님에 대한 생각이 당면 문제를 해결하기 위해 매우 중요한 정보였던 셈이다. 고노스케 회장은 장님의 방법을 연구해 나감으로써 자신이 당면한 문제를 해결하는 힌트를 잡을 수가 있었다.

## 정보의 정수를 이용한다

문제를 해결하는 경우라도 창조성을 발휘하려 할 경우라도 가장 필요한 것은, 이러한 작업에 가장 확실한 정보를 찾아내 이를 활용해 나가는 일이다. 문제 해결의 경우인 예는 앞에서 들었으므로 여기서는 창조성 발휘인 경우의 예를 생각해 보자.

청진기를 발명한 사람은 레네크라는 의사인데, 그는 인체 내부의 고장을 밖에서 찾아낼 방법이 없을까 하는 것을 끊임없이 생각하고 있었다. 그러나 여간해선 좋은 아이디어가 떠오르지 않았다.

어느 날 공원을 산보하고 있을 때 어린이가 어린이놀이터에서 통나무 한쪽 끝을 나무로 똑똑 두드리고 있었고, 반대쪽 끝에서 다른 아이가 귀를 대고 듣고 있었다.

이것을 본 순간 레네크는 '바로 이거다!'하고 자기도 모르게 소리쳤다. 인체 속을 찾는 데도 무엇인가를 몸에 고착시켜, 다른 끝에서 몸으로부터 전해오는 소리를 찾아내면 좋다는 힌트가 떠올랐던 것이다. 이 힌트가 청진기를 발명하기 위한 중요 힌트가 된 셈이다.

우리 주위에는 문제 해결이나 창조력 발휘를 위한 정보나 힌트는 많이 굴러다닌다. 여기서 자기에게 필요한 정보를 발전하여 여기서부터 문제 해결이나 창조를 위한 힌트를 파악해 나가면, 문제 해결이나 창조력 발휘는 가능하게 된다.

여기서 자기에게 필요한 정보나 힌트는 과연 어디에 굴러 있을까 하고 필요한 정보의 소재를 정확하게 찾는다는 정보를 파악할 능력이 참으로 중요해진다. 그러나 대개의 사람들은 이것이 잘 안 된다.

자기에게 필요한 정보를 구하여 끊임없이 뛰어다니고, 정보원에 점차 접근해 간다. 이것은 사냥개가 사냥감에 접근해 갈 때와 같은 가슴을 뛰게 하는 멋진 일인데, 이러한 감격을 맛보면서 정보를 추구하여 뛰어다니는 사람이 뜻밖에 적다.

그 이유는 그렇게 뛰어다니는 것이 문제 해결력과 창조력을 매우 향상시킨다는 것을 모른다는 것을 잘 모르고, 또 정보를 어떻게 찾으면 좋은가 하는 것도 잘 모른다.

정보의 가치를 잘 알려면 정보가 어떻게 자기에게 도움이 되는가, 또는 도움이 되는 정보란 어떤 것인가도 잘 알고 있어야 한다.

정보를 자신을 위해 도움이 되게 하려면, 정보를 그대로 이용하려고 생각하면 안 된다. 오히려 정보의 정수를 꺼내 이것을 살려낼 수가 없으면 정보라는 것은 우리들을 위해 도움을 주지 않는다.

그런데 대개의 사람들은 이 정보 활용의 요령을 잘 모르고 있기 때문에 정보를 살렸다고 생각한 것이 도리어 실패하거나 모처럼 좋은 정보를 살려내지 못한다.

정보의 정수란 대체 무엇일까? 이를 알기 위해서는 앞에 든 이치카와 교수의 '등가변환(等價變換)이론'을 생각하기 바란다. '등가변환이론'에서 중요한 것은 자기가 생각하고 있는 것의 모델이 될 만한 정보를 그냥 그대로 이용하는 것이 아니라는 점이다. 그냥 그대로 이용하면 대개 실패한다. 그렇지 않고 그 모델이 성공한 이유는 어디에 있는가를 생각하고, 그 이유 속에 성공하기 위한 '원리'가 있다는 것을 알고, 이것을 잘 받아들이는 것이다.

슈퍼마켓이 매우 번창할 즈음 일본의 유명백화점인 미츠고시에서도 슈퍼로 진출하면, 어떨까 하는 것이 문제된 일이 있었다. 이때 당시의 사장은 이에 반대했다.

과연 슈퍼는 훌륭한 판매력을 갖고 있다. 더욱이 슈퍼나 백화점도 많은 상품을 판매하는 소매업이다. 어떻게 판매력을 높이는가 하는 백화점의 문제에 있어서는, 슈퍼의 판매력은 좋은 모델이라 할 수 있을 것이다.

하지만 슈퍼가 아무리 좋은 판매력을 가지고 있어도 이 방법을 백화점에서 그대로 본떠도 잘 안 된다. 왜냐하면 물품구매 문제 하나를 보아도 백화점은 앉아서 할 수 있는 편한 장사이다.

많은 메이커나 도매상이 '꼭 미츠고시에서 다루어 주십시오' 하고 상품 견본을 들고 매일같이 찾아와 머리를 숙인다. 구매 담당자는 고자세로 이들 상품 중에서 유리한 것을 택해 구입하면 된다.

헌데 슈퍼의 구매는 전혀 다르다. 구매 담당자는 값싸고 좋은 상품이 없을까 하고 일본 전국 뿐만 아니라 세계를 뛰어다니며 찾는다. 모처럼 유리한 상품을 찾아내도 메이커는 도매상 쪽이 강하여 슈퍼 따위에 우리 상품을 넣을 수가 없다. 또는 슈퍼에서 판매할 만큼 대량으로 만들고 있지 않다.

슈퍼에 내면 다른 소매점이 싫어하므로 낼 수는 없다 하고, 메이커나 도매상이 망설이는 것을 슈퍼 측이 고개를 숙여 가까스로 상품을 납품하는 일도 자주 있다.

이런 장사법은 여태까지 고자세로 편한 장사를 해온 우리 회사의 구매 직원으로서는 도저히 하루아침에 할 수 없다. 한 가지를 보면 백 가지를 알 수 있듯이 슈퍼와 백화점은 체질이 다르다.

이 차이를 잘 모르고 좋은 점만을 본뜨면 실패할 것이 뻔하다. 그러므로 슈퍼에 간단히 손 댈 수가 없다고 반대했다 한다. 역시 사장이라 정보 활용법을 잘 알고 있는 셈이다.

### 원리를 활용하라

정보 활용의 요령은 정보를 그대로 본뜨는 것이 아니라 정보의 정수 즉, 성공하는 원리를 잘 파악하여 이를 살려나가는 일이다. 그대로 본뜨는 것으로는 그 모델과 모든 조건이 똑같지 않으면 잘 안되지만, 원리를 활용할 경우에는 그 이용 범위가 매우 넓어진다. 그러므로 원리를 파내려 가면 갈수록 얼핏보면 관계가 없는 것으로부터도 이용할 수 있는 힌트를 파악한다.

창조성이라는 것은 여태까지 없었던 생각이 나왔을 때 생기는 것인데, 이를 위해서는 자기의 문제의식에 결합되는 정보가 기상천외일수록 좋은 아이디어가 된다.

대개의 사람이 예상도 할 수 없을만한 뜻밖의 정보와 결합시켜 아이디어를 낳기 위해서는, 모델 정보를 철저하게 파내려가서 정보의 정수를 파악할 필요가 있다. 이것을 할 수 있으면 있을수록 멋진 문제 해결책 혹은 아이디어가 나온다.

왜 정보를 파내려 가면 원리를 파악할 수 있으며, 멋진 아이디어가 나오는가를 예를 들어 제시해 보자.

사일러스 매코믹은 미국의 농업 기계의 메이커로 여러 가지 좋은 농업 기계를 발명한 사람인데, 다음 이야기는 매코믹이 곡물 수확기의 발명에 열중해 있을 때의 일이다.

좋은 아이디어가 잘 나오지 않으므로 기분 전환으로 이발관에 갔는데, 매코믹이 이발 의자에 앉아 오래간만에 느긋한 기분이 되고 있으려니 뒤에서 이발사가 이발기로 싹뚝싹뚝 그의 머리를 잘라 버렸다. 이 이발기의 싹뚝싹뚝 하는 소리를 들었을 때 매코믹은, '바로 이것이다'하고 소리쳤다.

이발기의 자르는 기능과 곡물수확기의 베는 기능이 순간적으로 결합된 것이다. 이발기와 곡물수확기는 매우 다르지만 둘다 자른다는 기능은 마찬가지이다. 즉, 이발기라는 것의 기능은 자른다는 것이며, 곡물수확기의 기능도 자른다는 것이다. 그러므로 두 기계의 기능 즉, 원리는 자른다는 것으로 똑같다고 할 수 있다.

다시 말해서 양쪽 기계를 원리까지 파내려 가면 거기에 공통성을 발견할 수 있다. 이점에서 이발기의 자르는 기능이 곡물수확기를 만들 경우의 유력한 힌트가 된다. 이리하여 어떤 것을 원리에까지 파내려 가면 다른 것과의 공통성을 발견할 수 있다.

여기서 지금까지 관계가 없다고 생각되던 것이 아주 밀접한 관련성과 공통점이 있다는 것을 알게 되어, 이를 문제 해결이나 아이디어의 힌트로서 이용할 수 있다.

이처럼 어떤 것을 파내려가 원리를 파악해 나가는 것을 '원리화(原理化)'라 하는데, 원리화 하면 할수록 다른 것과의 공통성, 관련성이 많아서 힌트로서 활용할 수 있게 된다. 문제 해결이나 창조성 발휘를 위해서는 이 원리화가 얼마나 중요한가를 잘 알 수 있을 것이다.

원리화 하면 할수록 여태까지 아무 관계가 없다고 생각되던 것에도 공통성이 있음을 알게 되고, 다른 데에서 성공할 것을 힌트로서 이용할 수 있으며, 문제 해결이나 창조성 발휘가 쉬워진다.

원리화 하면 할수록 얼핏보아 관계없는 것같이 생각되는 것 가운데에도 공통점을 발견할 수 있다. 그 예로서 원자(原子)를 들 수 있을 것이다.

책상이라든가 의자·책상·식기·세면기·신발 같은 것은, 관련성이 없는 것같이 보이지만, 물체라는 식으로 파악하면 모든 것을 물체라는 점에서 나온다. 나아가 이러한 물체들의 정체를 분자로서 파악하면, 분자가 결합한 것이라는 점에서 공통성이 나온다.

분자는 또한 원자로 이루어져 있다. 이 원자라는 것은 원자핵을 중심으로 전자가 돌고 있는 것으로, 모든 물체는 원자의 차이에 따라 날아다니고 있는 전자의 수가 다를 뿐이다. 이렇게 모든 물체를 원리화 하여 원자의 차원에서 파악해 보면 유리와 꽃이라는 견해가 이질적이라고 생각되는 것에도 공통점이 있음을 알 수

있다. 이리하여 물체를 원리화 하여 파악할수록 공통점을 발견할
수 있음을 알게 된다.

더구나 이렇게 원리화 하면 할수록 다른 것과의 관련성을 발견
할 수 있으므로, 물체를 해결하려는 경우나 창조성을 발휘하려는
경우 원리화를 잘하면 힌트를 자꾸만 활용할 수 있어 문제 해결
력과 창조력이 급속히 높아간다. 그러므로 꼭 이 테크닉을 마스
터해 주었으면 하는 것이다.

이 테크닉을 참으로 잘 활용하여 탁월한 창조성을 발휘한 사람
이 콜롬부스이다. 콜롬부스가 아메리카 대륙을 발견하여 의기양양
하게 돌아왔을 때, 이를 축하하여 성대한 축하회가 열렸다. 모두
콜롬부스의 위업에 성대한 찬사를 아끼지 않았는데, 오직 한 사람
만이 콜롬부스의 위업을 시기하여 그를 비꼰 사나이가 있었다.

"대서양을 서쪽으로 가면 아메리카 대륙이 있으므로 누구든 서
쪽으로만 계속 항해하면 아메리카 대륙을 발견할 수 있을 것이
다. 별로 떠들썩할 정도의 일은 아니다."
라는 것이었다. 콜롬부스는 이 소리를 듣고, 그 사나이에게 한 개
의 달걀을 가리키며,

"당신은 이것을 세울 수 있습니까?"
하고 질문했다. 이 사나이는 달걀을 세우려고 여러 가지로 해 보
았으나 세워지지 않았으므로,

"그런 일은 아무도 할 수가 없을 걸."
하고 대답했다. 콜롬부스는 재빨리 달걀을 테이블에 부딪쳐 밑
부분을 깨고 멋지게 이것을 세워 보였다. 이것을 본 그 사나이는,

"그런 방법이라면 나라도 할 수 있어."

하고 말했다. 이에 대하여 콜롬부스는,

"그러나 자네는 조금 전에 할 수 없다고 했잖아. 남이 잘한 결과를 보고, 자기도 할 수 있다는 건 누구나 할 수 있어. 허나 중요한 건 자기 스스로 이것을 해 보이는 일이야."

라고 대답했다고 한다.

콜롬부스가 사람의 의표를 찌를 만한 달걀을 세울 수가 있었던 것은, 그에게 원리화의 재능이 있었기 때문이다. 대개의 사람들은 이런 경우 원리화 하지 않고 달걀을 세우려고 생각한다. 그러나 달걀을 세운다는 것은 힘들다는 선입관이 있다.

힘들다는 선입관이 있기 때문에 심리적으로 갈등이 일어나 좋은 아이디어가 떠오르기 힘들다. 그러나 또 좋은 힌트도 떠오르지 않는다. 그래서 이 경우 달걀을 세우려고 생각지 말고 이를 원리화 하여 생각해야 한다. 그러면 이렇게 된다.

달결→ (원리화)→ 물체

세운다→ (원리화)→ 고정시킨다.

즉, 원리화 해 보면 달걀을 세운다는 것 대신에 물체를 고정한다고 바꿔놓고 생각할 수가 있다. 물체를 고정시킨다는 일이라면 힘들다는 선입관이 없다. 그리고 물체를 고정시키고 있는 여러 가지 예를 힌트로 활용하려는 생각이 작용한다.

물체를 고정하는 데는 바닥을 납작하게 하거나 받침대를 사용한다. 혹은 테이프로 바닥에 붙인다 등 여러 가지의 힌트가 나와 이것들을 이용함으로써 수월하게 달걀을 세울 수가 있다.

이처럼 아이디어의 힌트를 찾는 데는 되도록 원리화 하여 생각해 볼 필요가 있다. 원리화 함으로써 여러 가지 것의 공통성을 발견할 수 있으며, 힌트를 이용할 범위가 넓어지기 때문이다.

## 원리화에도 여러 가지가 있다

원리화를 잘 하려면,
첫째, 기능의 원리화
둘째, 사회현상의 원리화
셋째 의미의 원리화
등, 당면한 문제의식에 의해 원리화법이 얼마간 달라지는 수가 있으므로 각 케이스에 대해 원리화의 요령을 알고 있으면 편리하다.

기능의 원리화라는 것은 당면한 문제의식이 기능상의 것을 문제로 삼고 있는 경우이다. 앞에서 든 사이러스 매코믹이 곡물수확기를 발명하려 했을 때는 수확기의 기능이 테마가 되고 있다.
이러한 경우에는 곡물수확기를 원리화 해 나가려면 자른다는 기능이 문제가 된다. 그래서 똑같이 자른다는 기능으로 성공한 현실의 모델을 찾아나가면 된다. 매코믹은 우연히 이발관의 이발기 소리를 들었을 때, 찾아 구하던 기능상의 모델을 발견한 셈이다.
원리화의 활용법을 알면 우연에 의할 필요가 없으며, 오히려 적극적으로 모델을 찾아나갈 수가 있다. 이를 위해서는 더욱 더 원리화를 진행해 나가면 더 광범위하게 힌트를 이용할 수 있다.

벤다는 기능을 더욱 더 원리화 하면 분리한다는 것이 된다. 그래서 분리한다는 기능을 가진 것으로서 가위, 손톱깎기, 칼, 통조림 따기 등 여러 가지의 현실 모델이 새로이 등장하고, 이것으로부터도 힌트를 얻을 수가 있게 된다.

## 사회이상(社會理像)의 원리화란 무엇인가?

사회현상의 원리화라는 것은 여러 가지의 사회현상 속에서 원리를 찾아나가는 것을 말하며, 수학이나 물리 등에 있어 공식을 찾아나가는 작업이 이에 해당한다. 두 점 사이의 최단거리는 직선이다. 작용이 있으면 반작용이 있다. 악화는 양화를 구축한다 —등등이 있다.

악화는 양화를 구축한다는 것은 경제상의 원리인데, 이 원리는 또 인간관계의 원리로서도 맞는다. 집단 속에서 특히 개성이 강하고, 나쁜 인간이 있으면 좋은 인간은 이를 싫어하여 이 집단에서 떨어져 나가려고 한다.

이와 같이 경제와 인간관계는 얼핏보아 관계없는 일인 것처럼 생각되기 쉬우나 각각의 현상을 원리화 해 보면 거기에 공통성을 발견할 수 있어 한쪽의 원리가 다른 쪽의 원리로서도 통용되는 경우가 적지 않다.

이런 점에서 손자의 병법서(兵法書)에 씌어 있는 전술, 전략의 원리가 현대의 경영원리로서도 도움이 된다는 것을 알 수 있다. '지피지기(知彼知己)면 백전불태(百戰不殆)'라는 손자의 병법은 경영자나 관리자가 부하를 뜻대로 움직여 나가려 할 때 매우 참고가 된다.

부하란 것은 자기가 업무에 정통하다는 것을 상사에게 허세를 부리고, 짓궂은 질문을 상사에게 하여 상사가 대답하지 못하고 쩔쩔매면, 그만한 것도 모르느냐는 식으로 깔보고 대한다. 이러한 부하의 책략에 걸려든다면 상사 노릇하긴 틀렸다.

상사는 평소부터 부하의 장점과 단점을 잘 알고, 또 자기의 장점, 약점도 잘 알아서, 부하가 자기의 약점을 찌르며, '아니 그만한 것도 모릅니까?'하고 이쪽을 얕잡아 보면, '같은 일을 5년이나 6년씩 하고 있으면 상세히 알게 되는 건 당연해. 그런 걸 뽐낸대서야 자네도 아직 수양이 모자라는군'하고 가볍게 나무랄 정도의 일쯤은 해내야 한다. 즉, 자기의 약점으로 부하와 경쟁하는 어리석음을 피하고, 자기의 강점과 부하의 약점으로 부하와 승부한다.

부하라는 것은 어떤 일에는 오래 하고 있으므로 베테랑이지만 한 가지 일에 몰두하면 할수록 전문 바보가 되어, 세상 일을 모른다는 약점이 생기게 된다. 자기가 오랫동안 해온 일을 뽐낸다면 전문 바보가 아니고 무엇이겠는가?

이에 대하여 상사는 지금까지 여러 부서를 거쳐 와 세상을 알며, 시야도 넓고 정보도 많다. 더욱이 늘 높은 관점에서 사물을 생각할 수 있기 때문에 판단도 정확하다. 이런 강점으로 부하를 리드하면 '역시 과장에겐 맞설 수 없군'하고 한 수 접고 대하게 된다. 이 같은 부하 조종의 원리는 바로 손자의 병법에 있다는 것이다.

## 의미(意味)의 원리화란 무엇인가?

의미의 원리화란 것은, 그것의 의미란 무엇일까 하는 것을 추구하여 원리적인 것을 찾아내는 것이다. 가령 광고라는 것의 의미는 무엇일까 하고 생각해 보면, 이것은 대중에게 잘 알리고 호소하고, 선전하는 상품을 사달라는 것이 된다.

광고의 무엇인가 좋은 아이디어, 힌트가 없을까 하고 찾을 경우 어디에 모델을 구하면 좋은가 하면, 역시 광고와 비슷한 의미를 지니고 있는 것을 찾아 여기에서 힌트를 찾아내면 좋다는 것을 당연히 생각할 수 있다. 그래서 광고와 비슷한 의미를 가진 것을 찾아보면 신문이 이에 해당한다.

신문의 의미란 무엇인가? 이것은 역시 대중에게 뉴스를 알린다는 것이다. 광고와 신문에 공통되는 의미는 대중에게 널리 알린다는 점에 있음을 알 수 있다. 이것을 알면 신문에서 매우 주목받은 뉴스는 광고로 이용해도 효과가 있다는 것이며, 뉴스에서 광고 아이디어의 힌트를 이용할 수 있게 된다.

백화점의 화재에서 손님이 옥상으로부터 뛰어내렸다는 충격적인 뉴스가 주목을 끌었다면 뛰어내린다는 것이 광고 아이디어의 힌트가 된다. 그래서 헬리콥터로부터 가구를 바다 위에 떨어뜨려, 보는 사람을 깜짝 놀라게 하여, 또 가구가 부숴지지 않는 견고한 가구라는 것을 강하게 대중에게 인상지울 수가 있다. 실제로 이러한 텔레비전 CM으로 효과를 거두고 있는 가구 메이커가 있다.

아이디어를 낳으려는 경우 이것은 대체 어떤 의미일까 하고 의미를 원리화 해 보면 이와 비슷한 의미를 가진 것으로, 더구나 현실적으로 매우 잘 되고 있는 것으로부터 힌트를 파악할 수가 있다.

원리화의 요령은 이밖에도 여러 가지가 있는 셈인데, 어느 방법으로 당면한 문제를 잘 파내려가 잘 원리화 해 나가면 나갈수록 힌트를 활용할 수 있는 범위가 넓어져 멋진 아이디어, 혹은 문제 해결이 가능해진다. 그러므로 문제 해결력과 창조력을 풍부히 하기 위해서는 이 원리화의 요령을 터득하는 것이 절대적으로 필요하다 할 것이다.

# 문제를 숙고(熟考)하라

## 가장 중요한 문제를 알아내라

끊임없이 문제의식을 가지고 문제 해결에 활발하게 씨름하고 있는 사람이야말로 참으로 사는 보람을 느끼고 있는 사람이라 할 수 있다. 왜냐하면 우리는 문제의 해결을 통하여 자기실현을 할 수 있음과 동시에 문제를 잘 해결했을 때 해냈군 하는 달성감과 승리감을 맛볼 수 있게 되며, 이와 더불어 우리를 괴롭히던 콤플렉스가 무너져 가기 때문이다.

그러나 많은 사람들은 이처럼 문제의식을 가지고 문제 해결과 씨름한다고만은 할 수 없다. 왜냐하면 지금까지의 콤플렉스가 화근이 되어 문제의식을 가지려는 의욕을 갖지 못하게 하면, 또 문제를 해결할 수 있다는 자신도 지닐 수가 없기 때문이다. 그러나 우리의 잘못된 태도를 깨닫고 이 태도를 바꿀 수 있게 되면, 문제와 씨름하려는 의욕이 나온다. 나아가,

첫째, 능력이 높아진다.

둘째, 정세의 변화를 알 수 있다.

셋째, 앞날의 예측이 가능해진다.

그리하여 현상에 불만을 갖게 된다. 혹은 위기의식이 높아져 보다 좋은 상태를 바라게 되어 여러 가지 문제를 의식하게 된다.

이리하여 많은 문제가 보이게 되는데, 그때 중요한 것은 이러한 문제 중에서 무엇이 현재로 가장 중요한가, 어느 문제를 해결하는 일이 전체의 성과에 가장 크게 기여하는가를 알아내는 일이다.

## 중점적으로 손을 쓴다

경영자나 관리자는 항상 10가지, 20가지의 문제를 알고 있는 법이다. 그러나 이것을 모두 단번에 해결하려 해도 잘되는 게 아니다. 또 모든 문제가 똑같이 중요성을 지니고 있는 것이 아니라 오히려 중요한 것은 전체의 1, 2할에 불과하다. 그것은 파레토의 원리에 따르기 때문이다.

파레토의 원리라는 것은, 사회현상 가운데서 중요한 것은 전체의 1, 2할에 지나지 않는다는 법칙성이 작용한다는 것을 말한다.

예컨대 백화점에서 10만 가지의 상품을 팔고 있다고 하자. 그 상품 가운데서 매상 금액이 큰 것부터 리스트업해 나가 전체 매상의 8할을 차지하는 곳에서 커트해 보면, 상품 수는 전체의 2할에 해당하는 수가 많다. 즉, 약 2할의 상품으로 8할의 매상고를 차지하는 셈이다.

이것이 이른바 잘 팔리는 상품에 해당한다. 그래서 경영자로서는 약 2할의 잘 팔리는 상품이 무엇인가를 파악하여, 거기에 중점적으로 힘을 기울여 나가면 매상 효율은 아주 높아진다. 나머지 8할의 상품은 품목은 많지만 전체 매상에서 차지하는 비율은 2할 밖에 안 되는 셈이다.

사회현상에는 이 같은 법칙성이 작용하는 일이 많으므로 많은 것 가운데서 무엇이 중요한가를 정확히 알아내고, 1, 2할의 중요한 것을 찾아내 이것에다 중점적으로 힘을 기울일 수가 있으면, 가장 효율이 높은 일을 할 수가 있다.

경영자나 관리자는 항상 많은 문제를 안고 있지만, 이것을 모두 자기가 안고 잘 해내려 해도 잘 되는 게 아니다. 이런 방법을 쓰면 중요하지 않은 문제 쪽이 건수가 많으므로 이에 현혹되어 뛰어 돌아다니는 동안에 중요한 문제를 못보고 놓쳐 엉뚱한 실패를 하게 된다.

늘 바쁘게 돌아다니는 사람이 이런 방법을 쓰는 사람이 많다. 그들에게 있어 중요한 것은 많은 문제 가운데서,

첫째, 지금 가장 중요한 것은 무엇인가?

둘째, 지금 잘 처리하면 전체의 성과에 가장 기여하는 문제는 무엇인가?

하는 것을 간파하여 이에 대해 중점적으로 손을 쓰는 일이다.

## 문제의 종류에도 주의하자

많은 문제 가운데서 무엇이 가장 중요한 문제인가를 파악하기 위해서는, 평소부터 자기의 일에 관련하여 넓은 시야에서 정보를 잘 파악하고 있을 필요가 있다.

정보를 수집하는 방법이 좋은 분야에 한정되어 있으면, 가장 중요한 문제가 있음에도 불구하고 이를 알아차리지 못한다.

눈앞에 있는 문제가 중요하다고 속단하여 효율이 나쁜 일을 해버리는 일이 적지 않다. 더욱이 문제를 정확하게 파악하기 위해서는, 어떤 종류의 문제가 있는가 하는 것을 잘 알고 있을 필요가 있다. 그래서 문제를 종류별로 들어 보면,

첫째, 일상적인 문제(두우틴 프로블렘) ─ 이것은 기대되는 목표와 현실과의 차이가 생겼을 때 거기에 무엇인가 문제가 있는 게 아닐까 하고 문제를 의식하는 경우이다.

예컨대 이번 달의 생산목표, 판매목표, 판매이익 등에 대하여 실적이 10~20% 떨어진 경우, 무엇이 원인으로 생산이 떨어졌는가, 판매 성적이 오르지 않았는가 하는 문제의식을 가지고 원인을 탐구한다는 경우이다.

둘째, 찾는 문제(루크 프로블렘) ─ 이것은 날아 든 정보 가운데서 수상하다, 이상하다는 것을 느껴 문제의식을 가지는 경우이다. 거래처의 담당자가 잘 바뀐다. 그래서 이상하군 하고 생각하여 거래처를 조사해 보았더니 업적 부진 때문에 그만두는 사원이 많다는 것을 알았다. 그래서 중요한 계약을 취소하고 위험을 미연에 방지한 경우 따위는 이에 해당한다. 또 부하가 최근 업무상의 미스가 많다. 또 지각이 잦아서 이상하다 하고 조사해 보았더니 회사의 돈을 써서 경마 같은 도박에 열을 올리고 있었다는 사실을 알아낸 일도 있다.

셋째, 만드는 문제(메이크 프로불렘) ─ 현대와 같이 제품의 라이

프 사이클이 짧아지면 기업으로서는 신제품 개발을 많이 해나가지 않으면 안 된다. 혹은 신사업 개발에 나서지 않으면 안 된다. 이리하여 늘 새로운 문제를 만들어 이에 도전해 나가는 것이 이에 해당된다.

이와 같은 여러 분야의 문제를 정확하게 파악하여, 그것 중에서 무엇이 현재 가장 중요한가를 꿰뚫어 보고, 중점적으로 손을 쓸 필요가 있는 것이다.

# 정보수집의 센스를 길러라

## 정보에 대한 센스를 닦아라

문제의식을 가진 경우 그 문제를 잘 해결할 수 있나 없나는 정보 수집력 여하에 따른다. 뛰어난 경영자는 무엇인가 문제에 부딪혔을 경우 이 문제를 해결하는 데 필요한 정보는 어디에 있는가를 아주 잘 알고 있다.

그것은 평소부터 정보를 구하러 뛰어다니는 훈련을 잘하고 있으며, 정보에 대한 센스가 매우 예민해져 있기 때문이다.

마쓰시타 고노스케 회장은 회사에서 신제품을 개발하려는 경우, 간부들이 책상 앞에 둘러앉아 이것저것 토의하고 있을 때, 자신은 도매상이나 소매점에 달려가 주인과 여러 가지로 상의했다고 한다. 이번에 이런 상품을 기획하고 있는데 팔릴 것이라 생각하는지요, 어떤 결점이 있다고 생각합니까 등 여러 가지로 물어본다.

점주는 늘 손님과 접촉하고 있으므로 손님의 기분을 잘 알기 때문에 여러 가지 충고나 조언을 해준다. 마쓰시타 회장은 이 의견을 듣고 회사로 돌아와 계속 토의하고 있는 직원들에게 아주 적절한 조언을 해 주었다고 한다.

뛰어난 신문기자란, 늘 뉴스원을 찾아 뛰어다니고 있으므로 뉴스에 대한 센스가 차차 발달하여 시행착오는 있어도 점점 필요한 뉴스원에 접근할 수가 있는 것이다.

정보를 구하여 일상 올바른 훈련을 하고 있으면, 점점 정보에 대한 센스가 발달하여 필요한 정보를 정확하게 파악해 나갈 수 있게 된다. 그러면 평소에 어떤 훈련을 하면 좋은가?

## 정보 감각을 닦는 훈련방식

컴퓨터 세계 제1위인 IBM에서는 사원들에게 사고력을 길러 주기 위한 훈련을 하는 회사로서 유명한데, 딩크(생각하라), 딩크(생각하라), 딩크(생각하라)를 모토로 삼고 있다. 이 IBM의 방식을 받아들여 정보감각(정보 감수성)을 연마하기 위해 다음과 같은 훈련방식을 권하고 싶다.

1. 본다
2. 듣는다
3. 읽는다
4. 토론한다
5. 생각한다
6. 체험한다

## 보는 훈련

첫째의 보는 훈련이란 것은, 우리들은 눈으로 보고 정보를 캐치하는 경우가 가장 많으므로, 이 보는 감각을 철저히 훈련한다고 한다.

옛날 파리에 도둑학교라는 것도 있었다고 하는데, 이 학교에서는 도둑 후보생들에게 이 보는 훈련을 철저히 시켰다고 한다. 후보생들을 거지로 변장시켜 여러 집의 주위를 배회하게 한다. 집 안을 들여다보거나 안에 들어가거나 하여 전체 저택의 구도를 보고 외우게 하여, 돌아와서 집의 겨냥도를 만들도록 한다.

후보생들은 올바른 그 방도를 만들기 위해 집을 들여다보았을 때, 한눈에 그 구조를 외우려고 시각을 바늘처럼 예민하게 하여 자기 눈에 찍히도록 훈련한다.

인간의 감각이라는 것은 진지할수록 예민해진다. 이리하여 본 것을 절대로 외운다는 진지한 훈련이 정확한 그 방도를 만드는데 도움이 되었다.

프랑스의 마술사인 호우진씨는 역시 보는 훈련을 하기 위하여, 자기가 지나는 점포의 쇼윈도우 속에 있는 상품을 외우도록 했다. 쇼윈도우 앞을 지나가는 극히 짧은 시간에 진열해 놓은 상품들을 외워 나간다. 이를 위해서는 시각을 최고도로 집중했다. 이러한 훈련에 의해 시각의 감수성이 예민해진다.

소매점의 점원이 보는 훈련을 하는 데는 잘 팔리는 모델 점포를 찾아내어 이 점포의 물건 구색과 진열·전시의 방법 등을 잘 관찰시켜 이것을 회사에 돌아와서 보고 외운 것을 적게 한다. 이러한 훈련을 통하여 보는 감각은 예민해진다.

특히 보는 훈련을 하는 경우 중요한 것은, 주의력과 의지력을 작용시켜 요점을 파악하고 회상시키는 훈련을 한다는 것이다.

이 같은 훈련에 의해 여러 가지의 정보 요점이나 기능이 정확하게 파악되고, 이것을 자기의 문제의식에 결합시킴으로써 문제해결이 가능해지거나 좋은 아이디어가 생겨나게 된다.

### 듣는 훈련

듣는 훈련이란, 우리가 직장에서 상사로부터 명령이나 지시를 듣거나, 회의석상에서 중요 문제를 듣는다. 혹은 사내 연수로 여러 가지 것을 배울 경우에 그 요점을 잘 외우고, 자기의 문제의식에 결합시켜 나가는 훈련을 하는 것이다.

눈은 요점을 그 자리에서 외우는 훈련을 함으로써 청각이 매우 예민해지고, 또 들으면서 그 요점을 문제의식에 결합시킴으로써 문제가 해결되거나 좋은 아이디어가 생기는 일이 많아진다.

특히 중요한 정보를 취하라는 경우에는, 그러한 정보를 가지고 있다고 생각되는 사람에게 뛰어가 필요한 정보를 캐내는 일이 매우 중요해진다. 이러한 능력을 몸에 붙이기 위해서는 세일즈맨이 잘 하는 뛰어들기의 기술이 필요하다.

별안간 뛰어들어 필요한 말을 들으려 해도 상대는 안면이 없는 사람에게 중요한 것을 이야기해 주지 않는다. 어쩌면 냉랭한 태도로 내쫓으려는 사람도 적지 않을 것이다.

이러한 상대로부터 필요한 것을 얻어 들으려면 은근하게, 또 끈질기게 처음에는 보기좋게 내쫓김을 당해도 몇 번이나 뛰어들어가 끝내 상대방이 손을 들 만한 열성이 필요하다. 이리하여 거절당하거나 냉랭하게 대하거나 간에 이에 지지 않고 듣고 싶은 것을 듣는 세일즈맨적 정신이 필요하다.

우수한 정보력을 몸에 붙이기 위해서는 이러한 노력이 필요한 것이다. 보고, 듣고, 읽는 정보에 바탕을 두고 모두 모여 테마를 정하여 토론하는 일도 참으로 중요하다. 더욱이 오늘날에는 이러한 읽는 정보가 매우 많으므로, 많은 인쇄물 속에서 필요한 정보를 캐치해 나가기 위해서는 역시 시각정보를 예민하게 하여, 읽은 것의 요점을 잘 파악하고 이를 문제의식에 결합해 나가는 훈련이 중요하다.

## 사고(思考)하는 훈련

생각하는 것이 마지막 쪽에 놓여 있지만 이것은 결코 마지막에 가서 생각하면 된다는 의미는 아니다. 보고, 듣고, 읽는다는 일을 한 다음, 새로이 캐치한 정보를 바탕으로 하여 생각할 필요가 있으며, 또 토론하기 전에도 충분히 잘 생각하여 생각을 간추려 둘 필요가 있다.

토론의 효과가 올라가는가 어떤가도 각기 정보를 바탕으로 하여, 얼마만큼 생각을 잘 간추렸느냐에 따르는 것이 많다. 하기야 생각한다 해도 그냥 막연히 생각해서는 성과가 오르지 않는다. 사고방법의 성과를 거두기 위한 룰이 있다.

1. 뚜렷한 문제의식을 가질 것.

2. 문제의식에는 문제 해결력을 필요로 하는 것과 창조력을 필요로 하는 것이 있다는 것.

3. 문제를 해결하기 위해서는 시스템적인 두뇌 작용법을 주로 할 것.

4. 창조성을 발휘하기 위해서는 확산적인 두뇌 작용을 주로 할 것.

5. 문제 해결 또는 창조성을 발휘하기 위해 필요한 정보(힌트)를 모을 것.

6. 문제 해결 또는 창조성을 발휘하기 쉽게 하려면, 문제를 되도록 파내리고 원리화 하여 파악하도록 할 것.

7. 문제의 원리화를 잘하면 많은 힌트를 이용할 수 있게 되어 문제 해결 혹은 아이디어가 빨리 나오게 된다는 것.

이러한 룰에 따라 생각해나가면 사고의 성과가 오르고, 문제 해결이 빨라져 멋진 아이디어를 낳게 된다.

또 체험한다는 것은, 여러 가지 문제 혹은 혁신에 도전하여 스스로 고생하고, 어떤 경우에는 곤경에 놓여 이를 극복해 나가지 않으면 안 된다는 체험을 해보는 일이다. 이러한 체험을 통하여 인간은 진지해지며 보는 것, 듣는 것, 읽는 것, 토론하는 것, 생각하는 것의 중요함을 알고, 또 이러한 감각을 예민하게 한다.

스스로 아무것도 하지 않고 다만 책상 위에서 읽거나 생각할 따름이라면 이러한 감각은 갈고 닦히지 않는다. 필요성을 느끼고 노력했을 때, 인간은 가장 잘 진보하며 감각은 갈고 닦인다. 이를 위해서는 여러 가지로 체험해 보는 것이 가장 중요하다.

마쓰시타 고노스케 회장이나 혼다 소오이치로오 회장 등이 멋지게 능력을 발전시켜 나갈 수 있었던 것도 젊었을 때의 실패 경험이나 한계의 도전 등의 극한적인 체험의 선물이라고 할 수 있다.

자기의 능력을 향상시키려는 사람 또한 되도록 문제에 도전하고, 자기의 한계에 도전하여 극한적인 체험 가운데서 시각과 청각·사고력을 연마해 나가는 훈련이 중요하다 할 것이다.

## 전체 정보를 파악하라

문제에 부딪혀 이에 필요한 정보를 모을 수 있게 되는 데는 평소부터 정보 수집의 훈련이 필요하다. 그 훈련의 방법으로서는 먼저 필요한 정보를 넓은 시야에서 폭넓게 모으는 것이 중요하다. 특히 중요한 정보를 중점적으로 모은다.

정보를 모으는 법이 처음부터 중점적이고, 특히 중요한 정보만 모으고 있다고 생각하고 있으면, 그 정보가 전체 속에서 어떠한 의미를 갖고 있느냐를 잘 모르게 되거나 판단을 잘못하기 쉽다.

볼링은 5~6년 전까지만 해도 일본과 한국에서는 붐이었으나 전 세계적으로 이 업계의 상황을 파악했을 경우, 미국을 비롯한 다른 지역에서는 사양(斜陽)의 조짐이 나타나고 있었다. 그러나 전 세계적인 관점에서 정보를 얻으려 하지 않고, 일본의 일부 정보밖에 얻지 못한 것에서는 볼링장의 설치에 발을 내디디었다.

그리하여 볼링장이 완성될 무렵부터 점차 손님의 발길이 끊어지기 시작하여 극심한 타격을 받기에 이르렀다.

전체 정보를 파악하고 있으면, 미국 등에서 사양화 하고 있는 상황을 파악할 수 있겠으므로 설령 일본은 붐이었어도 조만간 사양화 할 우려가 있을지도 모른다고, 설치를 다시 생각해 볼 수가 있었을지도 모르는데, 부분 정보밖에 취하지 않았으므로 판단을 잘못하여 실패해버렸다.

이 중점적으로 모은 정보가 어떤 의미를 지니고 있는가는 전체 속에서 파악해 보면 비로소 잘 이해될 수 있다. 더욱이 올바른 판단이 가능해진다. 그래서 2단계의 정보 파악법이 필요해지는 것이다.

정보를 모으는 방법으로는 첫째, 정기적 루트와 둘째, 취재 루트가 있으며, 사내(社內) 루트와 사외(社外) 루트가 있다.

정기적 루트란, 책상 위에 저절로 모이도록 미리 정보의 루트를 열어두는 것을 말하며, 신문·잡지·단행본·조사원본, ·기관지·정보지 등이다.

이것들은 미리 예약해 두어 이것이 입수되는 길을 열어 둘 필요가 있는데, 한번 결정했으면 그것으로 괜찮다는 것이 아니다. 현대와 같이 변화의 속도가 격심한 시대에는 이 루트를 일정기간마다 갱신할 필요가 있다.

가장 좋은 정보가 어디에 있는지 모르므로 평소부터 좋은 정보를 구하여, 늘 조사하고 좋은 정보 루트를 계속 개척할 필요가 있다.

취재 루트라는 것은 스스로 나가서 귀로 확인해 오는 정보망을 말한다. 여기에는 사내 루트와 사외 루트가 있다. 사내 루트라는 것은, 회사 내의 여러 부서로 나가서 스스로 정보를 취한다.

공장의 현장으로 나가서 일하고 있는 사람의 소리를 듣거나, 판매의 제1선에 가서 판매 상황을 직접 눈으로 확인하거나 혹은 조사, 섭외 부문 등 예사로 보아 넘기기 쉬운 곳에서 중요한 정보를 얻는 수도 있다.

경영자나 관리자쯤 되면 평소 부하로부터 보고받는 정보를 중심으로 생각하고 판단하기 쉬운데, 어떻든 아래로부터의 정보란 것은 좋지 않은 정보는 올라오지 않고, 좋은 정보밖에 알려지지 않는다는 경우가 많다.

그 때문에 아래로부터의 정보에만 의지하고 있으면, 현실로부터 떠올라 엉뚱한 판단착오를 해버리는 경우가 적지 않다. 이런 일이 없도록 하기 위해서는, 필요한 정보는 자기 눈으로 확인할 필요가 있다.

또 사내 정보를 잘 체크해 두지 않으면, 자기 회사의 실정을 모르고 계획을 세우거나 행동하게 되어 엉뚱한 실패를 하는 수가 있다. 그래서 사내의 각 부문의 중요 정보원이라는 것을 끊임없이 개척하고, 이러한 정보원에 나가 스스로 정보를 얻는 일이 절대로 필요해진다.


## 자기 눈으로 확인하라

사회 루트란 것은, 회사 밖의 정보원으로부터 정보를 끊임없이 취재하기 위해 미리 정보 루트를 만들어 두는 것을 말한다. 평소 자기 손에 모이는 사외 정보는 정기 루트에 의한 것이 많다.

정기 루트에 의한 정보의 대부분은 인쇄된 것이지만, 정보가 활자로 인쇄되어 버리면 현실로부터의 이탈현상이 일어난다. 이 것은 신문이나 잡지의 뉴스에서 흔히 일어나는 일인데, 뉴스로 다룰 경우 이것을 취재하는 사람의 주관이나 가치판단, 편견이 생기기 쉽다. 그 때문에 있는 그대로의 현실로부터 떨어져 나가 버린다.

저자도 일찍이 신문기자를 한 덕이 있어서 자주 뉴스 취재를 했는데, 다른 신문에서 다루어진 특종기사를 바탕으로 하여 취재를 해보면 참으로 이런 사실을 잘 알 수 있다.

현실은 뉴스에 씌인 것과는 많이 다르거나 전혀 과장되어 쓰이 거나 하여 틀린다. 주관이 너무 강하거나 편견으로 씌어 있다. 현 실은 한 발이나 두 발이나 앞서 있는데, 예측을 잘못하는 등 얼마나 현실과는 다른가 하는 것을 아는 일이 많았다. 그러므로 활자의 뉴스를 중심으로 정보에 접하고 있는 사람은, 점점 현실에서 떨어지는 수가 있다는 것을 잘 알아두지 않으면 엉뚱한 잘못을 저지르게 된다.

또한 부하로부터 올라오는 정보에 의지하고 있는 사람도 앞에서 말한 바와 같이 나쁜 정보는 알려지지 않고, 좋은 정보만 알려지므로 이것 또한 현실로부터 유리(遊離)되게 된다. 더욱이 부하로부터의 정보는 부하의 판단에 의해 왜곡되는 경우도 적지 않으므로 이로써도 정보의 비뚤어짐이 생긴다.

이처럼 활자 정보나 아래로부터의 정보에 의지하고 있으면, 점점 현실로부터 떨어져 현실을 모르게 되므로 현실과의 어긋남을 없애기 위해서는 중요한 정보는, 자신이 나가서 자기 눈으로 확인하는 것이 절대 필요하다. 그러므로 사회 루트를 열어 둘 것이 필요한 것이다.

사외의 어디에 어떤 중요한 정보가 있는가는 스스로 늘 사외에 뛰어나가 여러 인물, 조사기관, 회사, 연구소, 관청, 회의소 등에서 부딪쳐 봄으로써 점점 알게 된다. 물론 한번 하면 되는 게 아니라 유력한 정보원은 무한히 있다고 생각하여, 끊임없이 루트의 갱신을 꾀할 필요가 있다.

그렇게 함으로써 정보 취재에 대한 센스가 연마되어, 여러 가지 문제에 당면했을 때 이에 필요한 정보는 어디에 있는가의 센스가 작용하여 정확한 정보 취재를 할 수 있게 된다.

## 과거의 정보에 휘둘리지 않는다

당면한 문제를 해결하기 위해 혹은 창조력을 발휘해 나가기 위해서는 이에 필요한 정보를 파악할 필요가 있는데, 그때 어떤 정보를 파악하면 좋은가가 문제가 된다. 그래서 어떤 정보를 파악하면 좋은가를 생각해 볼 경우 다음과 같은 점을 생각해야 한다.

첫째, 과거 정보에 얽매이지 말라―지금까지 어떤 방법으로 했더니 잘 됐는가를 생각해 본다. 이 경우에는 과거에 잘 되었을 때의 정보를 찾게 된다(과거 정보). 그러나 현재와 같이 변화의 속도가 빠른 시대에는 과거에 잘 된 방법으로는 도리어 잘 안될 때도 있다. 그럴 때엔 현재 어떤 방법이면 잘 될까 하고 잘될 것 같은 정보를 찾는다(현재 정보). 그러나 오늘날과 같이 변화의 속도가 빠르면 현재 잘 돼가는 방법을 취해 보아도 이미 뒤늦은 경우가 적지 않다. 이런 경우에는 앞으로 어떤 방법이면 잘될 것인가 하고 미국, 유럽 등 선진국의 예를 참고로 하여 장래의 정보를 찾는다(미래 정보).

이와 같이 정보를 시간적으로 파악하여 과거 정보, 현재 정보, 미래 정보 중에서 필요한 정보를 모은다. 정보를 시간적으로 파악하여 활용할 경우에 자칫하면 인간은 과거의 정보에 무게를 놓기 싫다는 결점에 주의해야 한다.

마루젠 석유회사의 사장이었던 와다씨가 사장에 취임하고 나서도 과감한 판매정책을 취하여 실패하고 끝내 책임을 지고 퇴진한 예가 있었는데, 와다씨는 원래 판매 담당의 상무로서 그 무렵 과감한 판매정책을 취하고 이것이 주효하여 매상이 90배로 신장하였다.

와다씨는 이 공적으로 사장에 발탁되었지만 사장이 되고서도 이 과감한 판매정책을 잊을 수가 없어서 여전히 적극적인 판매정책을 취해 나갔다. 그러나 1960년 경부터 정세가 완전히 바뀌어 견실한 판매정책을 필요로 했었는데도 불구하고 판매정책을 바꾸지 못하고 적극적으로 밀고 나갔기 때문에 손쓰는 정책마다 잘못되어 이익들을 저하시켜 끝내 물러나지 않으면 안 되게 되었다.

인간은 자기가 잘했을 때의 체험을 잊지 못하고 언제까지나 잘 되었을 때의 체험이나 정보(과거 정보)를 바탕으로 하여 일을 추진하여 결국에는 비참한 실패를 하게 되는 것이다.

둘째, 모델 정보를 활용한다 - 자기가 당면하는 문제를 잘 해결해 나가려는 경우에는 자기와 같은 일을 하여 성공한 예 즉, 모델을 찾아서 이 모델을 분석해 성공하기 위한 힌트를 찾아 나간다는 것은 참으로 효율적인 방법이다.

이 방법은, 앞에서 말한 '등가변환이론'의 요령이다. 이러한 정보를 가리켜 '모델정보'라고 한다. 그러나 모델정보를 이용할 경우 주의하지 않으면 안 될 것은 잘된 모델을 그대로 본뜨면 오히려 실패한다는 것이다.

셋째, 중요 사실의 정보를 모르면 실패한다 - 자기가 당면한 문제를 잘 해결하려고 할 경우 아무래도 해결방법을 잘 알고 있지 않으면 안 될 경우가 많다. 이것을 알고 있으면 잘돼 나갈 것이고 이를 잘 모르고 하면 엉뚱한 실패를 하는 수가 있다. 이것을 '중요사실 정보'라 한다.

주니치 스타디움이라는 회사가 부동산 사업에 나서서 자금확보에 실패하여 도산한 사건이 있었는데, 부동산 사업이라는 것은 여우와 너구리의 속이고 속는 수작과 같아서 파는 쪽이나 사는 쪽이나 상대를 속여 돈벌이를 해보자는 경우가 많아서 여러 가지 속임수가 있다.

이 같은 사실에 정통하지 못한 스타디움 경영이라는 단순한 사업에 종사한 자가 부동산 사업에 손대면 대단히 위험하다고 할 수 있다.

어떠한 문제에 당면한 경우라도, 이 문제를 잘 해내기 위하여 혹은 실패를 피하기 위해서는 어떤 것을 알고 있어야 하는가 하는 이 '중요사실'을 전문가 등으로부터 잘 들어 둘 필요가 있다.

넷째, 원리정보를 활용한다―여러 분야의 일에는 그 분야의 전문가가 연구하여 찾아낸 원리라는 것이 대개 있다. 이 원리를 알고 잘 활용해 나가면 문제 해결이 대단히 빨라진다.수학이나 물리의 문제를 푸는 데 공식을 응용하는 것과 같다. 어느 공식을 활용하면 좋은가를 알면 아주 빨리 문제가 풀린다. 반대로 공식을 모르거나 깨닫지 못하고 자기 힘으로 풀려 해도 잘 풀리는 게 아니다.

전국에 약국 체인점을 개설하고 있는 히구치라는 일본 회사가 있는데 이 경영자인 히구치 사장은 제2차 세계대전 후 중국에서 귀국하여 오오사카에서 처음 약국문을 열었다.

먹을 것도 먹지도 않고 돈을 모아 새로이 작은 점포를 근처에 2개나 오픈하였다. 모두 작은 점포뿐이었으므로 저렇게 작은 점포로서는 어차피 길게 가지 못할 거라고 그를 아는 업자들은 모두 비웃었다.

왜냐하면 상점은 매장 면적이 넓지 않으면 많은 상품을 놓지 못하며, 상품량이 적으면 물건이 떨어지는 게 많아져, 손님은 구매력을 느끼지 못한다는 경향이 있기 때문이다.

히구치 사장은 작은 점포라도 어떻게든 발전시킬 만한 원리는 없을까 하고 열심히 생각하다가 문득 자기가 전쟁중에 중국에서 전투했을 때의 일을 생각해냈다. 전투에서는 점(點)을 점령하면 약하지만 면(面)을 점령하면 강하다는 전술의 원리였다.

어떤 한 점을 점령했을 경우에는 적에게 다시 공격받아 깨어지는 수가 많다. 그러나 3지점을 점령한다는 식으로 면을 점령하고 있을 경우에는 한 지점이 공격당해도 다른 지점으로부터 지원하려 달려올 수 있으므로 잘 점령되지 않는다.

이 전술의 원리를 생각하여 면 점령의 원리를 약국 경영에 응용하기로 했다. 근처에 3개의 점포가 생겼으므로, 이를 둘러싸는 삼각형의 면은 자기 점포의 판매 세어로서 점령할 수 있는 것이다.

한 점포에서 선전하면, 그 선전 효과는 다른 두 점포에도 파급되어 손님이 사러온다. 한 점포에서 물건이 부족했을 경우에는 가까이에 있는 점포의 상품을 가져와 곧 메울 수가 있다.

이렇게 해나가면, 3점포가 협력하여 아주 강한 점포가 형성된다. 그래서 또 가까운 곳에 2개의 점포를 만들어 면을 점령해 나간다는 방법으로, 점점 점포를 확장시켜 나갈 수가 있었다. 이것은 전술의 원리를 경영의 원리에 응용하여 멋지게 성공시킨 예이다.

# 문제 해결력을 단련하라

## 두뇌 활용법의 기본

우리의 능력을 높여가려는 경우 머리의 활용법에 두 가지가 있다. 그것은 첫째는 문제 해결력이고, 둘째는 창조력이다. 문제 해결력은 우리가 일상적으로 당면하는 여러 가지 문제, 예를 들면,

1. 자기의 능력을 늘리는 데는 어떤 훈련을 해나가면 좋은가?
2. 실패했을 경우 어떻게 위기를 극복하는가, 성공하는 데는 어떻게 하면 좋은가?
3. 어려운 과제나 충격에 당면했을 경우, 이를 어떻게 해결해 나갈 것인가?
4. 역경에 놓였을 경우, 자기의 능력을 어떻게 뻗어나가 극복하면 좋은가?
5. 지금 당면하고 있는 문제를 어떻게 해결해 나가면 좋은가?

등에 대하여 두뇌를 활용하여 이를 해결해 나갈 수 있으면 우리의 능력은 어떤 위기에 놓여도 확실히 향상시킬 수가 있는 것이다.

이러한 문제 해결력인 두뇌 활용법은 시스템 사고(思考)가 중심이 된다(창조적 사고가 필요해질 경우도 적지 않지만). 시스템 사고

라는 것은 지금까지 배운 것을 생각해 내고, 이것들을 지금까지 대로의 사고법을 써서 종합하여 문제를 풀어 나가려는 것이다.

시스템 사고를 잘하는 사람은 학교 성적이 좋고, 이른바 수재형이다. 학교에서 배우는 것을 잘 공부하고, 문제에 부딪혔을 경우 배운 것(정보)를 기억해 내어 생각해 낸 정보를 여러 가지로 짜 맞추어 문제를 풀어 나간다.

이 같은 방법은 수학 문제를 푸는 경우 등에 가장 전형적으로 볼 수 있다. 수학 문제를 풀려면,

첫째, 과거에 배운 공식(원리 정보) 가운데서 이 문제를 푸는데 도움이 될 만한 것을 생각해 내려고 한다.

둘째, 이 문제와 아주 비슷한 문제(모델 정보)를 과거에 배운 일이 있나 없나를 생각해 내고, 만일 그런 문제를 찾아내면 그 문제 속에서 현재의 문제를 푸는 힌트를 찾아내려고 한다.

셋째, 이 문제와 비슷하지 않아도 이 문제를 푸는데 필요한 일(중요사실)을 배운 일이 있나 없나를 생각해 본다. 만일 그러한 힌트를 찾아내면 이를 실마리로 문제를 푸는 키를 찾아 나간다.

이 방법은 과거 정보를 중심으로,

첫째, 원리정보

둘째, 모델정보

셋째, 중요사실 정보를 모으는 일을 하며, 모은 정보를 여러 가지로 짜맞추어서(대개 과거에 배운 방법으로 짜맞추어 나간다. 그러므로 과거에 잘 공부해 두면 이를 잘해낼 수가 있다) 문제를 푸는 것이다.

그러나 과거 정보만으로는 아무래도 문제를 풀 수 없는 경우도

있다. 특히 현재와 같이 변화의 속도가 심한 시대에는 점점 상황이 변하고, 진보하기도 함으로 새로운 문제는 과거 정보로써는 풀 수가 없다. 오히려 과거 정보만으로 풀려면 잘못되는 수가 적지 않다. 이러한 경우에는 현재 정보를 모을 필요가 생긴다. 현재 정보로서는 역시,

1. 원리정보
2. 모델정보
3. 중요사실 정보가 중심이 된다.

현재 정보로써도 여전히 풀 수 없다는 경우에는, 또 미래 정보가 필요해지는 경우도 없는 것은 아니나 문제 해결의 경우에는 대개 과거 정보, 현재 정보로써 풀리는 수가 많으며, 사고(思考)의 방법은 지금까지 배운 사고방식이 중심이 된다. 그 때문에 과거에 공부를 잘한 수재형의 장기(長技)가 된다.

문제 해결에는 지금까지 배운 사고방식이 중심이 되었다. 우리가 일찍이 수학을 배웠을 때 어떻게 배웠느냐를 생각해 보면 잘 알 수 있다. 교과서로 수학을 배울 경우,

첫째, 처음 배우는 것은 정의와 공식이다. 정의와 공식은 원리정보에 해당되는 것이다. 그러므로 먼저 이를 충분히 이해할 필요가 있다.

둘째, 다음에 배우는 것은 정의와 공식의 이해를 깊게 하는 일과 이의 사용법이다. 이를 배우기 위해 정의와 공식의 끝에는 반드시 예제라는 것이 붙어 있다.

이 예제를 푸는 데는 배운 정의와 공식을 끼어 맞추어야만 풀수 있다. 몇몇 예제를 푸는 가운데 정의와 공식의 사용법을 잘 알게 되며, 정의와 공식의 이해도 깊어진다.

이 예제라는 것은 모델정보의 구실을 하게 된다. 장래에 새로운 문제에 부딪혀 이를 풀지 않으면 안 될 때, 이 문제가 일찌기 배운 예제와 아주 비슷하다는 것을 알게 되면 정의와 공식이 생각나서 문제가 풀리게 된다.

셋째, 정의와 공식은 계속 새로운 것을 배워나가게 되는데, 그 중간에 응용문제를 풀어야 한다. 응용문제라는 것은 지금까지 배운 정의와 공식, 혹은 여태까지 배운 중요한 지식(중요사실 정보)을 몇 개 짜맞추어 비로소 풀만한 문제이다.

이와 같은 응용문제를 푸는 훈련을 함으로써 과거에 배운 정의와 공식, 지식 가운데에서 이 문제를 푸는 데 필요한 것(원리정보), 모델정보, 중요사실 정보를 생각해 내고, 이것을 짜맞추어 문제를 푸는 시스템적인 두뇌작용이 단련되어 간다. 시스템적 두뇌 활용이라는 것은 대체로 지금까지 배운 방법으로 머리를 쓰는 것을 말한다.

이 방법을 대뇌생리학적으로 관찰하면, 지금까지 배운 원리정보, 모델정보, 중요사실 정보가 대뇌 신경세포 속에 기억되어 있어 문제를 풀려는 때 필요에 따라 이것들 가운데의 관련 정보가 생각나 짜맞춘다는 식으로 된다.

이러한 대뇌 신경세포의 네트워크는 지금까지 배운대로 되기 쉬우며, 이런 의미에서 두뇌 활용은 시스템적이라고 할 수 있다.

## 문제 해결력을 작용시키기 위하여

우리는 일상적으로 여러 가지 문제에 당면하는데, 그 문제를 어떻게 잘 해결해 나가는가? 이를 위해서는 문제 해결력의 원리를 잘 응용해 나가면 가장 효율적인 결과를 얻을 수가 있다. 그래서 다음에 그 운용 예를 제시해 본다.

비즈니스맨에게 잘 일어나는 문제는 생산이 저하한 경우 어떻게 생산성을 높이는가, 또는 판매 성적이 올라가지 않을 경우 어떻게 판매 성적을 향상시키는가 하는 따위이다. 이 경우에 어떻게 문제 해결력을 작용시키는가가 문제인데, 우선 필요한 것은 생산이 떨어진 원인과 판매가 늘어나지 않는 이유를 정확하게 파악하는 일이다. 이를 위해서는,

첫째, 원리정보

둘째, 중요사실 정보

셋째, 모델정보에 비추어 원인을 알아낸다.

원리정보에 의해 원인을 알아낸다는 것은 생산이나 판매의 성적을 올리기 위한 원리나 기본을 잘 조사하여 원리나 기본에 비추어 보아 잘못된 방법을 하고 있지 않은가를 잘 검토하고 거기에서 결함이나 약점을 파악하는 방법이다.

그런데 이 원리정보는 과거의 것만으로는 불충분하며 생산, 판매 사정은 눈부시게 변하고 있으므로 현재의 새로운 원리정보를 잘 배워(학자, 전문가, 텍스트 등에서) 이에 비추어 결함을 파악할 필요가 있다.

또 한 가지 중요한 것은 중요사실 정보를 정확하게 파악하여 이에 비추어 원인을 파악해야 한다는 것이다. 생산이 저하하거나 판매 성적이 오르지 않은 것은 무엇인가 중요한 점에 대해 잘 안 되고 있기 때문인 경우가 많은데 경영자, 관리자는 뜻밖에도 이런 사실을 모른다. 그래서 잘 안된 채 방치되므로 성적이 오르지 않을 경우가 많다. 이것은 직장의 중요 사실에 대해 무지하기 때문이다.

특히 판매라는 경우에는 사내만의 문제가 아니라 정세의 변화, 경쟁 회사의 동정, 손님의 동향 등 여러 가지 복잡한 요인이 있으며, 이것들 중에 어느 것인가에 대한 대책을 잘못한 경우도 적지 않다.

요컨대 판매 성적이 오르지 않는 중요사실에 대해 무지하므로 성적이 올라가지 않는다. 그래서 경영자, 관리자는 중요사실에 대하여 충분히 조사하고 그 원인을 알아낼 필요가 있다.

판매 성적이 올라가지 않는 중요 사실로서 곧잘 문제가 되는 것은,

첫째, 유력한 경쟁 회사가 진출했기 때문에

둘째, 유행이 바뀌었기 때문에

셋째, 손님의 욕구를 정확하게 파악하지 못한 까닭에

넷째, 광고, 선전 방법이 서투르기 때문에

다섯째, 영업 담당자의 의욕이 저하해 있기 때문에

등이 있다. 그래서 자기 회사의 경우에는 어느 것이 문제일까? 여러 가지로 들 수 있는 중요 사실 가운데서 가장 중요한 것을

파악할 수 있지 않으면 안 된다.

그래도 원인을 잘알 수 없는 경우에는 모델 정보를 찾아내어 이것과 비교함으로써 원인을 파악한다는 방법은 효과가 있다. 모델정보의 활용이라는 것은 자기 회사와 같은 것을 생산 또는 판매하여 많은 성과를 올리고 있는 타사의 방법을 잘 분석하여 이것과 비교해 보고 자사의 결점을 알아내는 방법이다.

다음에는 이러한 방법에 의해 생산이나 판매 성적이 올라가지 않는 원인을 열거해서 한 표로 간추려 보는 게 좋다. 그리고 마지막으로 여러 가지 원인 가운데서 중요순으로 리스트업해 나가 당면의 중점으로서 가장 중요한 원인은, 손님의 욕구를 정확하게 파악하지 못한데 있음을 알았으므로 '손님의 욕구를 정확하게 파악하는 데는 어떻게 하면 좋은가?'가 문제 해결을 위한 당면의 테마가 된다. 그래서 이 테마에 따라 해결책을 생각하지 않으면 안 된다. 이를 위해서는 어떤 정보가 필요하냐 하면,

첫째, 원리정보

둘째, 중요사실 정보

셋째, 모델정보이다.

먼저 손님의 욕구를 파악하기 위해서는 어떤 원리가 있는가. 이것을 모티베이션 리서치라는 운용심리학의 분야에서 잘 연구되어 있으므로, 이 원리를 책이나 전문가로부터 잘 배우고 또 그 수법을 배워 응용해야 할 필요가 있다.

또한 손님의 욕구를 파악할 때 아무래도 알아두지 않으면 안 될 중요사실에 대해서도 전문가나 실무자와 부딪혀 가르침을 구

하고 잘 연구해 볼 필요가 있다.

가령 손님의 욕구를 알기 위해 곧잘 앙케이트 조사를 하는데, 이 앙케이트 조사의 결과를 마구 받아들이면 도리어 판단을 그릇치는 수가 있다는 현실을 잘 알아 두지 않으면 안 된다.(중요 사실)

왜냐하면 손님은 앙케이트의 문제에 따라서는 진짜 대답을 하지 않는 수가 있기 때문이다. 여러 가지의 망설임이 회답을 좌우하거나 자기가 무엇을 바라고 있는가에 대하여 본인 자신이 잘 모르거나 거짓 회답을 하거나 하는 일이 적지 않다. 또한 앙케이트에 대답한 것같이 행동하지 않는 수도 있다.

이 같은 차이나 거리를 찾아내기 위해서는 앙케이트의 답을 너무 중요시하지 말고 개별면접 등으로 확인한다. 또는 회답자 중에서 몇 사람을 택하여 회답 내용에 대하여 토의시켜 보자.

이러한 여러 가지 보조적 테크닉을 사용하여 현실의 모습을 파악할 필요가 있다. 이러한 방법은 손님의 요구를 정확하게 파악할 때의 중요사실을 잘 알고 있음으로써 생긴 수법이다.

모델정보라는 것은 손님의 욕구를 파악하기를 잘하고 있는 회사, 또는 개인을 찾아내어 그 방법을 분석하고 여기에서 잘 하는 힌트를 파악하려는 방법이며, 이것 또한 매우 중요한 방법이라 할 수 있다. 이러한 정보를 파악하고 활용해 나감으로써 손님의 욕구를 파악하기 위한 좋은 방법을 찾을 수 있으며 따라서 문제는 해결되어 간다.

이 같은 문제 해결의 요령은 다른 여러 가지 문제에 부딪혔을 경우에도 똑같이 활용해 나갈 수가 있다. 예컨대 어떤 일에 실패했을 경우 어떻게 하면 잘 할 수 있을까 하는 문제에 당면한 경우에도 먼저 왜 실패했는지 그 원인을 알아내기 위하여,

첫째, 원리정보

둘째, 중요사실 정보

셋째, 모델정보 등과 비추어 보고 원인을 찾아내어 여러 가지의 원인이 열거되면, 이러한 원인 가운데서 가장 중요한 것을 파악한다.

또한 가장 중요한 원인의 해결책을 찾기 위하여 다시,

첫째, 원리정보

둘째, 중요사실 정보

셋째, 모델정보를 찾아서 이러한 것들 중에서 가장 효과적인 방법을 찾아내어 해결책을 간추리면 좋다.

# 창조력을 비약시켜라

## 사고(思考)의 틀을 부수자

현재와 같이 변화의 속도가 빠른 시대에는 늘 같은 것을 되풀이 하고 있으면 당장 시대에 뒤떨어져버린다. 앞으로의 시대에 가장 중요한 것은 끊임없이 혁신을 해나가는 일이다.

작업면에 있어서의 혁신, 신제품의 개발, 신사업의 개발 등 늘 혁신을 이루지 않으면 격심한 경쟁에 이겨낼 수가 없다. 이러한 혁신을 해나가기 위해 요구되는 것이 창조력의 발휘이다.

경영자, 관리자로서의 능력을 향상해 나가기 위해서도 이 창조력을 뻗치는 것이 참으로 중요하며, 당대에 뛰어난 경영자가 될 수 있었던 사람들은 창조력이 매우 우수하다는 점에서 모두 공통성이 있다.

앞에서도 말한 바와 같이 마쓰시타 고노스케 회장, 혼다의 소오이치로오 회장, 이후카의 다이 회장 등은 어릴 때 머리가 발군으로 좋았던 것은 아니었지만, 창조성이라는 점에서는 남보다 뛰어난 데가 있었다.

예를 들면 마쓰시타 고노스케 회장의 경우 어릴 때 자전거점에서 일하고 있었는데, 종종 손님의 담배 심부름을 하는 일이 있었다.

손님의 부탁을 받을 때마다 담배 가게까지 뛰어가는 것은 에너지 낭비라고 깨달은 마쓰시타 고노스케 회장은 지금까지의 경험으로 어떤 담배를 잘 부탁하더라고 어림짐작하여 미리 사 두었다가 손님이 심부름을 시킬 때마다 즉각 사 둔 담배를 내밀었다. '그 소년, 머리가 잘 돌아가는군!'하여 소문이 자자해졌다고 한다.

이후카 회장은 학생시절 성적은 뛰어나지는 않았으나 발명하기를 좋아하여, 학생시절에 우수한 발명을 하여 상을 받은 적도 있다.

이와 같이 학교의 성적은 반드시 좋지 않아도 창조성의 재능이 있다는 것은 어째서일까? 그것은 창조력이란 것은 두뇌작용이 확산적이므로 시스템적으로 머리를 쓰는 것이 서툰 사람 쪽이 오히려 잘할 수 있기 때문이다.

문제 해결력과 같이 시스템적으로 머리를 쓰는 것을 잘 하는 사람은, 창조력과 같이 확산적으로 머리를 쓰는 것이 서툰 경우도 있다. 왜냐하면 시스템적인 두뇌 활용이라는 것은 지금까지 배운대로 머리를 쓰는 것이 중심인데, 창조적 머리를 쓰는 데는 지금까지 하지 않았던 두뇌 활용이 필요하기 때문이다.

창조라는 것은 여태까지 없었던 것을 만들어내는 일이며, 이를 위해서는 여태까지 해왔던 두뇌 활용법으로는 창조할 수가 없기 때문이다.

그런데 그러면 문제 해결력인 두뇌 활용법이 뛰어난 사람은 창조적 두뇌 활용법이 진보하지 않는가 하면 그렇지는 않다. 무슨 일이든 훈련 나름으로 창조적 두뇌 활용법의 요령을 잘 터득하여 이것을 훈련해 나가면 마침내 창조적 머리를 활용할 수 있게 된다.

창조적으로 머리를 쓰려면,

첫째, 자유분방하고,

둘째, 비판하지 않는다.

셋째, 여태까지 없었던 사고방식을 갖는다.

등의 일이 필요하다. 그러나 사람들은 오랫동안 틀에 박혀 버려 부지불식간에 지금까지 해온 사고방식을 계속하기 쉽다. 이래서는 창조력을 발휘할 수 없으므로 이러한 사고방식의 습관을 부수고 나갈 훈련이 필요하다.

꽤 오래 전에 '머리의 체조'라는 것이 유행한 일이 있었다. 이 머리의 체조를 하는 것이 상당한 공부가 된다. 머리의 체조 문제를 보면, 여태까지 사용해 온 것과 같은 두뇌 활용법으로서는 풀 수 없게 되어 있다. 오히려 지금까지 볼 수 없었던 새로운 머리 쓰는 법을 했을 때 비로소 풀 수 있을 만한 문제이다.

## 많은 정보의 공통점을 찾는다

처음에 아이디어를 낳으려면 그 테마에 관련된 힌트가 무작위적으로 계속 나와 수습할 수가 없게 된다. 이래서는 생각할 수가 없으므로 많은 힌트 가운데서 관련성이 있는 것을 간추려 나간다.

관련성이 있는 힌트가 몇 개 간추려지면 그것들의 힌트의 공통점을 나타낼 만한 문장으로 표현한다.

창조성이라는 것은 정보 혹은 힌트끼리의 결합에 의해 생기는 것이다. 이발기가 곡물 수확기와 연결되어 새로운 발명이 생기는 것과 같이 정보의 결합이 필요하다. 그러나 이발기와 곡물 수확기는 얼핏 보아 전혀 다른 것같이 보여 쉽게 연결되지 않는다.

이것을 연결시키려면 이발기를 원리화 하여 '뻗다'는 식으로 파악하고, 곡물 수확기도 원리화 하여 '뻗다'는 식으로 파악함으로써 비로소 양자가 결합된다.

많은 정보가 모여도 이를 소재로서 보고만 있으면 연결되지 않는다. 이들 정보를 원리화 하여 파악하고 상호 공통성을 찾도록 두뇌를 활용했을 때 비로소 결합이 생긴다. 더욱 창조성의 성과를 높이기 위해서는 자유분방한 두뇌의 작용, 지금까지의 사고방식의 눈을 때려 부수는 두뇌 활용이 중요하다. 이를 위해서는 머리의 체조가 필요하다.

이처럼 자유분방한 두뇌 활용을 하면서 좋은 점만을 받아들여 창조성의 성과를 더욱 더 높이려고 노린 기법에 나카야마씨가 개발한 'NM법'이라는 것이 있다.

이 NM법이라는 것은 '등가변환이론'의 장점도 잘 받아들이고 있다. 즉, 뛰어난 발명이란 것은 현실 사회에 있는 뛰어난 모델로부터 힌트를 도입하여 성공하고 있다.

예컨대 전화기의 발명은 발명자 벨이 인간의 귀의 구조, 기능을 철저하게 연구하고 여기에서 힌트를 얻어 성공하고 있다. 비행기의 발명은 새의 구조, 기능을 연구하는 데에서 힌트를 얻었다.

우리가 아이디어를 낳으려고 정보를 모으려 할 경우, 역시 우리의 머리는 상식적 시스템적으로 작용하기 쉽다. 그렇게 되면 모처럼 모인 정보 힌트도 그저 그렇고, 정보의 결합 방법도 그저 그렇고 해서 대단한 아이디어가 나오지 않기 쉽다.

이러한 폐해을 없애고 여태까지 없었던 힌트를 생각해 내고 '등가변환이론'의 장점을 충분히 살린다는 사고방식을 할 수 있으면 매우 성과가 오른다. 이러한 소원을 담아서 만들어진 것이 NM법이라 할 수 있다. 그래서 이 방법을 잘 받아들여 두뇌를 활용하는 훈련을 하는 것이 우리의 창조성 활동을 성과 높은 것으로 만들어 준다.

## 우회하는 생각도 중요하다

NHK 중앙연수원의 다카바시 시로시씨의 경우 이 NM법의 실제에 대해 설명해 보자

이 NM법이라는 것은 유비(類比)에 의한 발상법이라는 기법으로, 유비라는 것은 어떤 것의 기능·구조·형태·이미지 등에서 다른 새로운 것이나 방법을 생각해 낸다는 발상법이며 '등가변환이론'과 같은 방법이다. 예컨대,

고양이 발톱에서 스파이크화(靴)

대잠자리에서 헬리콥터

손에서 기중기

심장에서 보일러

같은 것이 발명된 것은 양자 사이에 있는 유사성으로부터 힌트를 얻은 것이며, 이러한 방법이 유비에 의한 발상법인 것이다.

NM법은 이러한 유비에 의한 발상을 일정한 차례에 따라 행하려는 것이다. 유비의 실마리가 되는 것으로는,

첫째, 일상생활에서 눈에 띄는 도구나 사회적 현상.

둘째, 인체나 동물, 식물의 구조나 작용.

셋째 자연현상, 자연계에 있는 것.

등을 들 수 있다.

NM법의 발상법의 방법은 갑자기 답을 구하는 방법을 하지 않고 우회하면서 생각한다는데 특장(特長)이 있다. 왜냐하면 별안간 답을 내려는 방법을 택하면 아무래도 지금까지와 같은 상식적인 두뇌 활용밖에 할 수 없기 때문이며 상식적, 습관적인 두뇌 활용법으로부터 빠져 나오기 위해서 우회할 필요가 있는 것이다.

이 방법을 다카바시씨가 제시하는 실례로 전개해 보자.

'삶은 달걀을 세운다'는 테마에서 몇 개의 답을 낼 수 있는가를 생각해 보자. 이 경우 별안간 답을 구하는 방법을 하지 않고 우회하는 것이 NM법의 방법이다. 우회하기 위하여,

1. KW(키워드)를 생각한다.

2. QA(퀘스천 A)의 질문을 생각한다.

3. QB(퀘스천 B)의 질문을 생각한다.

4. QC(퀘스천 C)의 질문을 생각한다.

이와 같이 일련의 질문으로 생각해 나가는 것이다.

키워드란 것은 테마의 본질 또는 구성 요소를 추상적 언어로 나타낸 것이다. 그래서 '삶은 달걀을 세운다'는 테마에서 '선다'는 추상적이며 짧은 말을 생각한다. 이것이 키워드이다.

다음에 '이 키워드를 보면서 무엇을 생각하는가?'하는 질문을 해본다. 이 질문은 처음의 질문이므로 QA=퀘스천 A라 이름붙인다. 그리고 '소용돌이'와 '오뚜기'라는 유비의 실마리를 택한다. 이 선택된 것을 A데이터라 부른다(QA에 대한 것이므로).

이 데이터를 보면서,

1. 그것은 어떻게 되어 있는가?
2. 그것은 어떤 일을 하고 있는가?
3. 거기서는 무엇이 일어나고 있는가?
4. 그것은 어떤 특장을 갖고 있는가?
5. 그것은 어떤 이미지를 생각나게 하는가?

등의 질문을 해본다. 이것은 두 번째의 질문이므로 QB(퀘스천 B)라 이름 붙인다.

등의 질문을 해본다. 이것은 두 번째 질문이므로 QB(퀘스천 B)라 이름 붙인다.

이 제2의 질문에 의해,

1. 굉장한 속도로 돌고 있다.
2. 물을 빨아올린다.
3. 기압이 내려가 있다.
4. 중심이 아래에 있다.
5. 수염을 기르고 있다.
6. 눈사람.

등의 대답이 나온다.

실제로는 더 많은 대답이 나오는 것이 보통이다. QB에서 나온

데이터는 B데이터라 부른다.

여기서 A데이터와 B데이터를 보면, 이것들은 본래의 테마와는 거의 관계가 없는 것으로 되어 있다. 이것이 직접 답을 구하려 하지 않고 우회함으로써 생긴 효과인 것이다. 그리고 다음에 이 B데이터를 본래의 테마의 문제 해결의 힌트로 이용해 나가는 것이다. 즉 B데이터를 힌트로 삼아 '삶은 계란을 세우는 방법'을 이것저것 생각해 보는 것이다. 그리고 생각할 때 B데이터를 보면서, '이것은 테마의 해결에 대하여 뭔가 시사하고 있지 않는가?' 하는 질문을 해본다. 이것은 세 번째 질문이므로 QC(퀘스천 C)라고 이름 붙인다.

이와 같이 질문하면서 생각해 나가면 '굉장한 속도로 돌고 있다'에서 '달걀을 돌려 보면 어떨까?' '돌고 있는 그릇에 얹어 놓으면 어떨까?' 따위의 답이 나온다.

1. 물을 빨아올린다는 힌트에서 흡인 고무를 이용하면, 수류(水流)를 이용하면 어떨까 하는 아이디어가 나온다.

2. 기압이 내려가 있다는 힌트에서 풍압을 이용하면 무중력의 상태로 하면 하는 아이디어가 나온다.

3. 중심이 밑에 있다는 힌트에서 바닥에 수은(水銀)을 넣으면 어떨까 하는 아이디어가 나온다.

4. 수염을 기르고 있다는 힌트에서 손 위에 놓으면 바늘을 3개 꽂아 이를 발로 삼아 세우면 어떨까 하는 아이디어가 나온다.

5. 눈사람이라는 힌트에서 열린다, 소금 위에 놓는다는 아이디어가 나온다.

이와 같이 NM법이라는 것은 우회함으로써 우리의 틀에 박힌 사고방식의 폐해를 피하고 자유분방한 두뇌 활용을 가능케 한다. 더욱이 유비(類比)의 효과를 살림으로써 등가변환이론, 모델 활용을 참으로 잘하고 있는 매우 뛰어난 발상법이라 할 수 있다.

## 창조적인 두뇌 활용이 안 되는 이유

창조적인 두뇌의 활용법이 뛰어난 사람도 있지만 창조적 두뇌의 활용이 서툰 사람들이 매우 많다. 어째서 창조적 두뇌 활용을 잘할 수 없는가를 생각해 보면,

1. 두뇌 활용법이 상식적, 습관적이어서 틀에 사로잡히지 않는 자유분방한 활용을 할 수 없다.

2. 모처럼 좋은 힌트가 눈앞에 있어도 이것이 필요한 정보라는 것을 모르고, 이것을 자기의 문제의식에 연결시키려고 하지 않는다.

3. 창조에 필요한 정보를 많이 모아 이것을 적어 나가거나 이들 정보를 간추려 나간다는 기술이 몸에 배어 있지 않다(KJ법칙).

4. 자기의 문제, 테마를 파내려가 원리적으로 파악하려 하지 않는다(원리화, 공동화).

5. 문제에 몰입하거나 문제로부터 이탈하여 우회한다는 창조기법을 모르고 있다(NM법의 기법).

6. 과거·현재·미래 정보의 이용이 서투르다.

7. 모델정보를 잘 활용하고 있지 않다.

8. 중요사실 정보를 잘 파악하여 활용하지 않고 있다.

9. 원리정보의 활용이 서투르다.

등의 원인을 생각할 수 있다.


창조성이 잘 발휘되지 못하는 이들 원인을 파들어 가면, 창조성을 발휘하는 데는 무엇이 중요한가를 알 수 있게 된다. 그래서 창조성을 발휘하는 데 필요한 요점이란 무엇인가 하고 생각해 보면 그것은,

첫째, 문제의식을 가질 것.

둘째, 머리를 자유분방하게 작용시킬 것.

셋째, 정보 활용의 방법.

의 3가지에 있음을 알 수 있다.

창조성을 발휘해 나가려면 당연한 일로서 문제의식을 갖고 이 문제에 대하여 끊임없이 생각하고 있어야 한다. 늘 생각하고, 생각을 파내려 가면 그 문제는 점차 '원리화'되어 간다.

레네크가 청진기를 발명하려 했을 때에도 '몸속의 소리를 듣는 기계'라는 문제의식을 가지고 골돌히 생각하는 동안에 자기의 문제의식은 '듣는다'는 것에 '원리화'되어가, '듣는다'는데 그의 신경은 극도로 예민해졌다.

이런 상태에서 공원을 산보하고 있다가 어린이가 큰 통나무의 끝을 돌로 두들기고, 또 한 아이가 다른 끝에서 이 소리를 듣고 있었다. 이 '듣는다'는 동작이 그의 날카로운 문제의식에 연결되어 문제 해결에 결정적인 힌트가 캐치된 것이다. 그러므로 창조성을 발휘해 나가려면 문제의식을 뚜렷이 가지고 이 문제의식을

잘 파내려가 '원리화'하고, 문제의식과는 한 덩어리가 되어 있는 상태가 필요하다. 이러한 상태가 되었을 때 밖에 있는 정보에 대한 감수성이 예민해져 이를 캐치할 수 있게 된다.

이리하여 창조성을 발휘해 나가는 데는 문제의식을 뚜렷이 갖고 이 문제의식에 대해 끊임없이 생각하며, 생각을 파내려가 원리화 할 필요가 먼저 있다. 그리고 다음에 아이디어를 낳을 힌트를 어떻게 찾아내어 가는가가 중요해진다.

이를 위해 정보 수집을 어떻게 하며, 어떻게 활용하는가가 문제가 되지만 이에 들어가기 전에 두뇌 활용법에 대해 생각해 보자. 왜냐하면 창조라는 것은 지금까지 없었던 것을 낳는 일이므로 여태까지와 같은 상식적, 습관적, 두뇌 활용법으로는 낳을 수가 없다.

지금까지의 사고방식의 틀을 깨뜨리는 자유분방한 두뇌 활용법이 필요하며, 정보를 수집할 경우라도 이를 짜맞추어 갈 경우라도 역시 틀에 사로잡히지 않는 자유로운 활용법이 필요해지기 때문이다.

자유로운 두뇌 활용법을 하려면 앞에서도 말한 바와 같이 머리의 체조를 하여, 우리의 사고방식의 틀을 부수고 나갈 훈련이 필요하다. 나아가서 또한 자기의 시야를 넓히도록 견문을 쌓고, 넓은 관점에서 사물을 생각하도록 하는 것도 중요하다.

얼핏보아 관계가 없는 것처럼 생각되는 것 가운데서 관련성을 찾고 결합시킴으로써 새로운 것을 낳는 것이 창조이므로 항상 넓은 시야로부터 사물을 보고 관련성을 찾는 훈련이 필요해진다.

또한 자유분방한 두뇌 활용을 가능케 하는 훈련 방법으로는,

첫째, 몰입(沒入)

둘째, 탈리(脫離)

셋째, 우회(迂廻)

라는 두뇌 활용법을 훈련하는 것이 효과적이다.

## 생각에 몰입하라

몰입(沒入)이라는 것은 문제의식을 파내려가 그 문제와 하나가 되는 것을 말한다. 이처럼 문제의식을 파내려가는 것이 왜 자유분방한 두뇌의 작용을 할 수 있는가 하면, 문제의식을 그다지 파내려가지 못했을 때에는 상식적인 사고의 틀을 벗어날 수 없지만 파내려감에 따라 상식적인 사고로부터 멀리할 수가 있다.

예컨대 물이란 무엇인가 하는 문제의식을 가졌을 경우, 차갑다, 강이나 호수, 바다에 있다. 가열하면 수증기 되어 공중에 올라가며 이것이 구름이 되고 얼마 뒤 비가 되어 강에 흘러 들어간다, 하고 생각할 정도로써는 상식적인 사고의 틀을 벗어날 수 없다. 그러나 물이란 것은 무엇으로 이루어져 있을까 하고 생각하면, 수소와 산소라는 원소로 이루어져 있음을 알고, 또 수소나 산소는 무엇으로 되어 있는가를 파내려 가면 원자로 이루어져 있음을 알며, 원자는 어떤 구조로 되어 있는가 생각해 보면 원자력을 중심으로 전자가 돌고 있음을 알게 된다.

여기까지 파내려 와 생각하면, 모든 원자라는 것은 거의 같은

구조를 갖고 있음을 알고 모든 물질은 원자라는 것으로 구성되어 있어 공통성이 있다는 것을 알게 된다.

지금까지 물과 철과 유리와 풀, 꽃 사이에는 전혀 공통성의 조각도 없는 것같이 생각되었는데, 이것들은 모두 원자로 구성되어 있다는 공통성이 있음을 알게 된다. 이 같은 사고방식은 지금까지의 상식적인 사고방식의 틀을 벗어난 매우 자유분방한 생각을 하고 있는 것이 된다.

이리하여 문제의식을 파내려갈수록 지금까지 관계가 없다고 생각되는 것 사이에도 관계성을 찾아볼 수 있는 가능성이 생기고, 얼핏보아 엉뚱한 것같이 생각되는 것 사이에 관계성을 찾아 볼수 있어 멋진 아이디어가 생기는 수도 있다. 그러므로 문제를 파내려 가면 갈수록 틀에 사로잡히지 않고 자유분방한 두뇌 활용이 가능해진다. 여기서 문제에 몰입하여 이것과 하나가 되도록 파내려 갈 필요가 있게 된다.

또 문제에 몰입하여 이와 하나가 되면 감수성이 매우 예민해져 창조에 필요한 정보 힌트가 캐치될 가능성이 증가한다. 대부분의 발명가는 자기의 테마와 씨름하고 있는 사이에 자신이 그것이 되어버린다.

연필깎기를 발명하려는 사람은 자신도 모르는 사이에 연필깎기가 되어버린다. 볼펜을 발명하려는 사람 또한 자신이 볼펜이 되어버린다.

이와 같이 자신이 그것으로 화하면 그것이 갖는 좋은 점, 나쁜 점이 잡히듯이 잘 보여 아이디어에 필요한 힌트를 날카롭게 느낄 수가 있으며 멋진 발상을 낳게 된다.

### 문제로부터 탈피하라

문제를 파내려가 문제에 몰입한다는 것은 완전히 와중(渦中)에 들어가는 것이 되지만, 이러한 방법으로 가다가 막혀서 진퇴유곡에 빠지는 수도 많다. 이러한 경우에는 와중에서 떨어져 문제를 객관시 해서 생각해 볼 필요가 있다. 이 방법이 바로 '탈리(脫離)'라는 방법이다.

창조성의 일이란 여간해서 단숨에 좋은 아이디어를 낳을 수가 없다. 좋은 아이디어를 낳으려고 초조하게 굴수록 두뇌 작용이 경직하고, 또 시야가 좁아지는 폐해가 생긴다.

두뇌의 작용이 경직하면 자유분방한 작용을 할 수 없게 된다. 그렇게 되면 넓은 범위에서의 힌트의 연결이 되지 못하며, 머리는 습관적인 작용밖에 할 수 없게 된다. 이래서는 좋은 아이디어가 생길 까닭이 없다.

이러한 머리 상태로 아무리 생각해 보아도 성과는 오르지 않는다. 그러므로 이런 상태가 되면 생각을 내던질 필요가 있다. 어떻든 릴랙스할 필요가 있다.

창조성을 발휘하기 쉬운 머리의 상태라는 것은 긴장이 풀려 충분히 긴장 완화가 되어 있을 때이며, 더욱이 가볍게 흥분하고 있을 때가 좋다. 이러한 때에는 머리에 딱딱함이 없고, 사고의 틀이 없고 틈이 생기므로 생각의 번득임이 활발해진다.

넓다란 호텔의 로비에서 아무것도 하지 않고 아늑하게 앉아 있다. 상쾌한 백그라운드 뮤직이 흘러 마음이 약간 들떠 가벼운 흥분을 느낀다. 이런 때에 여러 가지 발상이 자꾸 솟아오른다. 머리의 편안함을 가져 오기 위해서는 분위기를 이용할 필요가 있다.

책상 앞에 앉아 초조하게 생각할 때에는 머리가 경직되어 생각의 번득임이 일어나지 않는다. 이런 때 저자는 곧잘 화장실에 간다. 화장실에 가는 사이의 잠깐 동안에 책상을 떠났다는 것으로 초조감이 없어지고 경직이 풀리므로 문득 생각이 떠오를 때가 자주 있다. 이것도 탈리의 효용이다.

탈리를 잘하기 위해서는 머리가 딱딱해지면 생각을 포기하거나 자리를 뜨거나 분위기를 바꾸거나 한다. 피로한 머리를 식히기 위하여 공원을 아무 생각없이 거닐고 있으면, 갑자기 멋진 영감(靈感)이 떠오르는 경험을 저자는 종종 했다.

혹은 또 밤중에 우연히 눈을 떴을 때 낮에 아무리 생각해도 풀리지 않던 문제가 쉽사리 풀리거나 여러 가지 아이디어의 힌트가 많이 떠오르는 수가 흔히 있다. 그 때문에 잠들기 전에 항상 메모장을 준비해 두는 것을 잊지 않는다.

밤중에 멋진 생각의 번득임이 일어나기 쉬운 것도 잠이 깼을 때 가장 탈리가 잘 되기 때문이다. 낮에 열심히 생각하고 있을 때에는 여러 가지 생각에 신경이 쓰이어 집중이 잘 안된다. 하물며 문제를 냉정히 객관시 한다는 일이 잘 될 까닭이 없다.

그런데 밤중에 문득 잠에서 깼을 때에는 초조함이나 걸리는 게 없어 문제를 냉정히 객관시 할 수가 있다. 그리하여 대뇌 어딘가에 있는 틈에서 좋은 힌트가 많이 뛰어들게 되어 좋은 생각의 번 득임이 솟아난다. 그리하여 잘 탈리되었을 때는 창조성을 발휘하기 쉬워진다.

이처럼 창조 활동을 잘하기 위해서는 생각한다→내던진다 → 생각한다→내던진다는 사고(思考) 순환을 잘 되풀이 할 필요가 있다. 이것을 되풀이 하고 있는 동안에 생각이 차차 파내려가져 원리화 되어 자기가 문제의식과 일체화 되어감과 더불어 감수성이 예민해져 좋은 힌트와 결합하여 멋진 생각이 솟아오르는 것이다.

아이디어의 테마에 대하여 직접적인 대답을 하려 하면 아무래도 기상천외한 생각이 나오지 않는다. 바쁘면 바쁠수록 서둘면 발상은 상식적이며 평범한 것이 되어버린다. 그래서 좋은 발상을 하려는 데는 우회할 필요가 생긴다. 바쁘면 돌아가라. 이것이 우회의 효용이다.

우회의 효용을 잘 인식하고 이것을 발상의 기법으로서 간추린 것이 앞에 설명한 NM법이다. 그 NM법의 기법을 잘 생각하며 우회의 요령을 잘 마스터하여 이를 응용해 나가는 것이 멋진 아이디어를 낳게 되어 매우 효과적이다.

### 정보 활용의 포인트

두뇌 활용이 자유분방해짐에 따라 멋진 아이디어를 낳게 되는데, 이를 위하여 또 한 가지 중요한 것이 정보의 활용법이다. 정보의 활용법이 서툴면 모처럼의 두뇌 활용도 큰 성과를 낳을 수가 없다. 그러므로 창조성의 발휘에는 머리의 자유로운 움직임과 정보의 활용은 차의 두 바퀴와 같이 중요하다 할 수 있다.

정보의 활용법으로서는,

첫째, 정보의 수집 방법

둘째, 정보의 정리법

셋째, 정보의 활용

의 세 가지로 나뉘는데, 정보의 수집 방법은 앞에서 말한 바와 같고, 정보의 정리법은 KJ법으로 일단 설명하고 있다. 그래서 여기서는 정보의 활용을 중심으로 설명하기로 한다.


창조성을 발휘하려는 경우, 많은 사람들은 의식적 또는 무의식으로 정보를 찾아내려 하는데 그 방법을 보고 있으면,

1. 과거·현재·미래 정보에 의지하려 한다.

2. 모델 정보를 참고로 하려 한다.

3. 원리정보를 활용하려 한다.

4. 중요사실을 활용하려 한다.

등의 방법을 취하고 있다. 여기서 차례에 따라 정보 활용 방법을 검토해 보기로 한다.

어떤 문제에 부딪혀 이를 해결하려는 경우, 혹은 아이디어를 생각해 내려는 경우, 먼저 하기 쉬운 방법이란 여태까지 어떤 방법으로 했더니 잘 되었는가 하는 사고방식이다. 이것은 과거 정보에 의존하는 방법이다.

과거에 이런 방법으로 잘 되었다면 이런 방법을 택하면 앞으로

도 잘될지 모른다고 생각한다. 이것은 케이크나 판매점에서 잘 택하는 방법이다. 지금까지 무엇을 만들었더니 잘 팔렸다. 그래서 앞으로도 이것을 만들면 팔릴 것이라는 생각이다. 그러나 현대와 같이 변화가 빠른 시대에는 이런 사고방식으로 잘되지 않는 일이 많다.

그러면 현재는 무엇을 하면 잘될 것인가 하는 현재 정보에 의존하는 생각이 강해진다. 그러나 그래도 역시 불안한 일도 있다. 지금은 잘되어 가고 있어도 앞으로 어떻게 될지 모르는 수가 있다.

이렇게 되면 앞으로 무엇을 하면 좋을까 하는 문제가 생긴다. 그래서 미래 정보에 의존해야 한다. 이리하여 과거 정보, 현재 정보, 미래 정보 중 어느 것에 의존해야 하는가가 문제가 된다.

일찍이 도오요오(東洋) 레이욘과 테이진(帝人)이 나일론 생산에 착수할 것인가, 하지 않을 것인가가 문제된 일이 있었다. 테이진의 중역회의에서 레이욘의 업적이 좋으므로 지금으로선 무엇인지도 모를 나일론에 손대지 않아도…하고, 나일론 생산 반대의 소리가 이겼다.

지금도 레이욘으로 잘되고 있으므로 미지수인 나일론에 의존하지 않아도 하는 생각으로, 이것은 과거 정보, 현재 정보를 중요시하고, 미래 정보를 문제를 삼지 않았던 셈이다.

이에 대하여 도오요오 레이욘에서는 레이욘은 현재 잘되고 있을지 모르지만 언젠가는 사양화 하는 게 아닐까. 나일론은 미국에서는 주목받고 있지만 일본에서 공업화 하면 과연 잘될 것인지 미지수이지만 역시 나일론의 장래성에 걸어야 한다, 하고 나일론 생산에 손을 대었다.

도오요오 레이욘의 경우에는 과거 정보, 현재 정보보다는 미래 정보에 무게를 둔 결단을 내린 것이었다. 그리고 과거 정보, 현재 정보에 무게를 둔 테이진의 결단보다도 미래 정보를 중요시한 도오요오 레이욘의 결단 쪽이 승리를 한 것이다. 그러나 이러한 예가 있다고 해서 언제나 미래 정보에 무게를 두는 편이 잘된다는 것은 아니다. 미국의 방법을 본받아 보았지만 시기상조라서 잘 안되었다는 예도 적지 않다.

경영이론 등에 이런 예가 많다. 너무 앞을 달려 미국에서 한 방법을 본받아도 일본의 실태로는 아직 뒤져 있거나 풍속·습관·사고 등이 다르며, 또 낡은 것이 다분히 남아있으므로 미래 정보를 앞 다투어 해보아도 잘 안 되는 수가 많다.

또한 과거에 했던 일이 모두 시대에 뒤떨어진 것은 아니다. 과거의 방법, 사물의 사고방식으로 현재에도 통용되는 것이 얼마든지 있다.

이런 것으로 미루어 보아 시간적 정보를 활용해 나가려는 경우 과거 정보, 현재 정보, 미래 정보의 어느 것에 무게를 두고 생각하면 좋은가는 각기 정보의 가치나 유효성을 충분히 고려하여 생각해야 할 것이다.

그리고 예전에 잘되었으므로 앞으로도 잘 될 것인가, 예전의 방법은 낡아서 소용이 없을까, 예전의 방법은 낡아서 도움이 되지 않을 것이다.

미래 정보를 잘 받아들이지 않으면 시대에 뒤떨어져 버릴 것이라는 사고방식에 사로잡히지 말고 각각의 정보의 장점, 결점을 충분히 비교하여 그 활용을 생각해야 할 것이다.

### 모델을 활용하라

우리가 아이디어를 생각해 내려는 경우, 가장 손쉽고 빠른 생각은 성공하고 있는 것을 찾아내어 이를 흉내 내려는 방법이다. 이런 예는 참으로 많다.

예전에는 라면이라면 밤중에 차라멜라(나팔 비슷한 목관악기)를 불며 팔고 다니는 수레 라면뿐이었는데, 라면집이 유망해지자 너나 할 것 없이 라면집을 시작하였고 그것도 삿포로 라면이라 이름 붙였다. 된장 라면이 호평을 얻게 되자 모두 된장 라면을 시작했다.

서서 먹는 메밀국수가 돈벌이가 될만 하면 모두들 본떠 그런 모밀국수집을 시작했다. 텔레비전의 CM 같은 것도 그렇다. 어디의 CM이 인기를 끌면 다른 데서도 자꾸 이를 흉내내 비슷한 CM이 범람하게 된다.

성공한 예에 편승하여 자기도 잘 돼 보겠다는 안이한 생각이 넘쳐흐르고 있다. 이것은 사람이 무엇인가를 생각하는 경우 좋은 모델이 없으면 생각할 수 없다는 습성을 잘 나타내고 있다. 그러나 성공한 예를 흉내 내어도 잘되는 것이 아니다. 흉내 내어도 잘하고 있는 경우에는 그 나름대로 연구하여 모델의 좋은 점을 잘 받아들이고 있다. 그러므로 본받을 경우에도 요령이 있는 셈이다. 모델을 활용함으로써 창조력을 발휘하려 할 때는 이러한 요령을 잘 터득하여 할 필요가 있다.

나는 한자리에서 빙글빙글 회전하면 눈이 빙 돌아 넘어지는 일이 있었다. 그래서 대체 어떻게 하면 회전하여도 눈을 돌리지 않고 견딜 수가 있을까 하는 것을 생각한 적이 있다.

이런 경우 다만 머리로 생각만 해서는 좋은 안이 잘 떠오르지 않는다. 이런 때 가장 필요한 것이 좋은 모델을 찾는 일이다. 회전하여도 넘어지지 않는 예가 없을까 하고 생각해 본다.

그러면 발레리나가 그 좋은 예라는 것을 깨닫게 되었다. 발레리나는 토우로 서서 빙빙 회전하여도 넘어지지 않는다. 그래서 발레리나에게 어째서 회전하여도 넘어지지 않는가를 물어보았다. 발레리나는 회전할 때, 목과 몸을 함께 회전하지 않는데 요령이 있다고 했다.

발레리나는 몸통부터 회전시키는데 목은 본래 위치에 고정시켜 둔다. 그리고 몸통이 목보다 90도 먼저 돌아갔을 때 목을 단숨에 180도 회전시킨다. 그러면 목이 몸통보다 90도 앞선 것이 된다. 그러나 곧 몸통은 목을 뒤쫓아가 추월해 간다. 몸통이 목보다 90도 앞섰을 때 다시 목을 180도 회전시킨다.

발레리나의 몸통은 항상 스므드하게 회전하고 있는데, 목은 180도마다 단번에 회전시키고 있다. 그 때문에 발레리나의 눈동자는 회전하고 있을 때에도 좌우로 움직이지 않는다. 또 움직임을 쫓지 않는다. 그러므로 눈을 돌리지 않아도 되는 것이다.

보통 사람들은 회전할 때 눈동자는 밖의 것을 보고 바쁘게 움직인다. 그 때문에 눈의 움직임이 심하여 눈이 돌아버리는 것이다. 이런 원리를 알게 되면 빙빙 회전했을 때 눈동자를 움직이지 않는 훈련을 하면 눈을 돌리지 않고도 되는 것이다.

## 모델 활용법을 바르게 하라

이와 같이 아이디어를 생각해 내려할 때 모델이 될 만한 케이스를 찾으면 이것을 연구함으로써 좋은 힌트를 얻고 좋은 아이디어를 낳게 된다. 그러나 이 경우 주의해야 할 것은 그냥 그대로 흉내내면 실패하는 수가 많다는 것이다.

여기서 생각해야 할 것은 모델로서 선택한 케이스가 왜 잘되고 있을까 하는 원리를 파악하는 일이다. 성공한 원리를 잘 파악하여 이 원리를 받아들이면 잘되는 것이다.

그 예로서 이러한 케이스가 있다. 그것은 전국에 7백 개 판매점을 갖고 있는 어느 기계 메이커의 예인데, 많은 판매점 가운데는 판매 실적이 좋은 곳도 있지만, 판매 실적이 좋지 못한 곳도 있다. 그래서 어떻게 하면 판매 부진의 판매점의 매상고를 올릴 수 있는가가 문제가 되었다.

저자는 당장 우수 판매점을 픽업하여 그 점포장의 영업 방법을 연구하고, 여기에서 매상고를 향상시키기 위한 힌트를 파악하여 활용해 나갈 것을 제안하였다.

그런데 이 제안에 반대를 표시한 간부나 점포장이 적지 않았다. 왜냐하면 설령 우수한 업적의 점포장의 방법을 연구해 보아도 그 점포장의 성격이나 능력에 의해 독특한 방법을 택하고 있으므로 성격이나 능력이 다른 점포장이 이를 본받아 보았자 잘되지 않는다.

역시 사람에게는 그 사람만의 독특한 방법이 있으므로 성공한 사람의 예를 본받아 보았자 성과가 오르지 않을 것이라는 것이다.

확실히 이 생각에는 일리가 있다. 사람의 방법은 흉내내려고 해도 잘 흉내낼 수가 없으며, 잘못 흉내내면 도리어 잘못되는 수가 있다. 그러나 이 생각에는 잘못된 점이 있다. 왜냐하면 잘된 예를 그대로 본뜬다는 것을 전제로 하고 있다는 점이다. 그대로 본받으면 잘 안될 것은 당연하다. 여기서 중요한 것은 왜 잘되고 있는가 하는 원리를 파악한다는 일이다.

더욱이 모델을 택할 경우에도 성격이나 타입이 아주 다른 사람의 예를 택할 것이 아니라 잘되고 있는 점포장이 몇 사람이나 있으므로 그런 점포장 가운데서 본받을 사람의 성격이나 타입이 비슷한 점포장의 예를 모델로 하고, 이 점포장의 방법을 잘 분석하여 원리적인 것을 파악하고 힌트를 파악하면 좋을 것이다.

이런 방법을 하기 위해서는 여러 가지 타입의 우수한 업적 점포장을 택하여, 이들 점포장의 방법을 분석하여 성공하기 위한 원리를 파악한다. 이 작업을 영업본부에서 행하고 그 결과 A타입, B타입, C타입, D타입과 같이 4개나 5개의 우수 업적 점포장의 타입과 그 방법을 시스템(원리화)한 것을 만들고, 이것을 모든 점포장에게 발표한다.

이것을 본 점포장은 자기 타입과 가장 비슷한 우수 업적 점포장의 방법, 성공원리를 모델로 하고, 이 방법에 목표를 두고 노력하도록 한다. 이렇게 해나가면 노력의 성과는 크게 올라가는 것이다.

현재 사회의 여러 분야에서 전문가가 연구하고 여러 가지 원리를 확립하고 있다. 이런 원리를 잘 활용해 나가면 문제 해결이나 아이디어 개발에 매우 도움이 되며, 또한 효율적이다.

원리를 이용하지 않고 문제를 풀려는 것은 공식을 활용하지 않고 수학 문제를 푸는 것과 같으며 노력은 많으나 성과가 적다. 그러므로 좋은 아이디어를 생각해 내려는 경우에도 이용할 수 있는 좋은 원리가 있나 없나를 잘 조사하여 원리를 활용하는 것이 절대 필요하다.

## 중요사실을 활용하라

어떤 방면의 일이라도 표리(表裏)가 있다. 겉만 알고 뒤를 모르고 하면 엉뚱한 실패를 하는 수가 흔히 있다. 가령 토지를 살 경우 아주 조용한 곳이며, 양지바르고 더구나 시세보다 2, 3할이나 싸다는 땅이 있다고 하자.

그래서 이게 웬 떡이냐 하고 사들였다. 그런데 산 지 3개월쯤 지나자 토지의 바로 옆을 4차선 자동차 도로가 생긴다는 소리를 듣고 비로소 아차 했지만 이미 때가 늦었다는 것이다.

부동산의 매매에 밝은 사람이라면 이런 실패는 하지 않는다.

시세보다 2, 3할이나 싼 토지라면 반드시 어떤 이유가 있을 것이라 하여 조사하고 사게 되므로 계획도로의 유무나 비가 내렸을 때의 도로 상태 등을 조사하기 때문에 곧 싼 이유를 알게 된다.

그 일에 밝은 사람은 그 일의 중요사실(이것을 모르면 엉뚱한 실패를 한다)을 잘 알고 있기 때문에 쉽사리 실패하지 않는다. 오히려 중요사실을 알고 있음으로써 잘할 수 있다.

그런데 그다지 일에 밝지 못한 사람은 이 중요사실을 잘 모르거나 중요사실을 잘 파악하지 않고 하므로 잘 안되거나 실패하게 된다. 아이디어를 짜낼 경우에도 중요사실을 잘 파악하고 있느냐 어떤가에 따라 성과가 많이 달라진다.

‘히로타’라는 양과자점이 있는데, 이 집은 최근 파리에 지점을 내어 대단한 발전을 하고 있다. 이 점포가 발전하게 된 계기의 아이디어라는 것이 주인이 중요사실을 파악하는 걸 게을리 하지 않았기 때문이다.

히로타의 주인이 어린이가 슈우크림을 먹는 것을 관찰한 일이 있다. 그런데 슈우크림은 크므로 어린이의 입에 잘 들어가지 않고, 입에서 크림이 흘러내려 매우 비경제적이고 비위생적이라는 것을 알았다.

그래서 이런 점을 어떻게 개량할 수 없을까 하고 생각한 끝에 한 입에 먹을 수 있는 슈우크림을 만들면 어떨까 하는 아이디어가 떠올랐다.

이 아이디어를 당장 실용화 하여 한입에 들어가는 슈우크림이 ‘히로타’의 명물 상품이 되었다.

## 중요사실을 잘 관찰하라

'타치키치'라고 하면 가정용 도자기의 제조, 판매에 있어 일본 제1의 회사인데, 이 회사가 발전하게 된 계기도 사장이 중요사실을 잘 관찰하여 이를 활용했기 때문이다.

'타치키치'의 사장이 점두에 서서 자기 점포에 들어오는 손님 중에 어떤 사람이 많은가 하고 관찰한 일이 있었다. 그러자 젊은 오피스걸이 많다는 것을 알게 되었다. 그래서 이러한 오피스걸들이 우리 회사의 좋은 고객이 되어 줄 것인가 어떤가를 관찰하게 되어 젊은 오피스걸이 잘 가는 다방에 날마다 나가 그녀들의 생태를 관찰하기로 했다.

그녀들을 매일 관찰하고 있으려니까 그녀들은 돈 치르기도 잘할뿐더러 용돈도 꽤 풍부한 것을 알게 되었다. 더구나 그녀들은 언젠가 결혼하여 가정에 들어가면 우리 회사 제품을 이용해 줄 좋은 고객이 될 것이다.

오피스걸이야말로 가장 장래성이 있는 고객층이라는 것을 알게 되었으므로 그녀들을 대상으로 하는 선전판매 아이디어를 생각하여 어필했던 것이다.

12개월을 세트로 하여 매월 다른 상품을 팔아 1년간의 계약을 하라는 세트 판매를 오피스걸용으로 선전하여 팔기도 하고, 그녀들이 결혼할 경우에는 도자기를 결혼 축하 선물로 주는 등 여러 가지 아이디어를 짜내 팔았으므로 타치키치의 상품은 젊은 오피스걸에게 호평을 얻어 오늘의 발전 기틀이 되었다.

## 실험을 해보라

정보를 모아 좋은 아이디어가 떠올라 이거라면 괜찮겠다고 생각해도 과연 그것이 성공한다고는 할 수 없다. 실제로 해보면 엉뚱한 고장이 생기고 여러 가지 문제가 있어 안 되는 수도 있다. 또 하고 있는 동안에 좋은 아이디어가 떠올라 그것으로 바꾸어 성공한 예도 있다.

아무튼 여러 가지로 실행해 볼 필요가 있으며 다만 책상 위에서 이것저것 생각하는 것만으로는 창조력을 연마할 수가 없다.

증권에 강해진다는 것도 역시 마찬가지이다. 실제로는 증권을 사지 않아도 증권을 산 셈치고, 또 판 셈 치며 공부할 수 있는 방법이 있지 않은가. 이 방법이라면 손해볼 것도 없으니까 가장 좋은 공부 방법이 될 것이라고 하는 사람이 있다.

그러나 이건 아마튜어 생각으로 이런 방법으로 증권 매매의 진짜 실력이 붙는 것이 아니다. 왜냐하면 자기가 증권을 사지 않고 어디까지나 책상 위에서 증권을 사고파는 셈치고 얼마 벌었다, 얼마 손해를 보았다 계산해 본들 이것은 현실과 다르므로 이것으로 잘 되었다 해서 증권을 실제로 매매할 때 잘 된다고만 할 수 없다.

그 까닭은 책상 위의 증권 매매와 현실의 증권 매매는 완전히 다르기 때문이다. 현실적으로 증권을 매매하게 되면 이것으로 손해를 보면 큰일이라든가, 증권을 살 돈을 은행에서 빌리거나 친구에게 빚지거나 빚을 얻어 살 경우, 증권이 얘기한대로 올라가지 않으면 갚지 못한다 하여 무리하여 팔지 않으면 안 되게 된다.

책상 위에서의 매매라면 증권 시세가 올라가기 시작했을 경우 냉정하게 대처하여 당황하여 팔지 않고 제일 많이 올랐을 쯤해서 팔수도 있겠지만, 실제로 증권을 갖고 있을 경우에는 조금 올랐을 때 서둘러 판 뒤 후회하는 일이 생기기도 한다.

현실적으로 증권을 매매하는 경우에는 불안, 동요, 초조 등 심리적 교란 요인이 매우 많으며, 이러한 동요 속에서 잘 해나가지 않으면 안 되는 것이다. 그런데 책상 위에서의 매매에 있어서는 이런 체험을 거의 하지 않는다. 이것으로는 진짜 실력이 붙지 않는다.

인간이라는 것은 실패하거나 망설이거나 두려워하거나 슬퍼함으로써 자기의 무력함이나 한계를 깨닫고, 그러므로 또 진지하게 자기 능력을 뻗치려고 한다. 더욱이 어떻게 하면 성공하고 실패하는가를 스스로 겪으면서 배워 나간다. 이렇게 배워 나가는 것이 가장 중요하다..

또 아주 궁지에 몰려 어떻게 해보아야 한다고 열심히 생각한 점과 문득 좋은 아이디어를 생각해 낸다. 혹은 열심히 한 결과 자기의 힘이 많이 늘어난다. 이러한 체험을 통하여 자신이 생긴다. 이런 것은 체험에 의해서만 배울 수 있는 것이다.

### 실험의 결과를 검토하라

창조성을 발휘해 나가려는 경우에도 이러한 체험이 참으로 중요하다. 그래서 책상 위에서 생각하고 있을 뿐만 아니라 좋은 아이디어가 떠오르면 가설을 세워 실험해 본다는 것이다.

실험해 봄으로써 그 안(案)이 좋은가 나쁜가가 뚜렷해진다. 혹은 A안과 B안이 있어, 어느 쪽이 좋은가 망설이고 있을 때에는 실험해 보면 어느 쪽이 좋은가 뚜렷해진다.

양쪽 다 별수 없다는 것을 알게 되는 수도 있으며, 추진하고 있는 동안에 더 좋은 아이디어가 떠올라 뜻밖의 방향으로 발전해 나가는 수도 있다.

또 처음부터 대규모적인 실험을 했을 경우에는 실패하면 손실도 크므로 아주 소규모로 실험해 보는 방법도 취해진다. 이것을 프리테스트라 하는데 이 프리테스트에 의해 성패가 확인되며, 대대적으로 착수하도록 하면 안전하다.

일찍이 산요(三洋)전기에서 전기세탁기를 개발하려고 생각했을 때 어떤 것이 좋은가를 두고 사장 이하 직원들이 모여 여러 가지로 연구한 일이 있다. 이를 위해 기존의 세탁기를 모델로 삼아 이것들의 장점과 결함을 철저히 분석, 검토해 볼 필요가 있다고 하여 입수되는 모든 전기세탁기를 사들여 연구했다.

처음에 모델로서 사들인 것은 미국제와 일본제로서 전부 교반식(攪拌式)의 둥근형이었다. 그래서 산요에서도 이것을 힌트로 하여 신제품을 만들려 하여 교반식의 둥근형이라는 구상이 거의 다 듬어졌다. 그리고 교반식으로 한다는 가설 아래 실험하고 검증하여 1년 가까운 기간에 수천만엔의 연구비를 써서 교반식의 결함을 없애고 이만하면 되겠다는 선까지 왔다. 그런데 우연히 수미

토오(住友) 은행의 은행장이 영국의 분류식이 좋지 않을까 하는 시사를 주었다.

교반식이 거의 마무리되었는데 새로운 방식을 제시받았으므로 망설였으나 새로운 방식의 것이라도 가설을 세워 실험하고 검증해 볼 필요가 있다고 생각하고 분류식의 연구에 착수했다. 그리하여 분류식을 연구하는 동안에 이쪽이 더 유리하다는 것이 검증되었으므로 교반식에서 분류식으로 바꿀 결단을 내렸다.

이처럼 창조성 발휘를 위해서는 실험, 검증할 필요가 절대로 있으며 실험, 검증을 통하여 창조력이 크게 뻗어나갈 수가 있는 것이다.

다음 장에서는 세계적인 경영컨설턴트 제1위인 후나이 유끼오 씨가 저술한 수많은 책들 속에서 핵심 주제들만을 발췌하여 수록하였다. 인간경영에 크게 도움이 될 것으로 믿어마지 않는다.

# PART 2
## 후나이 유기오의
## 인간경영

# 제 1 부
## 인간의 시대
### - 성공한 자는 겸허하다 -

# 마케팅의 상식을 깨뜨려라

## 벽을 돌파하는 노력이 중요하다

일찍이 일본에서 장사의 귀신이라고 일컬어진 것은 오사카 대판(大阪)상인이었다. 그 실리적인 장사 수법은 도쿄를 비롯하여 전국을 석권했다.

최근 오사카 상인들의 형편이 말이 아니다. 오사카의 대표적인 산업이라고 하는 섬유가 불황에 빠져 있기 때문만이 아니라 전반적인 경향이 그렇다. 섬유의 경우, 벌고 있는 것은 도쿄, 나고야이고 오사카는 점점 사양화 되고 있다.

나는 오사카의 토박이이고 컨설턴트로서 관계하고 있는 회사의 태반이 섬유회사이니 만큼 아쉽기 짝이 없다. 코스모스클럽의 오사카 정례회의에서는 가끔 경영인들에게 듣기 싫은 말을 하는 경우도 있다.

경영 컨설턴트라는 일을 하다 보면, 도쿄·오사카·나고야에서 각각 독특한 재미있는 기풍의 차이를 경험하게 된다. 도쿄 사람들은 지식이라든가 기술정보와 같은 무형의 자원에 적극적으로 투자를 한다.

반면에 나고야 사람들은 돈벌이가 된다고 판단이서면 무형의 자원에 돈 내기를 주저하지 않는다. 그러나 오사카 사람들은 절대로 무형의 자원에는 돈을 쓸 생각을 하지 않는다. 세미나도 무료라면 들으러 가지만 돈을 내고서까지 듣고 싶지는 않다는 것이 근본 자세이다.

너무나 뚜렷한 이 지방의 특성에 번번이 놀라고 있거니와 이와 같은 또 하나의 커다란 지방 특성은 오사카 상인들은 눈앞에 보이는 이해 중심의 장사를 하는데 비해 도쿄 상인들은 눈앞의 이해는 별 관심없고 과거의 인간관계를 중심으로 장사를 한다는 점이다.

'시류적응'이라는 점에서 본다면 변화가 심하니까 눈앞의 이익을 추구하는 쪽이 낫잖는가? 이렇게 반문한 오사카의 경영자가 있었지만 변화가 심한 만큼 어떠한 변화에도 적응할 수 있고, 그러면서도 스스로가 변화하지 않는 체질이 필요한 것이다.

기업은 보다 거시적으로 시류를 파악하면서 아무리 세상이 변하더라도 스스로는 그다지 변하지 않는 쪽이 더 나은 법이다. 그리고 변화가 심하면 심할수록 이러한 체질 만들기에 힘써야 한다.

도쿄상법의 인간관계 중심형은 이런 뜻에서 시류에 들어맞는다. 신용하고 안심할 수 있으며, 오랜 세월에 걸쳐 상대방에 돈벌이를 시켜 주는 것이 자기의 돈벌이와 연결됨을 알게 된다.

그런데 단순히 이해관계만으로 연결되어 있으면 언제까지나 공존공영할 수가 없다. 그뿐 아니라 안정성을 유지하기 어렵게 된다.

## 회초리와 먹이로는 사람은 쓸 수 없다

경영을 다음과 같은 관점에서 보면 신상필벌의 의미가 쉽게 떠오를 것이다.

'회사가 종업원을 고용한다. 하나의 목적을 부여하여 일을 시킨다. 그 때문에 급여를 지급한다. 일은 주어지는 것이며, 종업원이 하고 싶은 것인지 아닌지는 문제가 되지 않는다. 목적보다 잘 되었으면 상을 주고, 목적에 이르지 못했으면 벌을 준다. 이런 의미에서 목적 관리를 위해 신상필벌은 필요하다.'

나폴레옹은 '회초리와 먹이만 있으면, 사람은 자유자재로 부릴 수 있다'라고 말했다.

부여받은 관리, 감시하고 공포감을 우선시키는 관리, 이것이 신상필벌의 기본적 구성 요인이다. 여기에는 본질적으로 인간은 감시받고, 벌을 받는다는 공포가 없으면 못된 짓을 한다는 발상이 깔려 있다. 신상필벌은 상을 주고 벌을 줌으로써 현실적인 목적을 타인이 달성하도록 하기 위해 경영자 편에서 마련한 예방적 수단이라고 볼 수 있다.

그것은 결코 상이나 벌을 받는 쪽에서의 것이 아니며, 주는 쪽에서의 일방적인 것이다. 그러므로 받는 쪽이 그 결과에 따라 어떻게 되는가는 알 바 없다는 자세가 역력히 보인다.

한편, 형법학자의 논쟁에 '응보형론'과 '교육형론'이 있다. 범한 죄를 벌하기 위해 죄에 상당하는 형을 가한다는 것이 응보형론자의 논리이고, 죄를 범한 것은 사실이지만 앞으로 그런 죄를 다시는 범하지 않도록 교육적 의미에서 형을 가한다는 것이 교육형론이다. 그런데 최근에는 인간성의 자각과 회복이라는 관점에서 교육형론이 학계의 주류를 이루고 있다.

신상필벌주의자는 첫째, 체제 유지를 위해서, 둘째, 질서 유지를 위해서는 필벌의 대의명분으로 내세운다. 그러나 벌을 받은 본인이 그 결과 어떻게 되고 그것이 질서유지나 체제유지를 위해 최선이었는지 어떤지는 별로 따지려 하지 않는다.

나는 교육형론 찬성자이다. 신상필벌주의를 반대한다. 이제부터 그 이유를 설명하겠다.

## 벌 받으면 반항하는 것이 인간의 참모습이다

인간이 벌을 받으면 과연 반성하고 행동양식을 바꾸게 될까? 결론부터 말하면 '아니다'라는 답이 옳다.

아무리 나쁜 짓을 한 사람이라도 벌을 받고나면 그것으로써 과거의 나쁜 행위는 상쇄되었다고 여기게 마련이다. 그리고 한편으로는 벌을 준 자에 대한 반감이 고개를 치켜든다.

심리학에 '예기충족(豫期充足)의 원리'라는 것이 있다. '사람은 예기했던 결과가 충족되면 그때까지의 행동 패턴을 변경할 필요가 없다고 여기게 된다'는 것이 이 원리인데, 그러기 때문에 신상은 좋지만 필벌은 좋지 않은 것이다. 그러므로 앞으로는 관리방식을 바꾸어야 한다.

사람은 명령받고 부여받기 보다는 동참하고 자기 스스로가 이해한 다음에 하는 행동이라야 더욱 활성화 되는 법이다. 상사라든가 회사로부터 인정을 받고 싶어 하지만 그것은 동료욕 본능에서 나온 것이면서 사회적 욕구인 것이다.

남에게 고용당하고 또 명령당하고, 그리고 잘못했다는 잔소리를 듣고 더욱이 벌까지 받고 보면 언짢은 생각이 드는 것은 오히려 당연하다 할 것이다.

반성을 위해서 작용될 때 비로소 형벌은 가치를 지닌다. 관리 방법으로서 반성이 아니라 반향을 불러일으키는 따위의 응보형은 바람직한 방법일 수 없는 것이다.

일반적으로 보통 사람이라면 스스로 실패했다고 느꼈을 때 이미 반성하게 된다. 그것을 따뜻하게 감싸주고, 다시 실패하지 않도록 여러 가지 방법을 가르쳐 주는 것이 최선의 관리방법일 것이다. 예기충족의 원리를 잘못 적용해서는 안 된다.

직장이 없고 직업은 고통이라고 체념하고 있었던 시대에 매우 유익했다고 해서 언제까지나 신상필벌적인 관리를 계속한다면 미구에 사람을 고용할 수 없게 될 것이며, 기업도 발전이나 성장을 멈추게 될 것이다.


## 먼저 인간의 존재를 생각하라


지금까지 우리는 가난했다. 일하지 않을 수가 없었다. 회사는 먹고 살기 위한 도구이고, 거기서는 자기를 주장할 수 없었다.

회사가 먼저 있고 여기에 업무가 있으므로 이것을 보다 효율적으로 수행하기 위해 인간이 고용되고 있었던 것이다. 그러나 지금 우리는 모든 면에서 풍족하다. 자아를 충족시키고 자기실현을 수행하기 위해 직장을 찾는다. 그 업무를 효율적으로 이루기 위해 회사라는 하나의 조직체가 있다.

지금은 인간이 존재하고 인간성을 추구하기 위해 직장이 있으며, 그것을 잘 운영하기 위해서 조직체가 생기는 것이다. 따라서 현대의 조직체는 인간 중심이어야 하는 것이다.

옛날과 같이 인간이 있고 살아가기 위해 일이 있었으며, 그것을 보다 잘 운영하기 위해 조직체가 존재했던 출발의 시점으로 풍요로움을 얻은 인류는 겨우 이제야 되돌아 간 것이다.

새로운 조직의 발상은 먼저 조직의 성원인 인간에게 있어서 최선인 업무는 무엇인가를 생각하는 데서부터 시작된다. 과거에 구애될 필요는 전혀 없다. 현재의 성원에게 최선의 업무를 제시하고 그것을 골라내어 그 일을 어떻게 수행하느냐는 목적을 위해 조직을 만들고 운영법을 생각하면 된다. 어디까지나 성원인 인간이 주체이고 그 조직은 인간 중심인 것이어야 한다.

회사는 성원 때문에 존재한다. 성원이 바뀌면 당연히 회사의 내용, 업무나 조직 등도 마땅히 변해야 된다. 회사는 먼저 성원을 위해서도 시류에 따라 변화해 가야 한다. 급격히 변하는 시대에 현재의 시점에 머문다는 것은 멸망을 의미한다. 단, 이 변화는 성원의 능력에 상응하는 것이라야 한다. 능력 불상응(不相應)은 도리어 생존물(生存物)을 죽게 만들기 때문이다.

# 1등주의, 포위전략에 투철하라


## 작은 것이 큰 것에 이길 수 있다

기업 경영의 원칙은 시류적응이다. 그러나 시류에 적응하지 않더라도 살아남는 수가 있다. 그것이 1등주의다. 시류에 적응하면서 1등주의를 장악할 수 있다면 이것은 절대적이다. 그러나 상품이나 한 가지 장사나 크게는 하나의 산업에 라이프 사이클은 끊임없이 단축되는 경향을 나타내고 있다.

한 가지 사업을 영속화 시키는 것이 기업 경영의 이익을 위한 하나의 수법이라는 점에서 본다면 기업은 시류 부적응인 것을 취급하더라도 영속되고, 또한 이익도 나는 방법을 강구해야 한다. 이를 위해서는 1등주의 밖에 없다.

1등주의 중에서도 가장 올바른 마케팅 전략은 포위전략이다. 알기 쉽게 두 경쟁 기업이 있다고 치자. 이것을 A와 B로 한다. 그리고 A의 힘은 100, B의 힘은 50이라고 가정한다.

이 경우, A가 B에 취할 최선의 방법은 B의 사업 영역을 포위해 버리는 것이다. B가 취급하는 것은 전부 A도 취급하고, 이에 덧붙여 A에게는 B가 취급할 수 없는 것도 있다면 벌써 거기에는 경쟁이고 뭐고 없다. B의 무조건 항복이 있을 뿐이다.

결론으로서 내가 항상 강조하고 있는 바를 소개하면, '작은 것이 큰 것을 이기는 방법은 작은 쪽이 큰 쪽보다 머리가 좋을 때에 한한다. 작은 것이 살아남을 수 있는 경우는 작은 쪽이 큰 쪽보다 머리가 좋거나 큰 쪽이 작은 쪽을 살려두자고 생각했을 때뿐이다.'

1등주의와 그 활용법으로서 포위전략의 의미를 충분히 새겨주기 바란다.


## 힘에 넘치지는 말고 1등이 되라


기업 경영의 기본은 역시 '자기 힘에 넘치는 일을 해서는 안 된다'는 것이다. 힘에 겨운 일을 하면 환경조건이 여간 좋지 않고서는 결국 힘에 부쳐서 나자빠지게 마련이다.

한편, 현재와 같은 경쟁 격화시대에 살아남으려면 경쟁 상대보다도 강해야만 한다. 힘에 부대끼는 일이 없이 1등이 되지 않고서는 기업은 생존이 불가능해지고 있다. 이것을 마케팅전략에 적용시키면 다음과 같이 된다.

그것은 능력상응과 1등 확보라는 두 가지 조건을 충족시키는 ①상권 ②대상 ③취급 상품의 결정이다. 이 경우 능력이 있으면, ①의 상권은 보다 넓은 곳으로 진출할 수 있고, ②의 대상도 몇 사람에 국한되지 않고 일반대중으로까지 넓힐 수가 있다. 또 ③의 취급 상품도 단일 품목에 한정하지 않고 종합화 할 수 있을 것이다.

따라서 능력 상응, 1등 확보라는 조건을 충족시킨다면, 상권이 넓어지면 넓어질수록 대상이 일반화 하면 할수록 취급 품목이 종합화 하면 할수록 기업은 이익을 낳을 수 있는 것이다.

능력이 없으면 1등이 되기 위해 취급 품목을 줄이거나 대상을 특정층에 고정시키거나 좁은 상권에서 장사를 하거나 해야 한다. 더구나 기업인 이상 되도록 매스 메리트의 추구가 가능하게끔 상권과 대상과 취급 상품의 결정에 신경을 쓸 필요가 있다.

그리고 내가 지금 업무상 특히 주력하고 있는 백화점이나 대량 판매점과 같은 대형점에 있어서는 다음과 같은 일이 실제로 이루어지고 있다.

표준점을 체인화 한다고 해서 모든 점포가 1등점이 될 수는 없고, 지역 차가 있어 여간 어려운 일이 아니지만 지역 1등점은 하나보다는 둘, 둘보다는 셋처럼 많으면 많을수록 좋다. 왜냐하면 1등점인 이상 모든 상품을 취급할 수 있다고 볼 수 있는데, 그중에서 실용품적인 상품은 점포수가 늘어나면 늘어날수록 매스 메리트의 추구가 보다 가능한 것이다.

지역 1등점의 다점포화가 지금 백화점, 대량 판매점의 한 방향으로 정해지고 있는 것은 이러한 이유에 의한다.

능력이란, 기업이 지니고 있는 사람과 상품·자금·정보 등의 요인과 그것이 어우러져서 발휘하는 종합력의 크기를 말한다.

또한 1등이란 손님이 가장 기뻐하는 상황의 실현에 능력을 발휘할 수 있음을 말한다. 또 상권이라는 것은 경쟁하는 터전을 가리키고 상품이나 대상, 업태 등에 따라 정해진다.

이것들을 잘 조화시켜 보다 넓은 상권에서 보다 좋은 종합상품을 1등이라는 조건을 충족시키는 범위에서 취급할 수 있는 것이 올바른 마케팅전략이라 하겠다.

현재 대도시에서는 대량 판매점이 능력 부족으로 백화점과의 경쟁에 패배하여 이익을 거의 못 내고 있다. 지방에서는 능력상응, 1등 유지가 가능하므로 확대되고 있다. 그러나 인구의 대도시 집중화가 하나의 경향이고 보면 대도시에서 1등이 될 수 없는 한 대량 판매점의 장래성은 기대하기 어렵다.

따라서 지금은 되도록 빨리 능력을 키워 대도시에서 백화점에 대항할 수 있도록 준비를 해야 한다. 이를 위한 단계로서, 지금 인구가 많은 대도시를 피해 굳이 인구가 적은 지방도시로 대형의 빅 스토어가 앞다투어 대형점을 개점하고 있는 것이다. 멀지 않아 대도시 주변에서 그리고 대도시에서 성공하기 위해 이것은 최상의 전략인 것이다.

## 앞으로는 충동 쇼핑의 시대다

현재와 같이 물품이 넘치게 되면 손님은 이미 가질 물품은 다 가지고 있는 터이므로 오일쇼크 후에도 목적 쇼핑을 하지 않게 된다.

소비자의 욕구가 멋을 내기 위한 사치품으로 변화함에 따라 점포나 상품에도 충동 쇼핑을 유발하는 요소가 필요해진다. 즉, 물품 이외의 부가가치로써 소비자를 끌어당겨야 한다. 이것이 레저화, 패션화를 지향케 하는 큰 이유이다.

인간 생활의 기본은 '결핍의 충족'에서 '욕망의 추구'로 변화해 왔다. 이에 따라 소비자의 욕구는 변화했다. '결핍의 충족' 시대에는 '우선 갖추고 본다'거나 '무엇으로든 때운다'는 생각이 일반적이었다. 그러나 '풍요로운 시대'에 들어서자마자 상황은 완전히 바뀌고 말았다. 여러 가지 가운데서 탐나는 것만을 고를 수 있게 된 것이다.

상품에 따라서는 아직 불충분한 것도 있으나 대개는 탐나는 것을 손에 넣을 수가 있다. 값이 싼 것뿐만 아니라 이젠 내구소비재도 마음대로 고를 수 있는 것이 많다.

예를 들면 자가용차의 경우 세단이 있고 쿠뻬(2인승 자동차)가 있다. 최근에는 각 메이커마다 하드톱의 판매에 주력하고 있다. 모양뿐만 아니라 차내의 설비나 메커닉도 마음대로 선택할 수 있다. 그야말로 와이드 셀렉션(광범위한 선택)인 것이다.

'당신에게 맞추어 만들었습니다'라는 캐치 프레이즈가 최근 눈에 띈다. 완전히 소비자 주체의 발상이다. 메이커로서도 생산자 지향으로는 틀렸으며, 이제는 소비자 지향이라야만 하겠다고 느끼고 이 문제를 진지하게 검토하기 시작했다. 그러나 기업은 여기에서 커다란 문제에 부딪친다. '메스' 방식으로 규모 있는 메리트를 추구해야겠는데, 메스로 하면 아무리 해도 소비자의 의향을 만족시킬 수가 없다. 그렇다고 소비자의 희망을 일일이 듣고 있다간 도무지 장사가 되질 않는다.

이 같은 망설임은 누구에게나 있는 법이다. 망설임이 생겼을 경우엔 눈을 크게 뜨기를 권한다. 망설임이 생기면 아무래도 자기 바로 옆 밖에 볼 수 없는 법이다. 눈을 크게 뜨면 주변의 상황이 의외로 잘 보이는 수가 있다.

나는 늘 '시류적응'이 경영의 제1 원칙임을 강조한다. 이 원칙에 입각하여 앞서 말한 문제를 생각하면 곧 해답이 나오리라고 생각한다.

인간은 '결핍의 충족'에서 '욕망의 추구'로 변화해 왔다. ─이것이 시류인 것이다.

풍요로운 사회에서는 종전과 같은 것으로 만족할 수 없게 된다. 보다 많은 것 중에서 자기에게 맞는 것을 선택하는 일에 만족을 느낀다. 사람은 되도록 남과는 다르고 싶기를 원한다. ─이것이 시류이다.

시류에도 여러 가지가 있다. 그러나 많은 상황 중에서도 불쑥 떠오르는 요소가 있다. 그것에 의해 시류가 또렷해지는 말이 있다. 그것은 고급화이고, 다양화이며, 개성화이다. 이는 패션시대가 왔다는 것을 암시하고 있다.

즉, 앞서 말한 시류적응의 원칙에 입각해서 보면 소비자의 의향을 가능한 한 많이 반영시키는 것이 상책이라는 결론이 나온다.

# 사람이 있고 회사가 있는 시대

## 홀로 걷게 하라, 참여시켜라!

지금까지는 사람이 먹기 위해서 일을 했다. 그러나 현재는 먹기 위해서는 일하지 않더라도 괜찮을 정도가 되어 가고 있다.

지금까지 회사는 종업원을 부리고 있었다. 지금은 노동을 제공받고 있다. 종전에는 가급적 종업원이 태만하게 근무하지 못하도록 하기 위해 조직이 있었고, 시스템이 있었으며 체크 포인트(요주의 점)가 있었다.

과거 인사정책은 완전히 성악설(性惡說)에 의거했었고, 근무시간에는 종업원의 의사와는 관계없이 어떻게 해서 그를 회사를 위해 노동을 시키느냐에 그 핵심이 있었다. 그 기본은 성악설과 인간 기계화 방식이었다.

사람을 가능한 한 기계에 근접시키려는 테일러나 포드 이래의 콘베이어 시스템(유동작업 장치) 개념이 표면적으로는 반성되면서도 줄기차게 활동되었던 것이 사실이었다.

그 가장 큰 이유는 대중이 가난하여 우선 살아가기 위해 여하튼 간에 직장을 찾아야 했고, 그 직장 유지를 지키기 위해 모든 자기 희생을 감수해야만 했기 때문이다. 그러나 급속한 경제성장에 따른 구인난과 소득향상, 여가 시간의 증가 등 현상은 가난하고 약했던 대중을 넉넉하고 인간적인 존재로 밀어올렸다. 그리하여 인간성의 중시가 지금은 경영에 있어서 가장 중요한 포인트가되었다.

인간성, 그것은 다음과 같은 것이다.

첫째, 어떤 사람이든 자기 자신이 가장 소중하다. 자기를 희생하면서까지 남을 돕겠다는 생각은 인간의 본성에 위배되는 것이다.

둘째, Give and Take로 대인관계를 처리한다. '받았으므로 갚는다'는 것이 인간의 본성이다.

셋째, 살고 있는 최종 목적은 자아의 충족과 자기 실현이다.

넷째, 인간은 끊임없이 보다 인간적으로, 즉 개성적이기를 지향하고 있다. 그러나 개성적이기에 앞서 동조성의 욕구가 있다는 것을 알아야 한다.

이러한 시대, 더욱이 앞으로는 보다 인간성이 중시될 것임을 부정할 수 없는 지금, 기업은 그 인사와 조직 전략을 인간 신뢰에 바탕을 둔 관리방법으로 변경하지 않을 수 없는 것이다. 인간 불신에서 인간 신뢰로, 인간성 무시에서 인간성 중시로 180도의 전환을 하지 않을 수 없게 된 것이다. 참으로 다행스러운 일이다.

## 방임관리의 계율

그런데 인간 신뢰에 의한 관리는 매우 어려운 문제를 제기한다. 왜냐하면 그것은 Give and Take 형태로 성립되는 것이기 때문이다. 더군다나 인간성에 관한 Give and Take인 것이다.

앞으로의 경영자는 사람을 믿고 신뢰받기에 충분하고 훌륭한 인간성을 지니지 않고서는 사람을 쓸 수 없게 될 것이다. 또 패션 인간을 활용하려면 스스로 패션 인간이 되어야만 할 것이다.

앞으로는,

1. 동시 처리를 할 수 있고
2. 사업과 취미가 일치하며
3. 거시적, 미시적 안목으로 해석할 수 있고
4. 행동하면서 사고할 수 있으며
5. 원만한 인격이고, 정서 안정형이며
6. 타인에 대한 배려를 할 줄 알고
7. 지도력이 있는 사람

이런 사람이 아니면 경영자로서는 부적격하게 될 것이다.

사람의 본성은 착하다는 성선설을 스스로 실행했을 때 비로소 인간 신뢰의 경영이나 관리가 궤도에 오르게 되리라 믿는다.

인간성에서의 Give and Take 는 참여와 독립의 관계일 때 가장 효과를 발휘한다. 각자가 조직 속에서 스스로가 독립성을 가지고 참여하는 것이다.

'사람이란 자기가 소속된 집단의 규범에 맞추어 태도를 정하고 행동한다. 그러나 그 원동력은 자유로운 자신의 존재의식이다.'

이것이 방임관리의 계율(戒律)이고 참여와 독립의 원리인 것이다.

## 미래는 사람이 있고, 회사가 있는 시대다

일본은 종신고용제를 채택하고 있다. 그 가부(可否)는 차치하고서라도 그 때문에 '샐러리맨은 속편한 직업이다'라는 생각이 버젓이 통하고 있고, 태만하지 않고 쉬지 않으며 능력이 없어도 대과(大過)없이 지내면 이럭저럭 살아갈 수 있게 되어 있다. 그러나 사정은 크게 변할 것 같다. 천하 없는 대기업도 시대적 흐름을 잘 타지 못하면 언제 도산할는지 모른다. 회사가 있고 사람이 있는 것이 아니라 사람이 있고 회사가 있는 시대로 세상은 바뀌고 있는 것이다.

사실 성장하고 있는 기업은 그 최대 요인을 사원들의 하고저 하는 의욕이라고 보고 있다. 방임(放任)관리를 할 수 있는 회사, 그것은 사원마다 의욕에 불타고 일이 취미와 같아 신명이 나서 스스로 회사를 끌고 가는 상태의 회사일 것이다. 그리고 이것이 최선인 것이다.

나는 자주 미국에 간다. 미국인의 대부분은 대사에 '끊고 맺기'가 분명하며, 특히 일과 놀이는 확실히 구분한다. 그러나 미국에도 그렇찮은 일부의 사람들이 있다. 그들이 소위 엘리트라고 부르는 사람들이다.

미국에는 소수의 엘리트와 다수의 대중이 있다. 엘리트는 밤낮을 가리지 않고 일한다. 그들에겐 일이 곧 취미요, 취미가 곧 일이다. 엘리트에겐 일과 놀이의 구별이 없다. 어느 편이냐 하면 '구별'이 없는 '동시 처리형'의 인간이다.

이것이 미국 엘리트의 특징이다. 그들은 분명히 패션형이지만 메스 패션형은 아니다. 그러나 유감스럽게도 미국의 엘리트는 소수이고, 대다수의 대중은 일과 놀이를 엄격하게 구별할 줄 아는 매스 패션형이다.

그런데 일본에는 엘리트가 넘친다. 원래 일본인은 일을 끊고 맺고 하여 '가름'하는데 민감하지 못했는데, 텔리비전의 영향으로 이 경향은 더 심해진 느낌이다. 더군다나 머리 좋기로는 세계에서도 유수한 인종이다. 일을 좋아하고 풍요로움과 더불어 일을 선택할 수 있게 되면 그 태반은 미국의 엘리트족과 같은 행동을 취할 것이다.

일과 놀이의, 일과 취미의 일치를 지향하여 많은 일본인은 지금 온 힘을 쏟으려 하고 있다. 그것은 개성화, 이른바 패션화 되어 나타날 것 같다. 메스 패션이 아니라 패션인 것이다.

머리가 좋은 일본인은 지금 인생의 목적인 자아의 충족이라든가 자기실현이 여가를 아무리 잘 이용하더라도(그 이용이 본능과 같은 기본적 욕망에 빠지는 것이라면 또 몰라도) 일 이외의 짓거리로는 불가능하다는 것을 알게 되었다. 일과 놀이, 일과 취미의 일치가 우수한 자기들의 두뇌와 체질에 가장 잘 합치됨을 깨닫기 시작한 것이다.

## 감정과 본능 관리의 중요성

여러 회사를 드나들다 보니 조직에 대해서 진지하게 생각해 보는 때가 많아졌다.

생산→판매→조직(인사)과 같이 회사의 니즈(need: 필요성)가 최근 5~6년 사이에 크게 변했다는 것도 느끼게 된다.

조직이란 무엇인가?

'둘 이상의 사람이 존재할 때 으레 한쪽은 능동적인 입장에, 또 한쪽은 수동적인 입장에 서게 된다. 그래서 한 목적을 이루기 위해 가장 효율적으로 사람과 작업(생각하는 것도 포함된다)의 내용을 조화시키는 것이 곧 조직이 지향할 바다.'

이것이 조직의 정의인데 상당히 어렵고 까다로운 것이기도 하다. 거기에는 가장 복잡한 '사람'이 관계되기 때문이다.

'사람'에게는 이성만으로는 가늠할 수 없는 감정이 있다. 또 자기 자신의 의사만으로 콘트롤 하기가 아주 어려운 본능이 있다. 더욱이 '감정'이나 '본능'이 주체적인 시대가 되었다.

이쯤 되면 조직론은 이미 이론이 아니고, 학문적으로도 간단히 규정할 수 있는 것이 아니다.

구성원이 일을 하거나 혹은 목적의 달성에 있어서는 가장 최선이라고 자기가 긍정할 것을 어떻게 조화, 편성하느냐 하는 기술적인 문제가 되는 것이다. 편성하는 기술에서 가장 효과적인 것은 '능력이 있는 사람'이 신뢰를 베푸는 일이다. 조화나 편성 감정은 신뢰 속에서 가장 유순해진다. 그리고 놀라운 성과를 올린다. 이것이 조화, 편성 기술의 첫째 착안점이다.

두 번째 착안점은 자연발생적인 인자(因子)를 중요시 하는 비공식적 조직인데, 구성원이 피압박감을 느끼지 않도록 비공식 조직이 운영되어야 한다.

조화 편성을 위한 기술의 셋째 인자는 '밸런스'의 문제이다. 사람만큼 밸런스를 중요시하는 존재는 없다. 밸런스(균형)는 기본적으로 비교에 의해 성립한다. 여기에서는 경쟁의 원리가 성립되는 것이다.

넷째 인자는, 셋째까지의 인자가 일반성인 것과는 달리 특이성이다. 특이성은 흥미와 연관되기 때문에 이것 또한 중요한 조직상의 요인인 것이다.

이런 시각에서 볼 때 조직은 컴퓨터로 구성되는 것과는 다르다는 것을 알 수 있다. 공식 조직론이 인간성의 자각이나 풍요로움의 도래와 함께 그 약점을 드러내게 된 것은 당연한 귀결인 것이다. 그리고 그 약점을 해소하는 방법은 조직원이 사람인 한 앞으로 그리 쉽게는 나타나지 않을 것이다. 그런데 패션이라는 말을 이 조직과 대비시켜 보면 흥미롭게도 이들은 매우 닮았다는 것을 느끼게 된다. 그리고 패션이 그렇듯이 조직의 승부수도 '육감'이나 '시뮬레이션'밖에 없고, 이것도 인간성에서 초래된 것임을 알게 된다.

섬유 관계의 각 기업은 조직과 패션의 유사성을 쉽사리 파악할 수 있는 입장에 있다. 그런 의미에서 새로운 조직 만들기의 선두 주자가 되면 다른 산업에서도 지도적 입장에 설 수 있게 된다.

패션 창조에 못지않게 '조직'의 문제 해결에 노력하기를 바란다.

# 서로 통하는 사람끼리 일하게 하라

## 인간 관리의 방법은 철저히 사람과 사귀는 것이다

인간이란 재미있고 희한하고 멋들어진 동물이다. 사귀면 사귈수록 맛이 난다. 인간 관리의 방법은 철저히 사람과 사귀는 것이다. 그리하여 인간미(人間美)를 철저히 발휘하게 하는 것이다.

여기서는 먼저 인간의 정겨운 맛을 분출하기 위한 인간성의 기본에 대해 잠시 살펴본다.

인간은 자기보다 능력이 없는 사람 밑에서는 일하기를 기피하는 본성을 지니고 있다. 자기 상사가 자기보다 능력이 없을 때, 그는 거기에서 달아나거나 상사의 발목을 잡으려 든다는 것이 인간인 것이다. 실력이란 능력×의욕이고, 능력이란, 지식×기술×태도이다. 그래서 한 회사나 한 기업을 두고 말할 때 거기의 톱(Top)이상의 인재는 그 시점에서 존재하지 않는다고도 할 수 있다. 기업은 톱의 힘, 즉 사장의 실력(능력×의욕) 이상으로는 성장하지 않는 이유를 이것으로 알 수 있을 것이다.

또 마음이 맞는 사람, 사이가 좋은 사람들이 한 편이 되어 일할 때 그 일은 틀림없이 흥미와 일치한다. 또 거기서는 서로 독립과 참여가 잘 조화를 이루므로 놀라운 효능을 발휘한다.

그런 의미에서 서로 성질이 잘 맞는 상성(相性)인 사람들이 한 그룹을 만드는 것을 나는 이상적인 조직의 형태라고 생각한다.

그렇다면 상성이란 도대체 무엇일까. 오행설(五行說)에서는 어렵게 풀이하고 있으나 알기 쉽게 말하면, 어딘지 모르게 통하는 데가 있다. 같이 있으면 마음이 편하다. 안심할 수 있다. 옆에 없는 것보다 있는 쪽이 즐겁다고 느끼는 것이 상성의 현상이라 할 수 있다. 일반적으로 상성은 그 사람의 인생관, 사회관에 따라 정해지는 것 같다. 특히 그 중에서도 남을 대할 때의 마음가짐에 커다란 핵심이 있는 것 같다. 이것을 '대인관계의 사고(思考)'라고 한다.

따라서 경영이나 관리에서 상성적 논리를 적용하고 싶으면 한 가지 프로젝트를 담당한 책임자가 먼저 자기와 상성인 사람을 모으는 것부터 시작하면 된다. 그러나 상성의 경영과 상성의 관리는 가끔 엄청난 실패를 저지르기도 한다. 그것은 같은 유형인 사람이 너무 많아 미시적, 주관적인 판단에 빠지는 경우이다. 그래서 재수있는 행운의 경영이 필요하게 되는 것이다.

## 재수 좋은 인간을 써라

저 사람은 재수가 있다느니, 저 녀석은 재수에 옴이 붙었다느니 하고 사람들은 재수라는 말을 흔히 쓴다. 나는 이 '재수'라는 말에 흥미를 가지고 수년 전부터 '재수'를 중심으로 사람들을 살펴보았다. 재수가 있는 사람과 재수가 없는 사람의 차이는 무엇일까 하고 여러 문헌을 뒤져서 친근한 사람들의 연보를 만들어 보았다. 그 결과 '재수'라는 것은 그 사람 스스로가 만들어낸 것이지, 결코 운명도 아니고 타동적인 것도 아니라는 것을 알게 되었다.

인간은 주관적 동물이다. 그래서 자기를 과대평가하고 타인을 과소평가하는 경향이 흔하다. 따라서 제3자에 대한 얘기는 서로 즐겁게 할 수 있지만, 마주 대하는 두 사람 사이에서는 마음에 없는 말을 주고받거나 아니면 입에 못 담을 말이 오가는 것이 상식이다. 기분도 별로 좋지 않다. 평가가 다르기 때문이다.

인간은 기분이 좋고 쾌감을 느끼기를 바란다. 그래서 기분이 좋아지는 사람과는 사귀고 싶은 것이 당연한 일이다.

인간의 성공이나 재수의 유무는 대인관계에 따라 정해진다는 것이 하나의 부인할 수 없는 사실이라면, 자기 자신을 남이 긍정적으로 평가할 수 있는 눈으로 바라볼 수 있을 때 재수가 있게 된다. 쉽게 말하면, 절대적으로 주관적인 사람보다도 객관적인 사람 쪽이 재수가 좋다. 또 같은 사람이라도 주관적일 때보다는 객관적일 때가 훨씬 재수가 좋다. 그리고 이 재수에는 사이클(주기)이 있다는 것도 알게 되었다.

이렇게 볼 때 재수가 좋은 사람에게는 그럴만한 좋은 점이 있고, 재수가 없는 사람에게는 그럴만한 까닭이 있는 것이다.

재수가 없는 사람은 아마 주관적이고 이른바 밥맛이 없는 사람'이거나 아니꼽고 역겨운 사람일 것이다. 따라서 상성이 좋은 사람끼리의 그룹 속에 재수 좋은 사람이 항상 섞여 있는 경영을 앞으로는 생각하지 않을 수 없다.

제 **2** 부
# 성공의 조건 3가지
- 이렇게 하면 성공한다 -

# 성공의 조건 3가지 필요성

## 바람직한 손님은 불과 20%

매일 많은 사람들이 상담하기 위해 나를 찾아온다. 이들은 크게 두 가지로 분류된다. 한 가지는 현재 매우 훌륭하게 경영하고 있다. 업적도 있으나 장래를 위해 의견을 듣고 싶다. 또 더욱 발전하고 싶다는 사람들이다. 다음 한 가지는 경영 내용이 예상한 바와 같지 않으나 어떤 방법으로든 발전하고 싶다는 사람들이다.

비율은 상담하러 오는 숫자로 볼 때 전자(前者)가 20%, 후자가 80%이다. 이것을 의학적으로 비교하면, 예방과 장래의 건강을 위한다는 미래지향적인 사람이 20%이고 발병으로 치료가 매우 힘들다는 형태인 질병 치료형이 80%라고 할 수 있다.

그런데 상술(商術)의 귀재로 알려지고 있는 고바야시(松下幸之助)옹은 '돈벌이라는 것은 이익을 보는 사람으로부터 만들 것'이라고 말하고 있다. 그리고 마쓰시타 회장은 '운이 좋은 사람과 함께 돈을 벌 것'을 강조하고 있다.

이런 의미에서 본다면, 경영 컨설턴트라는 사업에서 바람직한 손님은 전자인 미래지향적인 사람들이다. 그리고 다행히도 이 같은 유형에는 앞에서 말한 '발전, 성공인에게 공통된 인간적 조건 3가지'가 거의 전부 구비되어 있다. 이들은 돈을 벌 수 있고, 그리고 운이 좋은 사람들이다.

문제는 80%의 병적인 상담자들이고 질병 치료형인 사람들이다. 경영이 원활하지 못한 이유를 흔히 다르게 해석하지만 근본적인 것은 인간성에 있다. 그래서 병자가 되기도 하는데 재수가 없는 사람이기도 하다. 이들은 우선 노력형도 아니고 솔직하지도 못하다.

어떤 충고를 하면 그것이 실현 불가능하다는 것을 여러 가지 이유와 함께 변명한다. 이들은 마이너스 발상에 숙달된 사람들이다. 발전되기 보다는 망하고 싶지 않다는 사람들도 많다. 우리 입장에서 볼 때 사업관계라고는 하지만 별로 바람직하지 않은 고객이다. 그러나 애써 나에게 찾아왔으므로 어쩔 수 없이 어떤 실례를 들면서 설득하도록 노력하고 있다. 이것은 매우 중요한 일이다. 설득이 됐을 때는 나의 도움을 받아 노력을 경주하게 되고 이익이 생기므로 즐겁기 때문이다. 이 책을 발간하는 중요한 이유중 하나는 이 책을 읽게 되는 독자의 의욕에 따라 설득하는 노력이 상당량 감소된다는 개인적 욕심이 있는 것도 사실이다.

## 누구에게나 가능성은 있다

인간으로 탄생한 이상 첫째, 두뇌 회전이 좋고, 둘째, 의지가 강하며, 셋째, 이 세상을 위해, 인간을 위해 노력 봉사하지 않으면 안 된다. 이 같은 능력을 갖기 위해서는 '노력형'이고 정직하며, 그리고 '플러스 발상형 인간'이 되는 것이 가장 바람직하다.

그 이유는 이들 3가지 조건을 구비하면 인간의 노력이 대의명분을 갖게 되고, 노력하지 않으면 두뇌 회전도 나빠지고 의지도 강해지지 않기 때문이다.

우선 이 같은 인간에 대하여는 '어떻게 인간이 탄생했는가?' 인간으로 탄생한 이상 어떻게 살 것인가'부터 설득하기 시작하고 있는데, 비즈니스사에서 발행한 '포용성의 발상'은 인간을 가급적 과학적으로 해명하고 설명함으로써 이 같은 설득을 충분히 도와주게 된다. 어쨌든 이 병적인 상담자들의 대부분은 이 책을 읽게 되거나 2, 3회 대화를 하게 되면, 노력형 · 솔직성 · 플러스 발상형 인간으로 바뀌지는 사고방식을 갖게 된다. 한편, 나의 설득력이 부족할 때는 정신적인 상처를 가지고 귀가한다. 애써 상담하기 위해 온 손님이 치료받지 않고 간다는 것은 경영의 의사인 나로서는 매우 유감스러우나 역부족임을 시인할 수밖에 없다.

그 중에서도 어떤 고객(환자)만은 반드시 치료되어야겠다는 것이 현재 나의 꿈이지만 결과는 아직 불확실하다. 어쨌던 여기까지 설득하면 질병은 우선 치료된다고 생각해도 된다. 그뿐만 아니라 초건강체가 될 가능성이 50% 이상 나왔다고 해도 좋을 것이다. 덧붙여서 나를 찾는 손님 중 20%만이 바람직하다는 것은 누구나가 초건강체가 될 가능성이 충분히 있다는 것이 될 것이다.

## 좋은 인상을 갖도록 노력할 것

최근 어떤 분이 찾아와 나에게 불가사의한 태도로 말했다.

"나는 선생의 사업을 좋은 장사라고 생각합니다. 그 이유는 당당하게 돈을 벌 수 있고, 원가는 거의 없기 때문입니다. 부럽게 생각했지요. 그런데 최근 병으로 입원하고 절실히 느꼈습니다. 결국 선생은 경영의 의사이기 때문에 당연한 것으로 이해합니다. 의사란 것은 골치아픈 직업이고, 그러니까 자존심을 가질 수도 있다고, 항상 병자와 만나는 것이므로 생각에 따라서는 비극적인 직업이지요. 나의 주치의는 유명한 분인데 다음과 같이 말했습니다.

　의사도 인간이고 만나는 사람에 따라 영향을 받지요. 환자와 항상 만나고 있으면 어쩔 수 없이 허약해지기 마련이다. 그것은 악인과 상대하고 있는 형사나 어두운 뉴스만을 취재하는 경찰 출입기자가 특히 주의하는 것은 재수가 없는 사람이나 악인과 접촉해도 그들의 영향을 받지 않도록 하는 것과 같이 의사도 마찬가지이기 때문이지요. 그러니까 유명한 의사가 되려면 완치시켜 혼자를 즐겁게 해야만 됩니다. 남을 즐겁게 하는 것은 선량한 마음으로부터 나오지요. 그러나 이것은 매우 어려운 것으로 의사가 너무 잘난 체하거나 무뚝뚝하다고 여러 가지로 비판받지만, 좋은 인상을 가지려고 진실한 의사는 전심전력 노력하고 있지요. 그런데 후나이 선생 이야기를 듣고 있으면, 인간이란 접촉하는 사람에 따라 크게 영향을 받으므로 '운이 나쁜 사람과는 만나지 않는 것이 좋다'는 것이군요. 그래서 '나는 좋은 인상 만들기에 열심이다, 좋은 인상을 가지려고 생각하면 풍요로운 마음인 사람들과 주로 만나는 것이 가장 현명하다'고 하는군요. 그러나 다시 생각해 볼 때 선생은 사업적인 의사와 비슷하므로 환자뿐이라고는 할 수 없으나 대부분 사업적인 환자들과 자주 만나게 됩니다. 재수가 없는 사람, 마음의 여유가 없는 사람들을 사업상 만나게 되지요. 이것은 말하고 있는 것과 실생활이 반대인 셈입니다. 이렇게 생각할 때 선생의 사업에 대해 부러운 생각이 없어졌지요. 그런데도 후나이 선생은 객관적으로 보아 행운이 많은 것으로 보이고, 부러운 것은 아니지만 신용할 수 있는 좋은 인상을 갖고 있는데 어떤 이유입니까?"라고.

실제로 나는 행운아인지, 좋은 인상인지를 잘 모른다. 그러나 플러스 발상형 인간이므로 나는 운이 좋다고 생각하고 있다. 또 좋은 인상을 갖고 싶다고 항상 생각하고 있다. 좋은 인상을 가질 수 있는 원리와 원칙은 알고 있으므로 매일 의식적으로 노력하고 있다. 그리고 만나는 사람, 특히 직업상 관계가 있는 분들에게는 행운이 있기를 바라고 있고, 좋은 인상을 갖도록 생각하고 있다. 노력도 하고 있다. 왜냐하면 이것이 경영 컨설턴트의 기초기술이라고 해도 결코 과언이 아니기 때문이다. 그리고 그 처리 방법은 노력형·솔직성·플러스 발상형 인간이 되도록 충고하고 있다.

이것은 말하자면 좋은 인상 갖기의 원리나 원칙과도 일치되므로 여기에 입신(入神)할 정도의 적극성이 없으면 후나이식의 경영 컨설턴트가 되기는 불가능한 것이다.

우리 회사 사원들을 비롯하여 경영 컨설턴트를 지망하는 사람들에게도 우선 좋은 인상 만들기가 핵심이다라고 권고하고 있고, 의뢰인에게 대해서도 마찬가지다.

# 좋은 직장은 미인을 만든다

## 대의명분 있는 목적은 능력의 원천이다

나의 경영 컨설턴트 방법은 제1장에서 설명한 발전, 성공하기 위한 인간적 조건인 노력 · 정직 · 플러스 발상형을 긍정하고, 보다 적극적인 사람은 여기에다 확실한 목적, 특히 대의명분에 알맞은 목적을 가졌는가 여부를 확인하는 것이다.

여기에서 문제되고 있는 것은 나에게 기업 진단을 의뢰하고 있는 분들의 대부분이 목적조차 없으며, 인간성이나 대의명분 같은 것은 생각조차 할 수가 없다는 것이다.

인간이 무엇을 성취하려면 어쨌든 목적이 필요하다. 인생 목적이건, 경영 목적이건, 목적 없이는 인간이 힘을 발휘할 수 없다. 더구나 목적은 대의명분이 있고, 인간성에 알맞은 것일수록 효과적인 것을 알 수 있다.

목적이 있을 때 인간은 목적 달성을 위해 노력한다. 그런 의미에서 목적은 노력할 만한 가치가 있는 것일수록 좋다. 인간성에 알맞고 대의명분이 있으면 있을수록 좋은 것이다.

노력중인 사람은 지지부진해도 전진하고 있다. 전진하고 있는 사람의 얼굴은 엄숙하고 긴장되어 있다. 그것이 아름다움을 만들고 인상 좋은 얼굴을 만든다.

일반적으로 여성이 결혼하면 결혼 전에 비해 급속도로 아름다워지거나 봉급자가 정년퇴직하면 쉽게 늙는 것은 목적 상실의 결과에서 나오는 구체적인 현상이다. 이러한 점에서 볼 때 발전적인 기업이나 상점이란 것은 여성 종업원이 미인이 되고, 남성들이 활기차면서도 인상이 좋은 얼굴로 변하는 직장이라고 해도 과언이 아닐 것이다.

## 제1의 목적: 세상을 위해, 인간을 위해

이제부터 나의 직업적인 이야기를 시작하겠는데, 후나이식 경영 컨설턴트 방법은 크라이언트(의뢰인)의 목적 확인 또는 목적 만들기의 충고로부터 시작된다.

그중 하나는 천직(天職) 발상 및 대의명분인데, 예를 들면 경영 목적이라고 할 때 자기가 종사하고 있는 이 장사는 천직이고, 이것을 통해 자기의 인간성을 향상시킬 뿐만 아니라 이 세상 사람들을 위해서, 손님을 위해 봉사한다는 것이 된다.

일반적으로 누구나가 자기가 살기 위해 일한다는 것까지는 쉽게 이해하지만, 자기의 인간성 향상이나 세상과 인간을 위한다는 것은 잘 납득하지 못한다. 천직에 대한 발상도 마찬가지이다.

더구나 이미 말한 것과 같이, 인간의 본성은 무엇 때문에 인간이 태어났는가? 살아 온 목적은? 등과 같은 의문과 접촉함으로써 스스로가 이해력을 확충하도록 한다. 이것이 가장 중요하며, 이 것을 목적 속에 포함시키면 더욱 발전하게 되고, 성공률은 80% 까지 보증할 수 있다.

### 제2의 목적: 능력을 갖춰라

그 두 번째로, 경영 목적은 본질적인 목적인 돈을 벌겠다는 사실이다. 인생의 목적은 인간으로서의 능력을 갖자가 된다.

이 두 번째 목적은 누구나가 비교적 쉽게 납득하고 있다. 그중에는 경영 목적으로서 생활만 되면 좋다. 돈은 벌지 않아도 좋다. 아니 번다는 것은 죄악이다와 같이 엉뚱한 말을 하는 사람이 있는데, 현대사회에 있어서 기업체라는 것의 사회적 의미를 설명하면 누구나가 이점을 쉽게 100% 납득하게 된다.

기업이란 것이 돈을 벌게 됨으로써 존재 의의와 가치가 있다는 것은 어떤 경제원론에도 설명되어 있는 것이다.

### 제3의 목적: 크게 발전하자

세 번째로 경영 목적은, 크게 발전하고 싶다는 것인데, 인생 목적과 관련시키면 '많은 종업원을 두거나 지도적 입장에 서고 싶다는 것이 된다.

크게 발전되고 많은 종업원을 부린다는 것은 인생의 목적으로서 과연 올바른 것인가 하는 의문을 제기하는 사람들이 있지만, 나는 상식적으로 보아도 로고스(논리)적으로나 파토스(정열)적으로 볼 때도 인간성이란 이것이 옳다고 생각한다.

대부분의 사람들은 자기가 경영하는 기업을 크게 확장시키지 못하거나 종업원을 증가시키지 못하면서도 인간은 자기를 정당화하려는 특성이 있으므로 그런 사람들이 중심이 되어 이 같은 의문을 제기하는 것으로 보는 것이 올바른 것 같다.

인간으로 태어난 이상 머리 회전을 빠르게 하고 의지를 강화하며, 능력을 가지고 세상을 위해 인간을 위해 공헌하고 봉사하는 것은 누구나가 생각해도 올바른 인생 목적일 것이다.

경영자에게 능력이 생기면 기업인 경우 틀림없이 확장될 것이고, 한 사람의 인간이나 개인에게 있어서도 많은 종업원의 지도자가 되지 않을 수 없게 되는 것이다.


## 3가지 중 하나만 빠져도 안 된다


이 3가지, 말하자면, ① 세상과 인간을 위해 노력한다. ② 자기가 경영하는 기업의 수익을 올린다. ③ 그 기업체를 확장시킨다는 3가지 포인트를 충족시킨다는 경영 목적이 작성되었다면 우선 성공의 제일보는 확실하다고 생각할 수 있다.

또한 개개의 인간에 있어서도, ① 세상과 인간을 위해 노력하고, ② 인간으로서 능력이 생기며, ③ 지도적인 입장에서 되도록 인생 목적을 세우는 것이 올바른 인간으로서의 첫 출발점이라고 나는 생각한다.

어쨌든 목적에서 이제 기술한 것과 같은 3가지 핵심이 있는지를 확인할 것. 만일 없다면 설득하여 갖게 하는 것이 경영 컨설턴트법의 제1보이다. 그 이유는 이 3가지 목적 중 하나만 빠져도 발전 및 성공할 가능성이 없다고 경험상 말할 수 있기 때문이다.

## 올바르고 가능한 꿈은 실현된다

인간이란 즐거운 동물이다. 성과가 오르고 소기의 목적이 달성될 단계가 되면 이번에는 미래에 대한 현실적인 꿈을 갖기 시작한다.

현실적인 몽상(夢想)이라고 하면 오해할지 모르나 여기에서 뜻하는 것은 앞에서 말한 실현 가능한 꿈이란 뜻이다. 말하자면 현실주의자가 갖게 되는 꿈이라고 할 수 있다. 현실주의자가 눈을 떴을 때 나타나는 꿈이라고 할 수 있다.

보통 꿈에서 나타난 일은 불가사의하게도 실현되는 것으로 알려져 있다. 그것은 꿈이 잠재의식에 작용하고 잠재능력을 상승시켜 한 인간을 프로 레벨 전문가로 만들며, 또 그 꿈이 인간성과 조화된 올바른 것일 때 사고방식이나 사상에 영향을 주고 행동에서 관습 그리고 성격, 나아가서 운명에 까지 행운의 결과를 주게 되며, 성공 레벨에까지 꿈을 실현시키기 때문이라고 생각된다.

조셉 머피나 폴 마이어가 말한 것과 같이 '좋은 일을 생각하면 좋아지고, 나쁜 일을 생각하면 나빠진다'는 것이다.

20세기 최대의 심리학자로 알려지고 있는 C. G. 융도 이것을 증명하고 있다. 그러므로 좋은 꿈은 좋은 일을 생각하게 하는 목표와 기회를 만들기 때문에 꿈은 바람직한 것이다. 그러나 보통의 상식적 인간에게 있어서는 좀처럼 자기의 장래에 대하여 화려한 꿈을 갖는 것이 불가능하다.

그 이유는 꿈을 꾸려고 하거나 꾸어도 현실에서 별다르지 않고, 현실적인 재미에 바쁘다 보면 미래에 대한 꿈도 흥미도 별로 나타나지 않는 것이다. 그러나 인간이란 프로 레벨에 도달하면, 목표가 만들어지고 그 실현된 모습이 꿈으로 나타난다. 더구나 그 꿈에는 계획성과 올바른 대의명분, 내실성 같은 것이 따라 온다. 이렇게 되면 그 꿈은 대부분 실현된다고 보아도 된다.

# 성공을 위한 키 포인트

## 계속 신장하는 기업군에는 낭비가 없다

성장을 계속하는 기업에는 한 가지 패턴이 있다. 이것은 현재 일본적 경영이 가장 모범적인 것으로 주목받고 있는데, 일본이나 유럽이란 지역을 떠나 하나의 패턴이 되고 있다.

그것은 ① 종신 고용이거나 그와 비슷한 고용 시스템이고, ② 종업원에 대해서는 온정주의를 지키고 있는 기업이다. ③ 한편으로 마케팅의 특수성은 흡수·합병에 의하지 않고 종합화, 다각화로 진행되며, ④ 철저한 경합대책을 강구하고 있는 체질이 유지되고 있다는 것이다. ⑤ 인사와 인재 문제에 있어서도 엘리트 비율을 높이는 것이고, ⑥ 내부로 부터의 인재를 배출하는 기업이다. ⑦ 최고 경영자가 유능하고 인격자여야 된다.

위에서 설명한 7가지 조건은 기업이 창업기를 지나 조직체로서 안정된 후 성장을 계속할 수 있는 7개조인데, 일본의 도요타 자동차공업이나 마쓰시타 전기, 미국의 IBM, 다우케미칼, 제록스, 영국의 ICI, 한국의 삼성 등 세계적인 유력기업에서 공통으로 보이는 패턴이다.

이들은 조직체로서 일체성이 있고 무리 없는 선견성에 의해 현실 적응적인 체질을 지닌 기업군이라고도 할 수 있다. 그러기 위한 핵심은 인재의 배출이고 흑자경영이어야 되며, 확대 가능한 체질이어야 되는 것이다.

이렇게 볼 때 성장하는 기업군은 균형을 유지하고 있고, 지나치게 무리하지 않는 체질이어야 된다. 그 이유는 생성(生成)발전의 사상에 따라 방향이 결정되고, 각종 방법이 실시되고 있기 때문이다.

## 어제보다는 오늘의 방법이 반드시 좋다고 생각하자

'이 세상은 항상 생성 발전하는 것이다'라고 나는 생각하고 있다. 현상 유지나 현상 동결은 불가능에 가깝다. 왜냐하면 끊임없이 변화하고 있기 때문이다.

그 변화의 방법을 생각할 때 앞에서 기술한 바와 같이 지구상의 모든 동물의 집대성으로서 나타난 우리 인간은 진화의 선물이고, 그 태어난 목적이 우수한 두뇌로 노력하여 세상과 인간을 위해 공헌하는 것이라고 한다면 이 세계는 날로 발전할 것이고, 이렇게 생각하는 것이 올바른 것임을 알 수 있다.

어제보다는 오늘이 발전되어 있고 오늘보다는 내일이 더욱 발전될 것이라는 사상, 말하자면 이 세상은 생성하면서 발전하고 있다는 사상이 옳다고 생각한다.

'옛날이 좋았다'거나 '세상이 험악해졌다'거나 또는 '현상 동결이 옳다' 등과 같은 발상은 시대적인 변화에 적응하지 못하는 약자의 불평과도 같이 보이는 것이다. 어쨌던 이러한 발상을 부정할 수는 없는 것이다.

'이 세상에 존재하는 것은 모두가 균형있게 생성 발전하기 위해 필요한 것이다'라는 '올 긍정', '전부를 포용하는 사상'이 나의 기본적 사상이다.

여기에서 나는 이 같은 생성 발전의 방향으로 시대적 흐름과 함께 진행하는 것은 '플러스 방향'에의 진행이고, 또 이와 반대로 진행하는 것은 '마이너스 방향'에 진행한다고 부르고 있다. 그리고 플러스 방향의 힘을 '플러스 벡터' 그리고 마이너스 방향의 힘을 '마이너스 벡터', 현상 유지 방향의 힘을 '현상유지 벡터'라고 하면, 현상 동결이나 현상 유지 또는 과거가 좋은 때였다와 같은 사고방식은 비정상인 것을 알 수 있다.

이 세상은 생성 발전하는 것인데 이에 따라 옛날에 좋았던 일도 시류에서 탈락되는 것이 있고, 시간이 지나면 이제까지는 절망적인 것도 희망적인 것으로 변화된다. 이와 같은 생성 발전이라는 사고방식에서 시류에 따라 적절한 제약도 있기 마련이라고 생각하는 것이 좋다.

# 인생이란 단계적으로 성취된다

## 성공에 일확천금은 없다

이제까지 나는 직접 보고 들어 알고 있는 성공인들의 발자취와 성공인들의 발전 과정을 자주 기술하여 왔다. 여기에서 알 수 있는 것은 점진적인 발전 이외에 일확천금같은 것은 없다는 사실이다.

인간이란 것은 등산할 때와 같이 일보일보 착실하게 올라가지 않으면 안 된다. 영광은 한발짝 한발짝 속에 있다는 등산의 원칙은 인생행로에서도 마찬가지인 것이다. 그리고 어느 정도 능력이 있고 여유가 없으면 남에게 베풀 수 있는 사랑의 표시도 불가능한 것임을 알 수 있다.

인격이란 자기 개인보다도 이 세상이나 타인에게 더 봉사하는 사람들만이 더욱 높다는 것을 잘 알면서도 여유나 능력이 없을 때 인간은 자기가 더 중요하고 다른 사람의 문제를 자기 이상으로 생각하지 못하는 것이 일반적인 것 같다.

이 같은 성공인들의 발전 과정을 관찰해 보면 인재 양성법이나 후계자 양성법의 해답도 여기에 있다고 생각된다.

얼마 전 화제가 됐던 「저페니스 매니지먼트」의 저자 R. T. 파스칼(미 스텐포드대 교수)은 '미국에서는 MBA(경영학사)를 즉시 간부로 채용하니까 문제가 된다. 우선 일본처럼 간부가 될 수 있는 후보생일지라도 말단 사원으로 채용하고, 단계적으로 구체적 경험을 쌓아 스텝 바이 스텝(step by srep)으로 진급되지 않으면 결과적으로 본인뿐만 아니라 주위 사람들에게도 불행하다'고 말하고 있는데, 이것은 올바른 해답인 것 같다.

우리들은 이론적으로는 아무리 잘 알고 있어도 불가능한 것이 자전거나 수영인 것을 경험으로 알게 된다. 그리고 실패한 사장이나 경험이 부족한 간부가 주위 사람들로부터 신뢰를 얻지 못하고, 능력과 관계없이 자격증만으로 직책을 주면 조직력이 전혀 발휘될 수 없다는 것도 누구나 잘 알고 있다.

파스칼 교수는 미국이 이제야 반성하기 시작하고 있다고 다음과 같이 말하고 있다.

"일본에는 심리적인 갈등이 없는 안정된 사회, 활기에 넘친 경쟁과 개인 능력이 공정하게 평가되고 발전할 기회가 많은 사회가 있다. 그것은 일본인의 사고방식, 인간을 개인이면서도 인간관계의 산물로서 보는 사고방식의 성과로 생각된다. 인간관계를 무시하고 항상 개인의 이익만을 추구하는 사고방식, 개인주의적 생각은 100년 전에는 탁월한 사회원리였는지는 모르나 시대적으로 뒤떨어졌고, 현대에서는 오히려 방해가 되어 가고 있다"라고.

파스칼 교수의 주장과 같이 인재나 후계자의 양성법도 아래에서 단계적으로, 인간관계를 중요시하면서 능력을 착실하게 배양하는 것이 가장 바람직하다. 더구나 인간이란 다소간의 저항은 있어도 좋던 싫던 상대편의 능력을 인정하는 동물이다.

능력을 배양하고 설득시켜 서서히 진급하는 것이 인재 양성과 후계자 양성의 바람직한 방법이고, 그 점에서 이제까지 설명한 성공인들의 발전과정은 참고가 될 것이며, 훌륭한 성공 힌트가 될 것이다.


인간에게는 얄팍한 지혜가 있는 만큼 싫은 것, 어려운 일을 당하면 피하려고 한다. 그러나 회피하는 습관이 계속되면 성공은 불확실하다.

그 이유는 인생이란 것이 쇼크(도망하고 싶다는 감정)를 초월하여 비로소 개발되고, 다음 단계로 발전되는 것이기 때문이다.

이런 의미에서 죽을 고비를 넘기지 않을 수 없는 것과 같은 고통을 일찍 경험할수록 성장에의 프로세스는 순조롭게 진행된다고 할 수 있다.

결론은 성공하려면 도피하지 않는다는 것을 습관적으로 터득하지 않으면 불가능하다는 것과 이것이 매우 중요하다는 것을 부디 힌트로서 이해하기 바란다.

제 **3** 부
# 플러스 발상형의 인간
- 이렇게 하면 성공한다 -

# 기업은 인간에 의해 변한다

## 성공하는 사람은 플러스 발상형 인간이다

발전하는 사람, 성공하는 사람은 틀림없이 플러스 발상형 인간이다. 플러스 발상을 하면 일이 자연스럽게 플러스의 방향으로 전개되어 가기 때문일 것이다. 거기에 비해서 마이너스 발상만 하고 있으면 일은 마이너스의 방향으로만 전개된다.

미국의 철학자이며 심리학자인 조셉 머피는 심리적 작용의 여러 법칙을 역설하고 실천, 지도를 한 사람으로 유명한데, 그의 이론을 한마디로 요약하면 다음과 같다.

"좋게 생각하면 좋은 일이 생기고, 나쁘게 생각하면 나쁜 일이 생긴다. 그러므로 좋게 생각하자."

이 머피이론은 마음, 특히 잠재의식이 지닌 힘을 잘 이용하는 방법을 역설한 것인데, 오늘날 이 이론은 올바르다는 것이 많은 학자들에 의해 입증되고 있다.

그런데 「전쟁과 평화」, 「안나카레리나」등의 대작을 저술한 러시아 문호 톨스토이도 다음과 같은 문장을 남긴 바가 있었다.

톨스토이가 자전거를 타기 시작한 무렵의 일이다. 그가 페달을

밟으며 달리고 있는데 전방에 돌이 있는 것이 눈에 띄었다. 그는 어떻게든 그것을 피하려고 그 돌을 노려보면서 힘껏 핸들을 쥐고 있었다. 그런데 그 돌을 바라보면 바라볼수록 자전거는 그 쪽으로 접근해 결국 그는 돌에 부딪쳐 뒹굴고 말았다는 것이다.

'그러니까'라고 톨스토이는 말을 잇는다. '자전거에 탔을 때에는 그런 돌에 신경을 쓰지 않으며 시선을 돌리는 것이다. 그것에 신경을 쓰면 쓸수록 그 쪽으로 접근해 가는 것이기 때문이다.'라고.

톨스토이의 이 문장은 사물의 마이너스 요인에만 신경을 쓰고 있으면 결국 그대로 되고 말 것이므로 그런 일에는 신경을 쓰지 말고 좀 더 낙천적으로 살라는 뜻의 한 가지 교훈을 함축하고 있다.

이 문장을 읽었을 때 자전거에서 넘어진 톨스토이의 모습을 떠올리고, 흰 수염이 덥수룩한 노인에게 갑자기 친근함을 느끼는 것과 동시에 인간이라는 것은 마음이 움직이는 방향으로 몸도 움직인다는 것을 이해했던 것이다. 그리고 이처럼 마음속에서 생각한 방향으로 사물이 진행된다는 것을 안 이상 취해야 할 최선의 방법이 정해져 있는 것이다. 그것은 ① 될 수 있으면 실현이 가능한 큰 꿈을 가지고, ② 그것이 가능한 이유를 열심히 찾아내고 반드시 할 수 있다고 단정하는 것이다. 특히 상업이라던가 사업을 하는 사람에게는 반드시 이 같은 플러스 발상형의 인간이 되어 주기를 바란다.

경영 문제에 대해 상담을 온 어떤 분이 나의 설득에 따라서 철저하게 노력하고 솔직하며, 플러스 발상형의 3가지 기본조건을 갖춘 인간이 될 것을 결심했다고 말했다. 무엇보다도 마음에 뚜렷한 목적을 갖도록 어드바이즈 하는 것이다.

인간이 무언가를 이룩하려면 무엇보다도 목적이 필요하다. 목적이 있기 때문에 목적 달성의 의욕에 불타서 사람은 노력하는 것이고, 목적 없이 힘을 발휘한다는 것은 우선 있을 수 없다. 그렇다면 목적은 노력한 보람이 있는 것, 즉 인간성에 걸맞고 대의명분이 있는 것일수록 효과가 있다는 것이 될 것이다. 목적을 갖도록 어드바이즈 할 때 거기에 반드시 다음의 3가지 요소를 포함시키는 것은 그 때문이다.

그 첫째는 천직의 발상 및 대의명분을 가지라는 것이다. 어떤 장사나 어떤 사업이나 그것을 좋아하게 되는 것이 발전하기 위한 기본인데, 거기에는 자신이 종사하고 있는 일을 자신에게는 천직이라고 생각하는 것이 최고인 것이다. 더구나 그 일을 통해서 자신의 인간성을 향상시키고 더 나아가 사회를 위해, 남을 위해, 고객을 위해 봉사하는 것이라는 대의명분을 갖는 것이야말로 참으로 인간에게 있어서 노력의 보람이 되는 일은 없다고 해도 좋다.

목적의 둘째는 수익성의 추구이다. 이익이 생기지 않는 기업경영은 넌센스이다. 때로는 '돈은 벌지 못하더라도 생활만 할 수 있으면 된다거나 돈을 번다는 것은 죄악이다'라고 말하는 사람도 있는데, 현대사회에 있어서 기업체라는 것은 수익이 있어야 존재가치와 존재 의의가 있다는 것을 잊어서는 안 된다.

목적의 셋째는 '크게 발전하자'는 것이다. 그러기 위해서는 우선 경영자가 힘을 기르는 것이다. 기업은 능력에 따라서 성장한다는 것은 거의 틀림이 없기 때문이다.

만일 크게 되는 것을 목적으로 하는 점에 의문을 제기하는 경영자가 있다면 그것은 자신이 경영하는 기업을 크게 발전시키지 못하는 사람의 자기 변명으로 받아들여도 어쩔 수가 없을 것이다.

이상의 3가지 즉,

1. 이 세상과 사람들을 위해 일한다.
2. 자신이 경영하는 기업의 수익성을 높인다.
3. 그리고 그 기업체를 더욱 발전시킨다.

이 같은 3가지 경영 목적이 있다면 경영자로서 그 사람은 성공의 첫 걸음을 내딛었다고 단언해도 좋다.

다만 이 3가지 목적 가운데 어느 것 하나만 빠져도 발전, 성공할 가능성은 없다고 생각해야 할 것이다.

# 성과를 올리고 계속 분발하라

## 분발하려면 강한 의지가 우선 먼저다

노력의 중요성과 인간성, 대의명분에 맞는 목적의 필요성을 납득한 사람들은 스승과 친구가 생기고, 모델이 소개되거나 하면 어떤 사람이건 대개는 분발해야겠다고 생각하게 된다. 그러나 분발하려면 분발할 수 있을 만큼 강한 의지가 있어야만 한다. 그래서 우리는 분발할 결심을 한 사람에 대하여 다시 한 번 분발하는 의미를 확인하도록 어드바이스 하고 목적 달성과 의지 강화의 측면에서 지원하게 되는 것이다.

나의 주변에는 대단히 머리가 좋고 능력이 있는 사람들이 많이 있다. 그들이 그렇게 된 것은 분발을 계속해 왔기 때문인데, 기본적으로 공통된 것은 커다란 목적으로 뒷받침된 사명감과 강한 의지력, 그리고 책임감이다.

한 번 사선(死線)을 뚫고 나온 사람, 또는 궁지에 몰려 밑바닥 생활을 하고 여기에서 다시 일어선 경험의 소유자가 많다. 그들은 한결같이 자신감을 갖고 있다. 불가능한 것으로 생각된 일들을 해낸 경험이 있기 때문에 낙천가이기도 하고, 플러스 발상형 인간이기도 하다. 이와 같은 경향이 있는 사람은 창업자 오너로 성공의 길을 달려 온 사람들에게 특히 많다.

이와 같이 의지가 강하면 분발을 계속할 수가 있는데, 분발하면 대체로 목적을 이룰 수가 있다. 그러나 그것을 알고 있어도 인간은 역시 인간이다. 모든 사람들이 굳은 의지로 계속 분발할 수 있는 것은 아니다. 보통 사람이 계속 분발하기 위해서는 역시 성과가 순조롭게 오를 필요가 있는 것이다. 그 성과를 보고 격려를 받고 더욱 분발한다. 그것이 인간이라는 것이다.

## 고객 위주의 적극적 사고방식

슈퍼마켓이 변했다. 미국이나 일본, 한국에서도 하루가 다르게 매장이 점점 변화되고 있다.

왜 그럴까. 지난날의 슈퍼마켓은 '슈퍼마켓 이론'이라고 하는 상당히 고전적인 사고방식에 따라서 매장이 만들어져 있었는데 그 가운데 '원웨이 컨트롤'이라는 이론이 있다.

점포는 이 이론에 따라서 고객이 입구에서 출구까지 일방통행으로 매장 안을 걷지 않을 수 없게 되어 있고, 출구에서 일괄해서 돈을 지불하는 구조로 되어 있었다.

입구도 한 곳, 출구도 한 곳인데 고객이 원하는 매장으로 가려면 자신에게 불필요한 상품이 진열되어 있는 매장의 통로를 몇 개나 지나가지 않으면 안 된다.

입구가 한 곳 밖에 없는 것과 몇 개소가 있는 것과는 어느 쪽이 고객에게 편리할까. 점포 안의 원하는 곳으로 갈 때 우회하지 않으면 갈 수 없는 것과 최단거리로 갈 수 있는 것과는 어느 쪽이 편리한가. 대답은 뻔하다. 요컨대 이 원웨이 컨트롤의 이론만큼 점포 측의 방자한 사고방식은 없다. 거기에는 고객 위주의 적극적인 사고방식 따위는 전혀 없다고 해도 되기 때문이다.

이와 같은 이론이 과거에 통용되고 있었던 것은 일찍이 소비재가 많이 팔리는 시장이었기 때문인데, 그러나 그와 같은 시대에도 식품슈퍼 등에서는 입구와 출구를 각각 1개소보다도 2개소, 2개소보다도 3개소로 늘린 쪽이 어느 점포에서도 매상과 이익이 모두 늘었고, 또 통로도 자유롭게 최단 거리로 점포 내의 어느 곳이라도 갈 수 있게 설정한 쪽이 좋은 성적을 올리고 있었던 것이다.

더욱이 오늘날에는 원웨이 컨트롤 같은 이론을 무시하고 고객 위주의 점포를 만들면 일시에 업적이 오르게 된다. 이것을 알게 되었기 때문에 연구를 하고 있는 슈퍼에서는 현재 통로나 출입구도, 또 금전등록기의 위치까지 바뀌었는데 일부 슈퍼업계에서는 아직도 고객 위주의 사고방식을 잊고 원웨이 컨트롤의 점포를 만드는 것이 좋다는 사고방식이 남아있다.

공급 과잉이 되고 경영 환경이 악화되며, 경쟁이 격심해지면 고객은 조금이라도 고객 위주의 점포로 몰려들게 된다. 따라서 경쟁에 이기기 위해서는 어떤 일이 있더라도 경쟁 상대의 점포보다도 더욱 고객 위주로 나가지 않으면 안 된다. 그것이 기업 존속의 조건이다. 고객을 기쁘게 해주고 고객에게 이익을 줌으로써 자신도 이익을 가져 온다. 고객 위주야말로 이익의 근원이라고 하는 대원칙을 절대로 잊어서는 안 된다.

진실로 고객 위주로 나아가려면 적극적이어야 한다. 소극적인 경영으로는 고객을 기쁘게 할 수가 도저히 없기 때문이다.

이제 유통업계는 바야흐로 혼전상태에 접어들었다. 이와 같은 때야말로 장사는 고객을 위해 있는 것이라고 하는 경영의 원리를 확인하고 적극적으로 더욱 더 고객 위주로 나아가기 바란다.

## 좋은 물건을 싼 값에 팔아라

'무엇때문에 장사를 하는가?' '상도(商道)란 무엇인가?' 이와 같은 것을 끝까지 파고들면 반드시 '사람은 무엇때문에 이 세상에 태어났는가?'하는 문제에 도달하게 된다.

인간은 태어난 이상 제멋대로 죽어서는 안 되고, 살 수 있을 만큼 살아나가지 않으면 안 된다. 그리고 살아나가는 이상 될 수 있으면 뜻있게 산다는 것이 역시 사명이라고 할 수 있을 것이다.

인간은 다른 동물과 달라서, ① 쓰면 쓸수록 좋아지는 머리를 지니고 있고, ② 이성의 힘(능력), 의지의 힘으로 행동할 수 있다. 말하자면 좋은 일이라고 생각되는 것을 할 수 있고, 나쁜 짓을 그만둘 수 있는 능력을 지니고 있다. ③ 더욱 머리가 좋아지고 좋은 면에서의 의지력이 강해짐에 따라서 사회와 타인에 대해 애정을 느끼게 되고, 사회를 위해 남을 위해 봉사하고 싶은 생각이 들게 되는 특성이 있다.

이와 같이 인간이 지닌 특성으로 보아서 인간으로 태어난 이상 살아있는 시간을 가능한 한 연장시키고, 그 사이에 지식을 쌓고 의지력을 다지면서 사회를 위해 남을 위해 봉사하도록 노력하는 것이 본분이라고 생각한다.

상도(商道)도 그 한 수단으로 생각해야 할 것이다. 참다운 장사의 목적도 사람이 하는 것인 이상 역시 인간성의 추구가 아니면 안 되기 때문이다. 이 인간성의 추구가 최종적으로는 사회를 위해 남을 위해 봉사하는 것이라고 한다면 장사를 하는 사람도 역시 가능한 한 좋은 상품을 될 수 있으면 싼값에 고객에게 제공하도록 노력하는 것을 본래의 목적으로 삼지 않으면 안 된다.

일본 제1의 제과점으로 일컬어지게 된 A제과점의 창업자 시바다씨는,

"과자는 마음을 전하는 것이어야만 한다고 생각합니다. 확실히 우리는 남에게 과자를 보낼 때, 또는 차를 곁들여서 권할 때 여러 가지 생각을 함께 드립니다. 눈에 보이지 않는 그 같은 마음을 대변할 수 있는 것이 아니면 안 되는 것입니다."

이 같이 말하고 있다. 그 한결같은 마음이 원재료를 음미하고 모든 것을 손수 만들어 생산하며, 훌륭한 맛과 모양을 만들고 아취가 있는 상품명과 화려하게 포장이 되어 표현된 제품인데, 이야말로 인간성의 추구이고 장사로서 말한다면 보다 품질이 좋은 것을 보다 값싸게 제공한다고 하는 도전의 자세로도 받아들일 수 있다. 상업의 참다운 목적은 이와 같은 인간성의 추구라는 것을 충분히 인식하고 매일 매일 장사에 힘쓰는 것이 바람직하다.

# 가장 좋은 1등 상품, 1등 기능

## 능숙한 장사란 어떤 장사를 말하는가?

장사에는 능숙한 장사와 서투른 장사가 있다. 똑같은 장사라 해도 능숙한 것이 될 수 있으면 좋다. 그러면 능숙한 장사란 어떤 장사를 말하는 것인가? 간단히 말해서 그것은 손님에게 접근하기 쉬운 장사이고, 또 고객을 끌어 들이기 쉬운 장사를 말하는 것이다.

더 구체적으로 말하면 능숙한 경영의 요령 또는 능숙한 장사의 요령이란 가장 좋은 1등 상품, 가장 좋은 1등 기능을 하나라도 많이 갖는 것이다. 왜냐하면 가장 좋은 상품, 가장 좋은 기능이라는 것은 고객을 끌어들이기 쉽고, 또 고객에게 접근하기 쉬우며 게다가 고객을 고정화 하기 쉽기 때문이다. 반대로 가장 좋은 1등이 없으면 경영과 장사는 대단히 유지하기 어렵고 안정이 되기 어렵다.

나는 가장 좋은 1등 상품을 가지고 있는 것, 또는 제1이 되는 것을 마케팅의 기본원리로 삼고 있는데, 이야말로 장사를 가장 번창하게 하는 포인트라고 생각하기 때문이다.

일반적으로 2등 이하의 상품이나 기능을 아무리 발휘해도 경쟁이 심해지면 경영 성과는 우선 나타나지 않는 것으로 보아도 좋다. 반대로 1등의 상품과 기능이 하나라도 있으면 고객은 모여들고 가게는 번창하고 이익이 나타나기 시작한다.

여러 가지 상품과 기능을 지니고 있으면서도 1등 상품이 하나도 없는 점포를 '만물상'이라고 하는데 대해서 1등 상품이 하나라도 있고, 그 밖의 상품과 기능도 아울러 갖춘 점포를 '총합화 점포'라고 한다. 이 경우 물론 1등품은 한 개 보다는 둘, 둘 보다는 셋으로 많으면 많을수록 좋다.

다만 이같이 말할 수는 있다. 1등품이 하나라도 있는 경우 2등 이하의 상품과 기능도 풍부한 쪽이 매상도 이익도 오르는 케이스가 많다. 이와 같이 또 장사의 재미있는 면이기도 하다.

어쨌든 1등 상품을 반드시 갖추기 바란다. 그러기 위해서는 경합 점포를 충분히 조사하고 기민하게 대응할 수 있는 체질을 만드는 것이 중요하다.

이 1등 상품을 갖추는 것, 또는 1등이 되는데 있어서 잊어서는 안 될 것이 두 가지가 있다. 그것은 첫째로 알기 쉽게 말하면 1등이 되지 않으면 거의 효과가 없다는 점이다.

예를 들면 '뉴서티에서 바렐실루엣의 1등 점포' 등으로 말하는 것은 고객들이 무슨 뜻인지 알기 어렵고, 따라서 번창하기도 어렵다. 팔고 있는 본인조차 모르고 있을지도 모른다. 고기와 생선으로 1등, 신사복 상품으로 1등이라는 식으로 알기 쉬운 것이 절대로 필요하다.

또 한 가지 주의해야 할 것은 롯(Rod: 요술지팡이)이 되지 않는 것으로는 1등이 되더라도 그다지 의미가 없다는 것이다. 이쑤시개로 1등이다. 스타킹으로 1등이라 해도 장사가 되지는 못한다. 확실하게 알 수 있는 것, 수량으로 팔 수 있는 것으로 1등이 되도록 해야 한다.

## 1등과 2등의 차이는 2등과 100등의 차이보다도 크다

마케팅의 기본원리는 1등이 되는 것이다. 그것은 모든 것에 앞서가는 절대적 조건이라고 해도 좋다.

어떤 세계에서나 모든 것은 1등이 중심으로 움직이고 있다는 것은 부정할 수 없을 것이다. 예를 들면 회사는 가장 우두머리인 사장을 중심으로 운영되고, 경쟁시장에 있어서도 시장 점유율이 1등인 기업의 동향이 모든 것을 결정한다. 그런 의미에서 1등과 2등의 차이는 2등과 100등의 차이보다도 크다.

따라서 가능한 한 자신의 능력을 기르고 그 힘에 어울리게 당당히 1등이 될 수 있도록 노력과 모색을 계속하지 않으면 안 된다. 오늘날과 같은 경쟁사회에 있어서는 능력에 어울리게 1등이 되지 않으면 기업의 존속은 이미 어려워지고 있기 때문이다.

원래 마케팅이라는 것은 자신의 능력에 어울리게 1등이 될 수 있는 ① 상품과 ② 상권 ③ 고객을 찾는 일이다. 이 원칙은 다음과 같이 해석해 주기 바란다.

즉, 능력이 있으면 1등이 될 수 있는 상품을 보다 많이 갖출 것, 또 여력이 있으면 더욱 큰 상권을 대상으로 장사를 할 것, 그리고 힘이 있으면 모든 고객을 대상으로 장사를 전개하는 것이라는 뜻이다.

그러면 능력이 없는 경우는 어떻게 할까. 그 가운데서 1등이라는 조건을 유지해야 한다고 한다면, 상품을 세그먼트하고 상권을 좁혀서 고객을 압축해 나가는 수밖에 없을 것이다. 그것은 1등이 아니면 살아남을 수 없다는 데서 오는 고육지계(苦肉之計)이며 어쩔 수 없는 전략인 것이다.

기업인 이상 역시 가능한 한 메스 메리트를 추구해 나가지 않으면 안 된다. 그것이 정확한 마케팅 전략이다. 가능한 한 실력을 기르라고 말하는 것은 그것을 말하는 것이다. 능력이 있으면 그만큼 더 큰 상권에서 더욱 많은 고객을 상대로 더욱 총합화 된 상품을 취급할 수가 있고, 메스 메리트의 추구가 가능해지기 때문이다.

여기에서 '힘'이라고 하는 것은 뒤에서도 논하겠지만 기업이 가지고 있는 인력과 물질·자금·정보 등의 요인이 갖춰진 강력하게 발휘되는 총합력을 말하는 것이다.

되풀이 해서 말한다면 더욱 큰 상권에서 더욱 일반대중을 상대로 더욱 총합화 된 상품을 1등이라는 조건을 충족하는 범위 내에서 취급할 수 있는 방향으로 개척해 나가는 것, 이것이 정확한 마케팅 전략이고 전략을 취할 수 있는 것이 1등 능력인 것이다.

물론 누구나가 이같이 능력 있는 1등이 될 수 있는 것은 아니다. 그것은 대단히 안정되어 있다. 그러나 반드시 그 한정된 부분에 도전하고 그 실현을 향해서 매진하기 바란다. 여기에 경쟁시

대인 현재에 사는 꿈과 미래의 영광스러운 모습이 있는 것이 아닐까.

## 시류에 적응하는 상품개발과 장사를 지향하라

앞서 말한 바와 같이 경영의 요령은 1등 상품을 갖추는 것, 그리고 알기 쉬운 것, 수요가 많은 것으로 1등이 되는 것이다. 그렇게 되면 경영의 기반은 대체로 안정이 된다.

하지만 1등이 된다는 것은 보통 일이 아니다. 누구나가 1등을 지향해서 전력투구를 하기 때문이다. 그 때문에 1등이 되기도 전에 망해버리고 마는 곳이 많다.

1등이 되는 것은 이른바 목표인데, 그 목표에 능숙하게 도달하기 위해서는 1등이 아니더라도 매상고나 이익이 해마다 신장하는 상품을 다루고 장사를 하면서 1등을 지향하는 것이 가장 좋은 방법이라고 말할 수 있다. 이와 같이 누가 해도 매상고나 이익이 계속 신장하는 상품과 장사를 유행적응 상품, 유행적응 장사라고 한다.

비즈니스나 상품 가운데는 언제나 시류적응 상태를 유지하는 것도 있다. 그러나 한 시기밖에 시류에 적응하지 못하는 것이 훨씬 많다.

예를 들면 1970년대에서 80년대에 걸쳐서는 유통업이 각광을 받기 시작했고, 오늘날에는 컴퓨터, 일렉트로닉스를 비롯한 정보제공업, 대행업, 매체업, 무점포판매, 가정배달 등의 비즈니스가 화제로 등장하고 있는데, 그런 한편에서는 일찍이 화제의 중심이었고 번영을 누렸던 산업과 비즈니스의 대부분이 무참하게 퇴보의 길을 걷고 있다는 것이 실상이 되고 있다.

여기에서 알 수 있듯이 요컨대 시류에 맞는다는 것은 수요가 많다거나 증가한다는 것과 무관하지 않다. 수요과잉 상태일 때에는 무엇이던 순조롭게 진행이 되고, 사람도 기업도 자신이 붙어 무엇을 해도 성공하는 것이다.

하지만 자본주의라는 것은 그 숙명으로서 경쟁 체질을 면할 수는 없다. 수요과잉은 머지않아 공급과잉으로 시류적응 상태의 것은 시류 부적응 상태로 반드시 변화한다. 그때 살아남는 것은 유감이지만 각기 다른 분야에서 1등주의를 유지하고 있는 곳뿐이라고 말하지 않을 수 없다.

그래서 우리가 해야 할 것은 첫째, 언제나 시류적응 형태라는 것을 계속 추구할 것. 둘째, 동시에 그것이 시류 부적응 상태가 되었을 때의 대책, 즉 1등이 되기 위한 방법이라던가, 되지 못한 경우의 대처방법 등에 대해서 모색과 검토를 해 두는 것과 같은 것들이다.

# 싸우지 않고 이기는 것이 최고의 전략

## 최고의 전략은 경쟁을 하지 않고 목적을 달성하는 것

승리를 위한 전략으로서는 경쟁을 하지 않고 이기는 것이 사실상 최고의 전략이다. 그러기 위해서는 무점포 지역에서 점포를 개설하던가, 경쟁 점포보다 압도적으로 우위의 점포를 만들던가 하는 수밖에 없다.

① 경쟁은 상대와 자신이 동등할 정도의 힘을 지니고 있을 때 가장 치열하고, 이때가 경쟁 당사자에게 있어서는 가장 이익으로 연결되지 않는다.

② 자기 회사가 1등일 때는 2등 이하일 때에 비해 훨씬 이익의 발생 비율이 높다.

③ 경쟁할 때보다도 경쟁을 하지 않을 때 이익이 많이 발생한다.

④ 경쟁자가 전혀 없을 때보다도 훨씬 힘이 약한 경쟁자가 있을 때 이익이 발생한다.

⑤ 최고의 경쟁 전략은 자기 회사가 1등이고, 여기에다 경쟁을 하진 않아도 좋은 상태를 경쟁 지역에 조성해 두는 것이다.

일반적으로 지적 동물은 적자생존 = 우승열패의 원리에 따라서 순위 다툼과 영역 확보를 위해 경쟁하고 다툰다. 그리고 싸움은 경쟁자의 한쪽이 목적을 달성하고 다른 한 쪽이 체념했을 때 종결한다. 지적 동물인 인간도 이 숙명에서 벗어날 수는 없다.

인간은 ①본능적으로 투쟁욕이 있고, ②체면에 얽매이며, ③향상심이 활발하고, ④남을 과소평가하는 반면, 자신을 과대평가하고, ⑤이성적으로 경쟁의 어리석음을 깨닫기 보다는 오히려 경쟁이 지닌 스릴을 동경하고, ⑥기존질서에 대한 도전에서 심리적 황홀감을 느끼는 것과 같은 특성을 지니고 있기 때문이다.

그런데 경쟁은 상대가 있기 때문에 많은 비극을 낳는다. 경쟁에 패한 쪽은 일반적으로 물심양면으로 큰 피해를 입는 것이다. 그것이 자신만의 문제로 그치면 좋은데 자칫하면 많은 사원, 많은 친족에게까지 말려들게 하고 만다.

그러면 현실적인 문제로서 경쟁을 어떻게 생각해야 할 것인가. 나는 공격을 하건 방어를 하건, 경쟁 상대자로 하여금 경쟁 의욕을 일으키게 하지 않도록 하는 전략을 취하는 것이 최선의 방법이라고 생각하고 있다.

최고의 전략이란, 요컨대 경쟁을 하지 않고 목적을 달성하는 것이다. 경쟁 상대를 체념하게 하고 싸우지 않으면서 목적을 달성하는 것, 즉 싸우지 않고 이기는 것, 여기에 인간이 경쟁에 몰두하는 의미가 있는 것이 아닐까. 경쟁을 하지 않고 승리를 거두었을 때 경쟁은 그 참다운 목적을 달성했다고 말할 수 있다.

## 상식 발상의 마케팅을 펼쳐라

'당신이 가지고 있는 것을, 그것을 필요로 하고 있는 사람에게 파는 것은 비즈니스가 아니다. 당신이 가지고 있는 것을 그것을 필요로 하지 않는 사람에게 파는 것은 약간 비즈니스적이다. 그러나 비즈니스란 당신이 가지고 있지 않은 것을, 그것을 필요로 하지 않는 사람에게 파는 것이다.

유명한 유태인의 격언인데, 최근 대규모의 도매업과 소매업을 운영하는 방법에는 아무래도 이 격언을 지키려고 하는 것이 아닌가 하는 마음이 들 때가 있다.

마치 손님이 원하지 않는 것을 만들거나 구입하여 이것을 강매하는 것이 가장 올바르고, 손님이 원하는 것을 찾아오거나 만들거나 하는 것을 장사하는 사람의 체면에 관련이라도 되듯이 생각하고 있는 것 같다.

유태 격언은 조국을 빼앗기고 학대를 당하고, 또한 선민사상(選民思想)을 지닌 유태인이 살아남기 위한 마음가짐으로 삼은 것이고, 오늘날 우리들의 마음에 그대로 상식적으로 적용될 수 있는 것은 아니다.

"경쟁이 치열해지면 치열해질수록 고객 위주로 지향해야 한다."

"장사란 손님이 원하는 것을 만들고, 싼 값으로 구입을 해서 최저 마진으로 손님에게 제공하는 것이다."

이것이 오늘날 우리에게 있어서는 우선 가장 상식적이고도 정상적인 사고방식이다.

상식이라는 것은 대다수의 사람들이 납득하는 사고방식이라고 생각한다. 그런 만큼 경쟁이 치열해지면 경영 수법도 상식적인 것이 최선이 된다.

오늘날 산업계는 세계에서도 가장 경쟁이 치열하고 아직도 더욱 치열해질 것이 예상되고 있다. 그렇다면 산업계에서는 앞으로 좋든 싫든 상식적인 경영과 장사를 하지 않으면 안 되게 될 것이 틀림없다.

도매상과 소매점에는 일반적인 상식과는 다른 스스로 '자아(自我)' 중심의 기업들이 많다. '자아'를 밀어붙이는 것이 마케팅이라고 생각하는 회사들도 있다. 하지만 지금 쓴 것처럼 경쟁이 심해졌을 때, 고객 위주를 지향하지 않는 회사는 좀처럼 살아남을 수 없다. 따라서 기업이 '자아'를 내세울 경우 그것이 손님의 취향과 맞아떨어지면 좋겠지만 아무래도 '손님은 왕'이고 변덕스럽기 때문에 좀처럼 일치하기가 어려운 것이다. 그때에는 역시 '자아'를 뒤로 물리고 손님 취향에 맞도록 하지 않으면 안 될 것이다.

기업은 손님의 인정을 받음으로써 경영을 유지시키고 있다. 그런 의미에서도 한결같이 손님은 왕이고 손님은 올바른 것이다. 손님에게서 자기가 인정받기 위해서는 상식적인 발상을 계속하고 손님과 자기가 일체가 되지 않으면 안 된다. 경영이란 고정(固定)·부정(否定)·편집(偏執)을 가장 싫어한다는 것이다.

# 신자 고객을 만들어라

## 최고의 장사꾼은 유태인과 중국인이다

지구상에서 가장 장사를 잘하는 것이 유태인과 중국인이라고 한다. 최근 이들과 접촉을 해 보고 그들이 우리 상인들보다 인간관계를 특히 소중하게 다루고 있다는 것을 깨달았다.

우리는 걸핏하면 장사는 이해관계라고 분명하게 선을 긋고 이제까지의 인간관계를 무시하면서 더 벌수만 있다면 하고 새로운 거래선으로 거래를 바꾸는 경우가 자주 있다.

그 결과 오랜 거래선이 곤란을 겪거나 원망을 당해도 그야말로 올바른 비즈니스의 상식이라고 당연시한다.

확실히 그 사고방식에도 일리는 있는데, 인간성을 연구해 보면, ① 서로 교제하는 상대를 위해 잘 되도록 노력하고, ② 신뢰하며 서로 안심하고, ③ 가능한 한 많은 사람과 친절하게 교제할 수 있는 것이 나에게는 올바른 사고방식처럼 생각된다.

이 같은 관점에서 볼 때 한번 인간관계가 성립되었으면 그것을 소중하게 여기고, 그 관계를 더욱 진전시키면서 그 폭을 넓혀가는 것이 최선의 방법이라고 말할 수 있을 것 같다.

일상적인 경영에 이 사고방식을 응용하면 다음과 같이 된다.

예를 들어 점포와 고객 사이의 관계에는 보통 4가지가 있다고 한다.

그 하나가 일반 고객, 즉 뜨내기손님이다. 얼굴 정도는 알고 있어도 이름도 주소도 모르는 손님이라고 해도 좋다.

두 번째는 지인(知人) 고객으로서 점포 종사자와 손님이 서로 이름과 얼굴, 살고 있는 곳 정도는 알고 있는 정도의 손님으로 생각하면 된다.

세 번째는 친구같은 손님, 점포의 사람들과 손님이 전화로 웬만한 무리한 일은 서로 부탁할 수 있을 정도의 손님인데 얼굴, 이름, 주소, 전화번호 외에 다분히 버릇까지 서로 알고 지내는 수준이라고 말할 수 있다.

네 번째는 신자(信者) 손님이다. 그 점포에 손님이 어딘지 모르게 매력을 느껴, 그 점포에서 팔고 있는 상품은 특별한 일이 없는 한 타 점포에서 사지 않는 손님을 말하는 것이다.

이 가운데 세 번째와 네 번째를 고정 고객이라고 부르는데, 소매점에서 보통 매장 면적 1평당 10명의 고정 고객을 확보하면 틀림없이 번창하는 것이다. 또 입지조건이 나쁘고 상품을 골고루 갖추지 못해도 고정 고객을 많이 확보하면 경영은 성공한다.

따라서 장사에 있어서 중요한 것은 일반 고객을 지인 고객으로, 지인 고객을 친분이 있는 고객으로, 친분이 있는 고객을 신자 고객으로 발전시켜 고객과 더욱 친밀한 관계를 유지하기 위해 노력하는 것인데 고객의 고정화, 신자화란 이를 두고 말하는 것이다.

고객과의 관계를 친밀하게 하기 위해서 현재로서는 인간관계를 조성하고, 고객 위주를 지향하면서 그 인간관계를 소중하게 하는 것 이외에 특별한 노하우는 없다.

장사의 귀신이라고 일컬어지는 사람들은 우선 무엇보다도 인간관계를 소중하게 여기는데, 이것은 인간성에 바탕을 둔 최대의 상업 노하우, 생활의 노하우이기도 한 것이다.

## 인간에 의해 기업은 변한다

경영과 장사의 근본은 결국 인간에게 달려 있다. 먼저 기업이 있고 다음에 직장이 있으며, 그것을 효율적으로 수행하기 위해 사람을 채용한다는 사고방식은 회사가 인간에게 있어서 단순히 생존하기 위한 직장이었던 낡은 시대의 유산이고, 거시적인 시야에서 보면 확실히 주객이 전도된 생각이라고 하지 않을 수 없다.

사람이 존재하고 그 사람에게 적합한 직장이 있으며, 그 사람이 근무를 통해서 자기실현을 구체화 한다. 그것을 효과적으로 능숙하게 운영해 나가기 위해 조직체가 생겼다고 하는 것이 올바른 사고방식일 것이다. 기업체나 조직체는 역시 인간을 위한 존재가 되지 않으면 안 된다.

새로운 조직의 사고방식은 우선 조직의 성원인 인간들에게 있어서 최선의 일이란 무엇인가를 생각하는 것부터 시작된다. 그것은 과거에 구애받을 필요가 없다. 현재의 성원에게 최선의 일감을 제공하면서 그 일을 어떻게 수행할 것인가 하는 목적을 위해 조직을 만들고 그 운영법을 생각하면 된다. 따라서 조직은 고정된 것으로서가 아니라 그 포용된 성원의 질과 양의 발전 상황에 따라 어쩔 수 없이 변화하는 것으로 받아들여야 할 것이다.

예를 들면, 어느 회사가 매년 신입사원을 몇 명인가 채용했다고 하자. 이 경우 기업은 현존하는 사업의 계속과 자기 회사의 장래 가능성을 위해 현실적으로 가장 적합한 사람을 채용하는 것이 보통이다.

그런 경우는 확실히 회사가 우선이고 종업원은 기업의 필요에 따라서 채용된다고 해도 좋다. 그런데 채용이 되어 사원이 된 이상 이번에는 그 사원의 질과 능력의 발전에 따라서 기업이 움직이게 된다.

결국 기업은 기존의 사원과 사원의 질과 역량에 따라 현재의 업종을 유지하고 있는 것인데, 그곳에 새로운 사원이 입사함으로써 기업에 변화가 가해지고 새로운 방향으로 발전해 간다. 또, 기업은 성원때문에 존재하는 것이므로 성원이 바뀌면 기업의 내용과 일과 조직이 바뀌는 것은 당연하다. 기업은 성원을 위해서 시류에 따라 변화해 나가지 않으면 안 된다.

급격한 세태 변화의 시대에서 현재 시점에 머무는 것은 멸망을 의미한다. 다만 이 변화는 성원의 능력과 상응해야 할 것이다.

이와 같이 해서 기업은 계속 발전한다. 시대와 사람이 바뀌고 조직체의 내부에 변화가 일어나는 것인데, 이것을 보다 좋은 방향으로 발전시켜 나가기 위해서는 종업원의 능력을 끊임없이 개발시켜 나가지 않으면 안 된다. 이 능력의 개발이야말로 인사조직 전략의 근본이념이라고 해도 좋을 것이다.

## 종업원이 힘을 발휘하는 시스템을 만들자

경영이념이란 경영자의 인생관, 사회관, 기업관이 일체화 된 것이고, 그 사명감으로 뒷받침된 것이다. 그러나 모처럼의 경영이념도 시류의 테두리를 벗어나면 아무 쓸모가 없다.

현재의 시류에서 볼 때, 인사전략 면에서 아무래도 빼놓을 수 없는 이념은 '인간성 존중의 사상'이다. 특히 소매업에서는 다른 산업이나 업종보다도 인간성을 존중한 인사전략을 취하지 않으면 안 된다. 또 그것이 바로 업적에 영향을 주기 때문이다.

이제까지 많은 소매업 사람들과 접촉해 왔다. 사업의 성격상 그 대부분은 백화점이나 홈플러스 같은 대형 소매업들이었는데, 거기에서 나는 매일매일 매상과 이익이 급증하는 많은 사례들을 보아왔다.

이와 같이 급속도로 좋은 성적을 올리게 되는 원인의 대부분은 인사, 조직전략이라기 보다도 인간성 존중을 첫째로 삼는 경영이념의 변경과 종업원의 의식개혁에 있었던 것으로 생각된다.

그러면 인간성 존중의 경영이란 무엇인가?

인간도 동물이다. 동물인 이상 경쟁의 숙명에서 벗어날 수는 없다. 인간에게는 이성(理性)이 있는 만큼 경쟁을 완화할 수는 있지만, 경쟁 그 자체를 전혀 부정하는 것은 불가능하다.

경쟁을 좋아하고 싫어하는 것은 별문제라고 하더라도 이 숙명

속에서는 경쟁을 해도 지지 않는 인간이 되지 못하면, 상식적으로 보아서 뜻있는 생애를 보낼 수는 없을 것이다.

경쟁의 결과를 냉정하게 규격화 하면 능력이 있는 자가 없는 자를 이기는 것은 정해져 있다. 인간과 인간과의 관계도 능력에 의해 최종적으로 결정된다. 그렇다면 사람의 인생은 능력을 기르는 것에 대한 도전이고, 힘을 기르는 것이 하나의 목표가 되지 않으면 안 된다.

인간은 일부의 체념한 사람을 제외하면 누구나 능력을 기르려고 노력할 것이다. 이것은 많은 심리학자들도 증명하고 있는 것이다. 이와 같이 생각하면 인간성 존중의 경영이란 사람이 능력을 가장 많이 기를 수 있는 기회를 일 가운데서 제공한다는 것이 확실해진다.

능력을 기르기 위해서는, ① 창안 ② 결단 ③ 책임의 3가지 점을 자신에게 끊임없이 부과시킬 것. 그리고 이 3가지를 자신에게 부과하기 위해서는 독립·자유·참여가 기본조건이 된다는 것, 이것이 이제는 완전히 밝혀지고 있다. 따라서 다음과 같이 단언할 수 있을 것이다.

독립·자유·참여의 3가지 조건을 충족시키면서 창안·결단·책임의 3가지를 끊임없이 자신에게 부과할 수 있는 기회와 시스템─즉 업무를 통해서 종업원의 역량을 최고로 조장시킬 수 있는 기회와 시스템을 제공하는 것이 시류에 적절한 경영이념에 바탕을 둔 인간성 존중의 인사전략이라고 말할 수 있을 것이다.

# 전 사원이 참여하는 경영을 하라


## 전원 참가, 전원 경영의 시스템

시대는 크게 변했다. 상품과잉이 정착되고 문화와 정보, 고도의 기술이 중심이 되는 세상으로 변했다. 경영체에 있어서나 장사에 있어서도 일찍이 경험한 일이 없는 대변혁의 시대이고 그만큼 어려운 시대이기도 한데, 이와 같은 때야말로 필요한 것은 변화대응에 있어서 천재성을 발휘하는 인간 능력의 완벽한 활용일 것이다. 오늘날 업적을 신장시키고 있는 기업체들은 전사원이 제안을 하고, 더구나 그 발전적 제안의 거의 전부가 채용되는 기구를 유지하고 있다는 특징을 지니고 있다. 이른바 전원 참가, 중지 결집(衆智結集)에 의한 전원 경영이다.

인간은 자신이 계획이라던가 제안에 참여했을 때 참여하지 않았던 때보다 몇 배의 실천 능력을 나타내는 것이다. 물론 이 경우 종업원의 제안은 대체로 채택이 될 필요가 있다. 하지만 제안은 그것이 모든 면에서 볼 때 안심할 수 있고, 기업체에게도 플러스가 되는 것이 아니면 채택하기 어렵다. 제안한 것이 채택되지 않는 케이스가 많으면 결과적으로 보아 중지 결집과 전원 경영에

284

있어서 커다란 마이너스가 되고 만다. 또 제안을 많이 내도록 하지 않으면 안 된다. 더구나 전부가 플러스가 되는 것, 채택될 수 있는 것이어야만 한다면 그것은 대단히 어려운 일이다.

이 어려운 문제를 해결한 것이 '후나이식 전원경영법'이라고 하는 것인데 간단히 말해서 그것은, ① 인간이란? ② 사업이란? ③ 경영체란 무엇인가? 이 같은 주제 등에 대해서 종업원을 교육하는 일부터 시작되는 것이라고 해도 좋다.

그 결과로 플러스 발상이나 천직이라는 발상이 가능하고, 사회에 대한 봉사적 마음과 원가 의식이 자리 잡게 되면, 다음으로 세상의 커다란 흐름이나 성공사례, 힌트 등을 배우게 된다. 이것으로 전 종업원들에게 거시적인 발상과 자신감을 주게 되는 것이 가능해진다. 그 같은 바탕 위에서 그들에게 자신들의 경험에 비추어서 제안을 하게 한다. 그렇게 되면 누구나 기쁘게 제안을 할 것이고, 그것도 100% 채택할 수 있는 것이 된다. 이렇게 해서 중지가 결집되고 전원 경영이 확립되어 간다. 장사도 경영도 어차피 인간이 운영하는 것이다. 인간이 운영하는 이상 인간성을 존중하는 것은 무엇보다도 중요하다. 각자가 독립하면서 조직 속에 참여한다고 하는 이른바 독립과 참여 의식이 충족될 때 인간성은 향상된다.

'사람은 자기가 속하는 집단의 규범에 맞추어서 태도를 결정하고 그리고 행동을 한다. 그러나 그 원동력은 자유로운 자기의 존재의식이다.'

이것이 독립과 참여의 원리인데, 이것을 가장 효과적인 형태로 꽃피우게 하는 것이 중지 결집에 의한 전원 경영법인 것이다.

# 인재개발의 4단계

### - 올라운드 맨이 되라 -

# 인재개발의 4단계

기업은 사람이고, 경영은 인재이다

기업이나 조직의 경쟁력은 이른바 인재를 몇 명 데리고 있느냐에 따라 결정이 된다. 또 그 장래성도 오로지 이 인재를 만드는데 달려 있다고 해도 좋다.

인재란, 일반적인 지적 생산 활동의 분야에서 말한다면 무슨 일을 시켜도 성패의 핵심에서 벗어나지 않으며 안심하고 일을 맡길수 있는 사람을 말하는 것이다. 무슨 일에도 응용력이 있는 사람이라고 바꾸어서 말해도 좋다. 이것을 올라운드 맨이라고 한다.

올라운드 맨이 되기 위해서는 응용력을 몸에 익히지 않으면 안되고, 응용력을 몸에 익히려면 기본적인 것을 자기 자신의 머리속에 충분히 주입시키지 않으면 안 된다.

그러면 기본적인 것이란 무엇인가? 그것은 4단계의 인재개발을 말한다.

여기에서 '제1차 기본능력'이란 살기 위해 필요한 능력을 말하는 것이고, 이것이 없으면 한 사람의 인간으로서 살아갈 수 없는능력을 말하는 것이다. 응용력은 이 제1차 기본능력에 일정한 지식과 경험이 가미되어 키워지게 된다.

응용력이 생기게 되면 '제2차 기본능력'은 필연적으로 그 사람의 것이 될 것이다. 그 다음에는 '제3차 기본능력'의 획득에 도전하고, 응용력을 살리는 방법을 배우면 된다. 이것으로 인재로서 필요한 능력이 몸에 붙게 된다.

요컨대 인재란, '제3차 능력'을 갖춘 사람을 말하는 것이다. 이 제3차 능력을 갖추게 되면 그 사람에게는 지도력이 생기게 되고 부하에 대한 것을 자신이나 자신의 가족에게 대하는 것과 똑같이 배려를 해줄 수 있게 된다.

부하보다도 자기 중심으로 업무를 결정하고, 그들의 공을 가로채고 잘못을 부하에게 돌리는 것과 같은 상사는 지도력이라는 점에서는 제로라고 해도 좋다.

이런 사람은 지도자가 아니고 지배자이다. 그렇게 되면 사람을 활용할 수가 없다. 그런 의미에서 '인재'란 사람을 쓸 수 있는 사람을 말하는 것이라고 바꾸어서 말할 수도 있다.

부하가 '저 사람을 위해서라면 전력투구를 해보고 싶다고 생각하고 행동을 할 수 있는' 그런 대상을 말하는 것이다. 그러기 위해서는 부하로부터 존경을 받고 신뢰를 받으며 친근감을 느끼게 하도록 하지 않으면 안 된다.

그와 같은 인간을 만드는 것이 즉, 인재개발인 것이다. 나는 다음과 같은 4단계의 인재개발을 제안하고 있다.

첫째, 지식과 경험에 도전하는 버릇을 몸에 익힌다.

둘째, 지식과 경험에서 현상을 룰화 하는 능력을 몸에 익히도록 한다.

　셋째, 좋다고 판단한 것을 실천에 옮기고, 나쁘다고 판단한 것을 하지 않는 의지력, 실천력을 몸에 익힌다.

　넷째, 남에게 호감을 주고 존경을 받으며, 신용을 얻는 인격을 기른다.

　이것으로 정말 실력이 붙고 인재가 되는 것이다. 사원의 올 인재화(人才化)에 도전하기 바란다. '기업은 사람'이고 '경영은 인재'인 것이다.

# 동시처리형 인간으로 변신하라

## 자기 실현과 자아 충족을 획득하는 방법

인간은 언제나 더욱 인간답게 되기를 추구하고 있다. 더욱 인간답다는 것은 '더한층 자기 실현과 자아의 충족'이라는 말로 바꾸어서 말할 수도 있을 것이다.

인간의 욕망 추구의 방향은 인간이 환경을 조성하고 환경이 거기에 따라 행동을 하게 되며 행동이 또 인간을 만든다. 그리고 행동은 동(動)과 정(靜)의 반복을 통해서 보다 인간다움의 추구로 인간을 몰아간다.

이렇게 해서 가능한 한 빨리 더욱 인간다움을 획득하려고 하는 노력이 인간을 진화의 방향으로 이끌게 된다. 자기 실현과 자아의 충족을 가능한 한 빨리 최단 시간에 획득하려고 생각한다면 업무 그 자체를 인생목적으로 바꾸어 놓는 것이 가장 지름길인 것이다.

요컨대, 업무가 괴롭다거나 귀찮은 것이라고 생각하는 것이 아니라 일 가운데에서 인간으로서 추구하고 싶은 욕구 그 자체를 만족하는 것이다. 일과 취미, 일과 삶의 보람이 일치하지 않으면 물론 그것은 가능한 일이 아니다.

일반적으로 '일은 고통스러운 것이다.' '일은 금전을 획득하기 위한 하나의 수단이다.' '일은 그것이 끝난 뒤의 레저를 즐기기 위한 것이다'라고 하는 사고방식의 소유자가 적지 않은데 이렇게 되면 작업 중에는 언제나 자신을 계속 기만하지 않을 수 없게 될 것이다. 업무를 통한 자기 실현 따위는 도저히 불가능하다.

오늘날은 대단히 바쁜 시대이다. 계속 증가하는 새로운 지식, 더욱 더 고도로 진보를 계속하는 기술, 범람하는 정보, 시대에 적응하고 보다 더 잘 살기 위해서는 그러한 것들을 끊임없이 흡수해 나가지 않으면 안 된다. 하루가 몇 시간이라도 모자랄 정도이다. 그렇다면 우리에게 요구되는 것은 일을 동시에 처리할 수 있는 능력일 것이다. 가령 3가지 일을 동시에 처리하면 하루 24시간을 72시간으로 늘려서 쓸 수가 있다. 또 이와 같이 2가지, 3가지를 동시에 처리하고 있으면, 일도 취미도 오락도 어느새 동일화 되고 마는 메리트도 생기게 된다. 동시처리 능력은 훈련으로 몸에 익힐 수가 있다. 처음에는 의식적으로 노력을 해보면 된다.

예를 들면 2개의 TV를 동시에 보고 그 다른 내용을 이해하는 아이들이 요즘 늘고 있는데, 이런 아이들을 모방해 보는 것도 하나의 훈련이 된다. 또는 사람들이 모이는 곳에서 몇 사람이 얘기하고 있는 것을 가능한 한 많이 들어 두는 것도 좋다.

이와 같은 훈련에 따라서 동시처리 능력이 몸에 붙게 되면 지식이 늘고 경험이 늘어 룰화(규격화) 능력이 생기고 일을 할 수 있으며, 따라서 일에 흥미와 보람을 느낄 수 있게 된다. 아무쪼록 동시 처리형 인간으로 변신하도록 노력하기 바란다.

# 번창하는 기업의 공통된 4가지 조건

## 기업은 사람이고, 경영은 인재다

조직에는 유연성이 필요하다. 그것은 많으면 많을수록 좋다. 비상시에는 비상시에 걸맞게, 평상시에는 평상시에 걸맞게 유연성을 지니고 변화에 적절하게 대응할 수 있는 것이 가장 좋은 조직의 근원적 모습이라고 할 수 있다.

그런 의미에서 조직에 있어서 매뉴얼이라던가 규범은 적으면 적을수록 좋다. 그것은 무엇보다도 조직을 경직화 시키는 요인으로 연결되기 때문이다.

만일 독자가 '조직을 만드는 것은 규범을 만드는 것이다.' 이같은 사고방식을 지니고 있다면 지금 곧 그와 같은 생각을 버리기 바란다.

하물며 지금은 인간성의 시대, 인간 능력의 시대이다. 조직에 요구되고 있는 것은 종업원의 '하겠다는 의욕'과 '창의'를 이끌어 내는 것과 같은 유연한 체질이고, 경직성이나 형식성이 요구되는 것은 아니다.

번창하는 기업에 공통적인 조건을 업무상으로 규범화 시켜 본

일이 있는데, 그 모두가 이른바 인적 조건으로 집약된 것이었다. 아래에 말하는 4가지 조건이 그것이다.

첫째, 번창하는 기업의 종업원은 어떤 업무를 주더라도 그 일을 성공시키는 플러스 요인을 열심히 찾아낸다. 그리고 자신감을 가지고 대처해 나간다. 거기에 반해서 번창하지 못하는 기업의 종업원은 실패하는 마이너스 요인만을 이상하게 잘 찾아낸다. 그리고 자신을 잃고 처음부터 회피하려고 하거나 저자세를 취한다.

둘째, 번창하는 기업은 고객을 대하는 제1선의 사람들을 가장 소중하게 다룬다. 제1선에 있는 사람들의 의견은 곧바로 최고 경영자에게 전달되고, 곧 거기에 대응할 수 있도록 조직이 구성되어 있다. 이것만으로도 제1선에 있는 사람들의 '의욕'은 발휘된다. 거기에 반해서 번창하지 못하는 기업은 위에서 밑으로의 일방통행이 많고, 고객을 대하는 제1선보다도 본부나 상품부 쪽이 결정권을 지니고 있다.

셋째, 번창하는 기업의 종업원들은 원가 의식과 이익에 대한 의식을 강하게 지니고 있다. 그 때문에 종업원 각자가 제각기 계획을 짜고 실천하면서 조정하는 능력을 몸에 익혀가고 있다. 거기에 반해서 번창하지 못하는 기업에서는 종업원의 샐러리맨 의식이 강한 반면 원가 의식과 이익에 대한 의식이 적고 자주성이 부족하다.

넷째, 번창하는 기업은 현상에 긍정적이다. 현상에 새로운 것을 부가하고 가능한 한 경비를 들이지 않고 서서히 시류에 적응해 나간다. 거기에 반해서 번창하지 못하는 기업은 현상에 부정적이다.

머리 속에서 이론을 짜내고 공상적인 이상만을 그리면서 현상을 180도 전환시키려고 시도하다가 결과적으로 실패한다.

이상의 4가지 조건은 모두 실패를 규격화 한 것이다. 그 대부분이 인간에 관한 것뿐인데 그것은 현대사회가 얼마나 인간 능력의 시대인가를 입증하는 것이기도 한 것이다.

# 애정의 원칙과 거울의 원칙

## 돈을 소중히 여기면 돈이 모여 부자가 된다

'재수의 원칙'에는 또 하나 '애정으로써 소중히 하면 모여 든다'고 하는 본질적인 핵심이 있다. 돈이나 인재, 정보 같은 것도 그것들에 대해 강한 애정을 가지고 소중히 해주는 사람에게 모여 든다. 이것은 세상의 진리이다. 그러므로 이를테면 돈을 소중히 여기면 돈이 모여 부자가 되고, 손님을 소중히 여기면 손님이 모여 들어 장사가 번성한다.

이것은 '소중히 하면 오래 간다'고 하는 룰과도 통하는 것이다. 몸을 소중히 하면 그만큼 오래 살 수 있고, 물건을 소중히 하면 전기 제품이나 자동차나 만년필일지라도 그만큼 수명이 길어지는 것은 말할 나위도 없다.

이상과 같은 룰을 '애정의 원칙'이라고 한다. 또 '거울의 원칙'을 응용한 것이라고 해도 좋다. '거울의 원칙'이란 상대편에 대한 이쪽의 기분이나 행위가 마치 거울에 비추는 것과 같이 상대편에서도 이쪽으로 돌아온다고 하는 원칙을 가리킨다.

예컨대 전화에서 큰 소리로 상대방에게 말하는 수가 있다. 그 순간에 상대방의 목소리도 커져 간다. 그런 것만이 아니다. 칭찬을 하면 칭찬이 돌아오고, 괴롭히면 괴롭힘을 당한다. 웃는 얼굴에는 웃는 얼굴로, 매도에는 매도로 대응하겠다고 하는 기분이 우리에게는 있다. 그것이 거울에 비추어 튕겨 오듯이 반응한다. 이것이 '거울의 원칙'이다.

따라서 남이 무엇인가를 해주기를 바란다면 먼저 자신부터 상대편에게 그것을 해주어야 한다. 반대로 남의 행위가 나에게 싫은 거라면 남에게도 그런 행위를 하지 말아야 된다. 그러나 모든 것이 '거울의 원칙'대로만 되는 것은 아니다.

아무리 사랑을 고백해도 상대가 외면을 하게 되는 경우가 얼마든지 있다. 거기에 어찌할 수 없는 기량이나 힘의 차이가 있는 것이지만, 그러나 아무리 능력의 차이가 있을지라도 의식적으로는 '거울의 원칙'이 작용하고 있는 것 또한 사실이다.

이상 '재수의 원칙'에 관해서 극히 일부분을 설명해 왔다. 이제까지 보아온 바와 같이 이것들은 결코 어려운 것은 아니다. 아니, 그보다는 대단히 간단한 일이다.

그것은 모두 '천지자연의 이치'에 들어맞는다. 세상은 이 천지자연의 이치에 따라서 참으로 질서정연하게 운영되고 있는 것이며, 따라서 천지자연의 이치에 들어맞는 일을 하면 재수가 뒤따르고 거슬리는 짓을 하면 재수가 붙지 않는다고 바꾸어 말해도 좋을 것이다.

# 행운을 가져 오는 생활방법

## 기업은 사람이고 경영은 인재다

여기에서 잠깐 인간의 운명에 관해 생각해 보기로 하자. 일반적으로 자기의 의지로서 어찌할 수 없는 것을 운명이라고 하는 경우가 많은데, 과연 운명은 정말 그런 것일까?

틀림없이 운명이라고 하는 말에는 인간의 의지로서는 어찌할 수 없는, 이겨낼 수 없는 것이라고 하는 뉘앙스가 있다. 대체로 인간은 자기의 의지로서 태어나는 것이 아니므로 본래 탄생 때부터 인간은 운명을 짊어지고 있는 것이라고 하는 사람도 있다.

그런 면에서는 틀림없이 그것은 그 말대로인지도 모른다. 그래서 영어에서도 '태어나다'를 be born이라고 수동적으로 표현하는 것인지도 모른다. 그러나 나는 한발 더 나아가서 다음과 같이 묻고 싶다.

"인간이 태어나지 않았다면 애당초 의지나 그 어느 것도 생겨날 리가 없지 않은가?"라고.

우리는 틀림없이 자신의 의지와는 상관없이 태어났으나 그렇게 태어나서 자라나는 가운데 자기의 의지도 성장된 것이다. 그리고 그 다음부터 우리가 인생을 어떻게 살아갈 것인가 하는 것은 자기의 그 의지에 의해 결정되는 것이다.

요컨대 '우리는 우리의 운명을 바꿀 수 있고, 자신의 운명의 지배자는 자기인 것이다'라고 나는 생각하고 있다.

일반적으로 생각되고 있는 운명이란 운명에 지고, 운명에 지배당할 때 표현되는 운명이므로 그런 뜻에서의 운명은 우리가 운명의 지배자가 되었을 때의 운명과는 다른 것이 될 것이다.

운명과 비슷한 말에 그 머리 하나만을 딴 '운(運)'이라는 말이 있다. '재수'라든가 '찬스(기회)'는 이것에 가깝다. '운도 실력이 있을 때'라고 말한 장기의 14세 명인(名人) 기무라 요시오씨의 말이 곧 떠오르는데 이것은 지당한 말이라고 해도 좋을 것이다.

승부의 세계에서는 '운이 좋아서 이겼다'든가 '진 것은 운이 없었기 때문이다'라는 말을 흔히 하고 있는데, 이 운이란 실력의 표시에 지나지 않는다고 하는 것이다.

'운'을 '지수'라고 바꾸어 보면 분명하다. 아무리 '재수'가 있더라도 실력이 없으면 그것을 살릴 수가 없고, 애당초에 '재수'가 있는 것을 깨닫지도 못할 것이다. 요컨대 '재수'란 저쪽에서 저절로 굴러 들어오는 것이 아니고, 자기의 실력으로 끌어당기는 것이라고 말할 수 있다. 그렇다고 할 때 우리는 공부하고 노력을 통하여 자신에게 실력을 붙여 나가지 않으면 안 된다. 그것이 천지자연의 이치에 따르는 생활태도이고, 행운의 삶 바로 그것이다. 즉 세상을 위하고 남에게 혜택을 주는 것을 목표로 하면서 큰 꿈을 가지고 그것을 향하여 최대한의 노력을 기울이며, 스스로가 실력을 축적하는 것, 이것이 운명을 개척하고 '행운을 가져오는 생활태도라고 생각한다.

## '행운'은 인상에 반영된다

'운'이나 '재수'는 앞에서도 말한 바와 같이 저쪽에서 저절로 굴러 들어오는 것이 아니다. 그것은 스스로가 만드는 것이다.

'재수의 원리'에서 말한다면, ① 우선 재수 있는 상태가 되고, 그러한 상태가 되면 다음에 ② '행운의 사건'을 만들어 가는 것이 중요하게 된다.

이리하여 재수가 좋고 업적이 향상되어 가면 그 회사나 가게의 경영자는 말할 것도 없고, 종업원까지도 ① 인상이 좋아지면서 따뜻하고 밝은 인간성으로 바뀌며, ② 긍정적이 되고, ③ 사람을 끌어당기게 되어 손님이 늘고, ④ 감사하는 마음에서 부드러운 분위기가 나타나게 된다.

반대로 업적이 나쁘면 인상이 나빠지고 부정적이 되어 차가운 분위기가 되지 않을 수 없다. 요컨대 '행운'의 유무가 인상에 반영되는 것이다. 그런 뜻에서 '운'이나 '재수'도 스스로 만드는 것과 마찬가지로 얼굴이나 태도도 스스로가 만드는 것이라고 하는 것을 이해하게 될 것이다.

세익스피어의 작품에 「공연한 소동」이라고 하는 희곡이 있다. 그 가운데 교양이 있다는 것을 과시하고 싶어 하는 한 인물이 '얼굴이 잘 생기고 못생긴 것은 경우에 따라 다르지만, 읽고 쓰기를 할 수 있느냐 없느냐 하는 것은 타고나는 것이다' 하고 자랑스럽게 떠들어 대는 대사가 있다. 물론 '얼굴이 잘 생기고 못생긴 것은 타고나는 것이지만, 읽고 쓰기를 할 수 있느냐 없느냐 하는 것은 경우에 따른다'고 해야 할 말을 뒤집어 한 것임은 말할 나위도 없다.

그러나 이 등장인물은 정말 말을 잘못한 것일까. 혹은 농담이 진담이 된다고 하는 말도 있다. 어쨌던 이 인물의 대사 앞부분은 오히려 진리를 말한 것이라고 해도 좋을 것이다.

다만 여기서 말하는 '경우'를 인간이 태어나서 자라나는 수동적인 환경으로서 파악하는 것이 아니라 스스로 개척하고 만들어 가는 경우로서 파악할 때 이야기이다.

'재수가 있다'라든가 '재수가 없다'고 하는 상태는 틀림없이 주위에 전파된다. 그리고 그것은 사람의 인상에도 반영된다. 특히 인간은 '나쁜 행운'을 좀처럼 제 스스로의 힘으로 끊어버리지 못한다. 그리고 업적이 떨어진다 → 자신이 → 없어진다 → 부정적이 된다 →인상이 나빠진다 →분위기가 나빠진다 →손님이 끊어진다 →재수가 더욱 더 나빠진다 →업적이 더욱 더 악화된다고 하는 악순환에 빠져 들어간다.

그러나 이 악순환은 무슨 일이 있어도 끊어버리지 않으면 안 된다. 이것과 단절되어 '행운'이 되돌아 왔을 때, 인간의 얼굴은 밝아진다.

'마흔살이 넘으면 제 얼굴에 책임을 져라'고 말한 링컨의 주장은, 그와 같은 인간 노력의 당위성과 관계가 깊다고 할 수 있다.

# 재수 있는 사람의 특성

## 기업은 사람이고 경영은 인재다

우리는 '재수의 원리'를 알고 스스로 그것을 실행함으로써 재수가 따르게 하지 않으면 안 된다. 다행스러운 일들을 만들고 이것을 계속 잘 관리해 나가지 않으면 안 된다. 재수가 따르게 하기 위해서는 결국은 자기의 마음을 수양해 나갈 필요가 있을 것이다. 마음을 닦으면서 행운이 찾아오는 인간으로 자기 자신을 변화시켜 간다. 그것이 우선 중요하다.

그렇다면 어떤 인간이 '행운'의 인간일까? 재수 있는 사람의 특성에 관해서 말한다는 것은 그 자체가 '재수의 원리'와 설명이 겹쳐질 것이다. 재수 있는 사람이란 일반적으로 다음과 같은 타입의 인간을 말한다.

① 세상만사를 좋게 생각하고 좋은 일, 혹은 좋아질 일을 상상하며 발상할 수 있고, 끊임없이 자기는 행운아다 라고 생각할 수 있는 타입의 '플러스 발상형 인간.

② 어떤 것일지라도 순수하게 받아들이고 과거의 경험이나 지식만으로 사물을 결정하거나 부정하거나 하지 않는 솔직하고 긍

정적인 인간.

③ 새로운 미지의 분야에 도전하고 그것을 아는 것을 좋아하며 연구와 도전하기를 좋아하며 매우 의욕적인 인간.

④ 겸허하고 누구에 대해서나 과시하지 않으며 차별 의식이 없고 항상 명랑한 모습의 '겸손한 인간.'

⑤ 남의 단점에 눈을 주지 않는 대신에 장점이 곧 눈에 들어오고 더구나 남이나 자신의 장점을 신장시키는 데에 전력을 다하는 '장점 신장형 인간.'

재수 있는 타입에는 그 밖에 아직 많이 있으나 그것들에 관한 기술은 뒤로 미루기로 하고 여기서는 지금 말한 '장점 신장형 인간'에 관해서 약간 설명을 추가하는 것으로 그친다.

일반적으로 인간은 결점을 지적하면 화를 내는 법이다. 화를 내면 결점은 좀처럼 고쳐지지 않는다. 따라서 결점만을 지적하는 것은 결코 좋은 방법이라고 할 수 없다.

인간은 누구나 장점을 가지고 있다. 그 장점을 우선 칭찬하면서 발전시켜야 된다. 결점을 지적하여 고치려고 하면 먼저 장점을 3가지 정도 칭찬하고 나서 결점을 한 가지만 지적해 주면 좋다.

이때 '그것만 없다면 참 좋겠는데'라는 부드러운 말투를 사용한다. 그러면 장점은 더욱 더 발전되고 결점은 사라져 간다. 장점을 신장시킨다는 것은 이와 같은 것이다.

⑥남에게 맡길 것은 맡기지만 책임은 스스로가 지고, 자기 희생적이며, 남에게 의존하지 않으며, 원칙적으로 스스로가 자기를 돕는 '자조형(自助型) 인간.'

⑦참는 것을 괴롭게 여기지 않고 기꺼이 고생을 하며, 또 목표를 세우면 달성할 때까지 좌절하지 않고 집념을 가지고 이에 임하는 '인내와 집념이 강한 인간.'

⑧언제나 거시적이며 균형이 잡힌 판단을 할 수 있고, 감정이 안정되어 자기 통제심이 강하며 실행력이 투철한 '착실, 균형적 안정 인간.'

⑨20대까지는 적극적으로 살고 30대부터 40대 전반까지는 적극성과 승부욕이 혼합된 스타일로 살고, 40대 후반 이후는 적극적이며 승부욕이 강한 타입인 '적극성·승부욕·동정심의 인간.'

⑩통제나 관리를 매우 싫어하고 자유를 사랑하지만 약속한 것이나 질서 유지를 위해서 필요하다고 판단되는 것은 반드시 지키는 높은 교양형의 '질서 유지형 자유인.'

행운의 사람이란 대체로 이상과 같은 특성을 가지고 있는 것인데, 이런 특성은 마음먹기에 따라서 혹은 마음의 수양에 따라 자기의 것으로 정착되어 가는 것이다.

그러면 재수가 없는 불운한 사람이란 어떤 타입의 사람인가. 그것은 재수 있는 사람과는 반대적인 특성을 많이 가지고 있는 사람이라고 바꾸어 말할 수 있을 것이다. 즉 ①마이너스 발상형 인간 ②부정·비판형 인간 ③보수적인 태만형 인간 ④오만하고 불손한 인간 ⑤단점을 개선하지 않는 인간 ⑥타인 의존형 인간 ⑦단념형 인간 ⑧정서 불안정, 얕은 생각의 인간 ⑨허약하고 도피형 인간 ⑩보호와 제약 기대형 인간이라고 할 수 있다.

이상에서 재수 있는 사람의 특성과 재수 없는 사람의 특성을 보았는데, 그 가운데는 본질적인 '재수의 원리'가 간직되어 있다.

우리들은 될 수 있는 대로 재수 없는 사람의 특성을 버리고 행운의 특성을 획득하도록 노력하지 않으면 안 된다. 그러기 위해서는 천지 자연의 이치에 따른 삶을 살아야 한다.

재수 있는 사람의 특성을 가지도록 노력하는 것이 곧 천지 자연의 이치에 따르는 삶이라고 말해도 좋다. 재수 있는 사람의 특성은 행운의 조건 그 자체이고, 재수 없는 사람의 특성은 불행한 조건 그 자체인 것이다.

〈end〉

# 세계적인 심령연구가들이 공개하는 영혼과 4차원 세계의 비밀!

" 나의 전생은 누구인가?
사후에는 무엇으로 환생할 것인가?
저승세계는 과연 어디쯤에 있을까?
죽음은 끝이 아니라 저승에서의 시작인가?
이 끝없는 의문에 대한 명쾌한
답이 이 책속에 있다. "

### 지자경 / 차길진 / 안동민 저

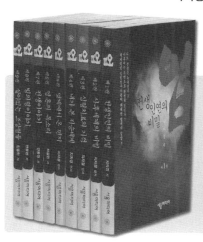

## 전9권

업1권 전생인연의 비밀
업2권 사후세계의 비밀
업3권 심령치료의 기적
업4권 내가 본 저승세계
업5권 영계에서 온 편지
업6권 영혼의 목소리
업7권 전생이야기
업8권 빙의령이야기
업9권 살아있는 조상령들

★ 전국 유명서점 공급중

본서는 찬연히 빛나는 우리 불교문화를 세계에 꽃피운
삼장법사 일봉 서경보스님의 오묘하면서도 평이한 설법으로서
부처에의 길을 밝혀주는 暗夜行燈이다.

일봉 서경보 스님/저

# 불교명저

**전10권** 일봉 서경보 스님/저

이 책은 승려, 불자들을 위해 세계적인 碩學 서경보스님의
저서 1,400종 중에서 名著만을 엄선하여 집대성한 佛教 大敍事詩다!

## 佛教란 무엇인가?

부처님이 깨달은 법에 대한 가르침이며,
그러한 깨달음의 길로 인도하는 가르침이다.
따라서 불교는 살아서 깨닫고 살아서
부활하는 가르침이다.

1권 · 불교란 무엇인가
2권 · 선이란 무엇인가
3권 · 부처는 누구인가
4권 · 관음이란 누구인가
5권 · 반야심경은 살아있다
6권 · 선방야화
7권 · 윤회전생
8권 · 반야의 문
9권 · 부처는 어디에 있는가
10권 · 부처님의 위대한 열반

★ 전국 유명서점 공급중

세계적인 초능력 · 영능력자들이 집필한 초 · 영능력개발 비법!

## 초능력과 영능력개발법

**전3권**

모토야먀 히로시/와타나베/루스베르티/ 저

초능력과 영능력은
특별한 사람에게만 주어지는것은 아니다.
영능력의 존재를 알고 익하면
당신도 초능력자가 될 수 있다.

## 영혼과 전생이야기

**전3권**

안동민 / 편저

인간은 죽으면 어떻게 되는가?
전생을 볼 수 있는 원리는 무엇인가?
당신의 전생은 누구인가?
사후에는 무엇으로 환생할 것인가?

★ 전국 유명서점 공급중

해탈과 깨달음의 과정을 철저히 분석,
최고의 수행법을 제시한 정신세계의 유일한 수행서!
이 방법으로 당신도 해탈자가 될 수 있다.

# 최후의 해탈자

(전3권)

제1권 초능력비밀의 개발법
제2권 초능력생사의 초월법
제3권 초능력 · 난치 · 불치병치유법

아사하라 쇼오고 / 저

## 사후의 세계는 어디쯤 있으며, 과연 어떤 곳인가?
## 불가사의한 심령의 세계를 파헤친 충격서!

◙ 편저자 약력 ◙

■ **후나이 유끼오 약력**
경영 컨설턴트로서 세계 제1인자
고문으로 있는 기업체만도 대기업체를 중심으로
약 1,300개사. 지난 10년간 후나이의 경영지도로
매상이 90배 이상, 이익이 180배 이상 성장한
기업은 100개사 중 60개사. 그중 도산된 회사는
하나도 없을 정도이며 가장 훌륭한 경영을
성공시킨 승부욕이 강한 남자다

■ **마쓰모토 준 약력**
경영컨설턴트 경제평론가

■ **편저자 이희광 약력**
고려대 경영대학원 졸
고려대 최고경영자과정 수료

발행 | 2015년 4월 25일
발행처 | 서음미디어
등록 | 2009. 3. 15 No 7-0851
서울시 동대문구 난계로 28길 69-4
Tel (02)2253-5292
Fax (02)2253-5295

공저 | 후나이 유끼오/마쓰모토 준
편역자 | 이희광
발행인 | 이관희
본문편집 | 은종기획
표지일러스트 | Arahan

ISBN 978-89-91896-89-5
이 책은 저작권법에 의해 보호를 받는 책이므로 무단전제나 복제를 금합니다.
ⓒ seoeum